高等院校**会计学**
新形态系列教材

U0680571

新编 政府会计

微课版 | 第四版

管亚梅◎主编

Government Accounting

人 民 邮 电 出 版 社
北 京

图书在版编目（CIP）数据

新编政府会计：微课版 / 管亚梅主编. -- 4版. --
北京：人民邮电出版社，2023.8（2024.2重印）
高等院校会计学新形态系列教材
ISBN 978-7-115-61755-2

Ⅰ. ①新… Ⅱ. ①管… Ⅲ. ①单位预算会计－高等学
校－教材 Ⅳ. ①F810.6

中国国家版本馆CIP数据核字（2023）第083098号

内 容 提 要

本书主要分为三篇：第一篇为绪论，主要介绍政府会计的基本概念、组成体系、会计目标、核算基本前提和原则、记账基础和会计要素等；第二篇为财政总会计，系统介绍财政资产、财政负债、财政净资产、财政收入、财政费用、财政预算收入、财政预算支出、财政预算结余的核算和财政总会计报表的编制等；第三篇为行政事业单位会计，系统介绍行政事业单位资产、行政事业单位负债、行政事业单位净资产、行政事业单位收入、行政事业单位费用、行政事业单位预算收入、行政事业单位预算支出、行政事业单位预算结余的核算和行政事业单位会计报表的编制等。

本书可作为高等院校经济管理类各专业的教材，也可作为政府财政部门和行政事业单位财务人员的自学参考书。

◆ 主　　编　管亚梅
　　责任编辑　刘向荣
　　责任印制　李　东　胡　南
◆ 人民邮电出版社出版发行　　北京市丰台区成寿寺路 11 号
　　邮编　100164　电子邮件　315@ptpress.com.cn
　　网址　https://www.ptpress.com.cn
　　固安县铭成印刷有限公司印刷
◆ 开本：787×1092　1/16
　　印张：15.75　　　　　　　2023 年 8 月第 4 版
　　字数：457 千字　　　　　2024 年 2 月河北第 2 次印刷

定价：59.80 元

读者服务热线：(010)81055256　印装质量热线：(010)81055316
反盗版热线：(010)81055315
广告经营许可证：京东市监广登字 20170147 号

前言 Preface

　　会计分为企业会计和非企业会计两大体系。政府会计是非企业会计最重要的组成部分，它包括财政总会计、行政事业单位会计两大组成部分。政府会计是建立在管理学、财政学、预算学等学科基础上的一门综合性的会计应用学科，它是高校财经类专业的骨干课程，也是管理学、会计学专业的必修课程，它集系统理论性强、实务操作性强、学科交叉性强等特点于一体。一本高质量的政府会计教材对专业人才的培养具有一定的促进作用，这是我们编写这本书的动力所在。本书具有以下5个特色。

　　（1）体现德育内容。为贯彻党的二十大精神，体现党的教育方针，落实"立德树人"根本任务，编者在深入学习党的二十大报告基础上，结合行业要求，将相关德育内容融入了教材。

　　（2）与时俱进。本书财政总会计的内容根据2023年1月1日施行的《财政总会计制度》编写而成；行政事业单位会计的内容根据2017年1月1日施行的《政府会计准则——基本准则》和2019年1月1日施行的《政府会计制度——行政事业单位会计科目和报表》编写而成。

　　（3）适用面广。本书在核心知识安排方面，尽可能地吸收当代政府会计理论与实务的最新发展成果。

　　（4）结构新颖。本书体例完整、思路清晰、内容新颖、重点突出。通过学习目标、复习思考题等模块将理论性、实践性和前瞻性恰当结合，有助于学生加深对相关知识的理解和运用，从而提高综合分析问题和解决问题的能力。

　　（5）注重能力培养。本书在政府会计的理论方面，突出"应知应会"；在政府会计的实务方面，突出专业动手能力的培养。书中所选例题都注重实务技能训练，具有较强的可操作性。

　　本书的写作参阅和借鉴了许多作者的文献，他们对于本书的形成功不可没。我们在参考文献中已尽可能列出所有的文献，但难免有挂一漏万之处，在此对还未列入的参考文献的作者表示歉意，并对所有被引用的文献的作者表示衷心的感谢。必须指出的是，对于漏列的参考文献，我们将在本书修订时补正。

　　本书在审定过程中荣幸得到了南京理工大学徐光华教授、东南大学陈志斌教授的诸多宝贵意见和建议。

　　本书的出版得到了江苏省高校品牌专业（会计学）建设工程资助项目、江苏省"十二五"重点专业类建设项目的资助和南京财经大学的大力支持，在此一并表示感谢。

　　由于编者水平有限，书中难免存在不足之处，恳请读者批评指正。

编　者

2023年6月

目 录 Contents

第一篇

绪论

第一章 政府会计概述

第一节 政府会计的概念与组成体系

政府会计是非企业会计的重要组成部分。

一、政府会计的概念

政府会计是各级政府、各部门、各单位对其自身发生的经济业务或事项进行会计核算，综合反映政府会计主体预算收支的年度执行结果和公共受托责任履行情况的专业会计。它是以货币为主要计量单位，对各级政府会计主体财政资金、业务资金的活动过程和结果，进行全面、系统、连续的反映和监督，以加强预算、财务管理，提高资金使用效益的一门专业会计。

政府会计主体是指各级政府、各部门、各单位。其中，各部门、各单位是指与本级政府财政部门直接或者间接发生预算拨款关系的国家机关、军队、政党组织、社会团体、事业单位和其他单位。但是军队、已纳入企业财务管理体系的单位和执行《民间非营利组织会计制度》的社会团体，不包括在内。政府会计的核算监督对象是各级政府、各部门、各单位的预算执行情况以及财务状况、资金运行情况、现金流量等，是资金取得、使用和结果所引起的各项经济业务活动。

二、政府会计的组成体系

按会计主体不同，政府会计由财政总会计和行政事业单位会计组成。财政总会计和行政事业单位会计之间存在密切关系：财政总会计居主导地位，在业务上指导行政事业单位会计。财政总会计信息与行政事业单位会计信息存在密切联系：财政总会计主体（即各级政府）向行政事业单位拨款，从而形成预算支出；行政事业单位会计形成预算收入。财政总会计和行政事业单位会计共同构成了政府会计信息系统。

按反映的内容不同，政府会计由政府财务会计和政府预算会计组成。政府财务会计是指以权责发生制为基础对政府会计主体发生的各项经济业务或者事项进行会计核算，主要反映和监督政府会计主体财务状况、资金运行情况和现金流量等。政府预算会计是指以收付实现制为基础对政府会计主体预算执行过程中发生的全部收入和全部支出进行会计核算，主要反映和监督预算收支执行情况。

第二节 政府会计目标

会计目标是指会计主体对外提供会计信息的目的。会计目标会影响会计主体会计报表的编制格式、会计信息的披露质量，进而影响会计要素的确认和计量方法。政府会计目标分为基本目标和具体目标。

一、基本目标

会计的基本目标，通常包括三个方面的内容：一是会计信息满足何种需要；二是会计信息使用者是谁；三是提供哪些会计信息。

政府会计目标是提供有助于广大会计信息使用者对资源分配做出决策以及评价会计主体财务状况、业绩和现金流量的信息，反映会计主体对受托资源的管理责任，提供有助于预测持续经营所需资源、持续经营的风险和不确定性的相关信息。这一总体目标具体包括：提供关于财务资源的来源、分配及其使用情况的信息；提供关于会计主体如何为经营活动融资并满足其现金需求的信息；提供有助于评价会计主体为经营活动融资，以及为满足负债和承诺能力的相关信息；提供会计主体财务状况及其变化的信息；提供有助于评价会计主体服务成本、效率和成果等业绩的总体信息；提供表明资源获得、使用是否与法定预算相一致的信息；提供表明资源获得、使用是否与法律和合同要求相一致的信息。

政府会计的信息使用者主要有：各级人民代表大会及其常务委员会；各级政府及其有关部门；政府会计主体自身；债权人；审计机关和其他监督机关；社会公众；其他利益相关者。

政府会计信息使用者的信息需求主要是：政府预算执行情况的信息；政府财务状况的信息；政府资金运行情况的信息；政府现金流量情况的信息；等等。

二、具体目标

政府会计为实现上述基本目标，还必须将基本目标细分为以下具体目标。

（一）核算财政财务收支情况

政府会计要利用其专门的核算方法，对政府财政资金的活动情况进行连续、全面、系统的反映，为国家预算管理和单位财务管理提供可靠的数据资料。政府会计的日常核算资料是编报财政财务收支情况和各级领导机关指导国家预算执行的重要依据。

（二）分析财政财务收支执行进度，合理调度资金，调节资金供需关系

政府会计应当提供会计主体的现金流入、现金流出、现金净流量及其资金增减变动方面的信息，提供会计主体业务活动种类、规模及发展情况的信息，以便评价会计主体业务活动的成绩，估量会计主体的现金流量情况；以便积极组织收入，合理调度资金以控制支出、调剂资金余缺，使各会计主体具有持续运营的能力。

（三）检查财政财务收支计划执行结果，实行会计监督，维护国家财经纪律

政府会计应当提供会计主体有关执行国家财经方针、政策和法规、制度情况的信息资料，揭露铺张浪费、贪污盗窃国家和公共资财的违法乱纪行为，以便严肃法纪、抵制不正之风。政府会计对会计主体的财政财务计划执行的过程、进度和结果进行核算、分析和检查，能够起到促进预算收支实现、调节资金供需平衡、保证正确的业务方向的作用。因此，政府会计在国家财政管理和单位财务管理中占有重要的地位。

（四）加强资产负债管理，客观反映政府运行成本

政府会计的财务报告除按照权责发生制核算原则准确反映政府会计主体的运行成本外，还扩大

了资产负债的核算范围，使政府单位各项经济业务和事项的会计处理得以全面规范，准确反映政府"家底"信息，为相关决策提供更加有用的信息。

第三节 | 政府会计核算的基本前提和原则

一、政府会计核算的基本前提

政府会计核算的基本前提也称政府会计的基本假设，是指组织政府会计核算工作必须具备的前提条件。政府会计的基本前提同企业会计的基本前提一样，包括会计主体、持续运行、会计分期和货币计量四项内容。

（一）会计主体

会计主体是指政府会计为之服务的特定单位或组织，即政府会计核算的空间范围。政府会计主体应当对其自身发生的经济业务或者事项进行会计核算。政府会计主体包括国家各级政府及行政单位、各类事业单位。应明确的是，财政总预算会计的主体是各级政府，不是各级财政部门，因为财政总预算各项收支的安排、使用，是国家各级政府的职权范围，财政部门系行政单位，只是代表政府执行预算并管理财政收支。

（二）持续运行

持续运行是指政府会计主体的经济业务活动将无限期地延续下去，是针对非持续经济业务活动而言的。政府会计核算应当以政府会计主体持续运行为前提。也就是说，政府会计主体通常是以正常的经济活动为前提去处理数据、加工并传递信息的。若没有持续运行的前提条件，一些公认的会计处理方法将失去存在的基础，政府会计主体则无法进行正常的会计核算。

（三）会计分期

会计分期是将政府会计主体持续运行的时间人为地划分为一定的期间，按照一定的期间结算账目，编制会计报表，从而及时向有关方面提供会计信息。政府会计通常以一年作为划分会计期间的标准。以一年为一个会计期间称为会计年度。我国的会计年度采用公历年制，即每年 1 月 1 日至 12 月 31 日作为一个会计年度。会计期间还可以采用月度、季度和半年度来划分。会计期间的划分对政府会计核算有着重要的影响。由于有了会计期间，本期与非本期的区别才产生，权责发生制和收付实现制才产生。会计期间的划分，有利于及时提供反映会计主体经济活动情况的财务信息，能够及时满足会计主体内部管理的需要。

（四）货币计量

货币计量是指会计主体的会计核算应该通过货币予以综合反映。这是现代会计最基本的前提条件，如果没有这个前提条件，会计也就无法进行核算。政府会计核算应当以人民币作为记账本位币。发生外币业务时，应当将有关外币金额折算为人民币金额计量，同时登记外币金额。

二、政府会计核算的原则

（一）政府会计核算的一般原则

会计的一般原则是对会计核算提供信息的基本要求，是处理具体会计业务的基本依据。会计原则既是会计理论的概括，又是会计实践经验的总结。政府会计核算的一般原则如下。

1. 可靠性

可靠性是指政府会计主体应当以实际发生的经济业务或者事项为依据进行会计核算，如实反映各项会计要素的情况和结果，保证会计信息真实可靠。可靠性要求政府会计主体在报表中反映的各项信息不能误导信息使用者的判断，不得进行虚假陈述或者误导性陈述。

2. 相关性

政府会计主体提供的会计信息，应当与反映政府会计主体公共受托责任履行情况以及信息使用者决策或者监督管理的需要相关，有助于信息使用者对政府会计主体过去、现在或者未来的情况做出评价或者预测。当前政府会计信息主要满足于规范政府债务管理的需要，权责发生制下的政府会计核算能准确反映政府的资产信息和负债信息，为国家宏观管理、单位内部管理和政府举债融资提供更加有用的信息。

3. 全面性

政府会计主体应当将发生的各项经济业务或者事项统一纳入会计核算，确保会计信息能够全面反映政府会计主体的预算执行情况和财务状况、资金运行情况、现金流量等。不全面的会计信息无法达到可靠性的质量要求。全面性要求政府会计主体在符合重要性和成本效益性的原则下，无论是对其有利的信息还是不利的信息均要进行反映，不能按照主观判断任意取舍，随意遗漏或者减少应该披露的信息。

4. 及时性

政府会计主体应当对已经发生的经济业务或者事项及时进行会计核算，不得提前或者延后。及时性原则要求政府会计主体在收集记录会计信息、处理会计信息、传递和报告会计信息时要及时。及时的会计信息能够帮助管理者发现潜在的问题，提早采取行动纠正偏差。滞后的会计信息会大大降低其对于信息使用者的有用性。

5. 可比性

政府会计主体提供的会计信息应当具有可比性，可比性原则要求对比时纵向和横向的口径一致。从纵向上看，同一政府会计主体不同时期发生的相同或者相似的经济业务或者事项，应当采用一致的会计政策，不得随意变更。确需变更的应当将变更的内容、理由和对单位财务状况、预算执行情况的影响在附注中予以说明。从横向上看，不同政府会计主体发生的相同或者相似的经济业务或者事项，应当采用统一的会计政策，确保不同行政、事业单位会计信息口径一致。

6. 可理解性

政府会计主体提供的会计信息应当清晰明了，便于会计信息使用者理解和使用。可理解性要求政府会计主体提供能够使除了在该领域拥有一定知识的专业人士之外的一般人群能够看懂和运用的会计信息，只有这样才能提升会计信息的有用性，实现财务报告的目标，满足向投资者等财务报告使用者提供决策有用信息的要求。例如，《政府会计制度》增加了净资产变动表，简化了本年盈余与预算结余差异调节表的内容，并将该表从主表移至附注，同时细化了报表附注的内容，这对于提高会计信息的可理解性具有重要意义。

7. 实质重于形式

实质重于形式是指政府会计主体应当按照经济业务或者事项的经济实质进行会计核算，不限于以经济业务或者事项的法律形式为依据。例如，《政府会计制度》中的平行记账模式相比之前的双分录记账模式，要求计提固定资产折旧，将折旧计入成本费用而不是冲减净资产等，就是会计信息实质重于形式质量要求的体现。

（二）政府会计核算的其他原则

1. 限制性原则

限制性原则是指对于有指定用途的资金应按照规定的用途使用，并单独反映，即专款专用原则。

在政府会计主体中，出资者对所提供的资财不具有资本收益和资本回收的要求，但具有按预定用途使用的要求。这就要求在资金管理和核算上要有限制性。专款专用使得会计主体的资金使用权限固然有所减弱，但这也不失为控制资金使用范围的一种办法，是对不要求投资回报的非营利性资金使用的一种约束。按规定用途使用资金，是政府会计核算的一个重要原则。

2．历史成本原则

历史成本原则是指政府会计主体中需要核算记录的财产物资应当按照取得或购建时的实际成本核算，而不论市场上有多少种不同价格，不采用现行市价、重置价值、变现价值等计价方法。采用历史成本原则是以整个经济活动中的币值基本稳定为前提的，如果物价发生巨大波动，历史成本就不能确切反映会计主体财产物资的状况。虽然历史成本原则有这种局限性，但它依然是目前比较可行的办法。当物价变动时，除国家另有规定外，政府会计主体不得调整账面价值。

第四节 政府会计的记账基础和会计要素

一、政府会计的记账基础

政府会计的记账基础即会计处理时，以何种标准确认、计量、报告会计要素的基础。我国实行适度分离的双体系政府会计，即财务会计采用权责发生制，预算会计采用收付实现制，国务院另有规定的，依照其规定。

（一）权责发生制

权责发生制，是指以取得收取款项的权利或支付款项的义务为标志来确定本期收入和费用的会计核算基础。凡是当期已经实现的收入和已经发生的或应当负担的费用，不论款项是否收付，都应当作为当期的收入和费用；凡是不属于当期的收入和费用，即使款项已在当期收付，也不应当作为当期的收入和费用。

（二）收付实现制

收付实现制，是指以款项的实际收付为标志来确定本期收入和支出的会计核算基础。凡是在当期实际收到或付出的款项，无论其是否由本期负担，均应作为当期的收入或支出；凡是未在本期收到或付出的款项，即使其应由本期负担，也不应当作为当期的收入或支出。

二、政府会计的会计要素

（一）政府财务会计要素

政府财务会计要素包括资产、负债、净资产、收入和费用。

1．资产

资产是由政府会计主体过去的经济业务或事项形成的，由政府会计主体控制的，预期能够带来经济利益或者产生服务潜力的经济资源。其特点如下。

（1）资产是由政府会计主体过去的经济业务或事项形成的。这是指资产必须是现时的资产，它是来自政府会计主体过去发生的经济业务或事项，而不是预期、计划的资产。

（2）资产是政府会计主体控制的。只有在资产被会计主体控制时，会计主体才能够获得和支配资产。

（3）资产预期能够为政府会计主体带来经济利益或者产生服务潜力。预期带来的经济利益是指直接或间接导致现金和现金等价物流入政府会计主体的潜力。预期能够产生的服务潜力是指政府会计主体利用资产提供公共产品和服务以履行政府职能的潜在能力。

2. 负债

负债是指政府会计主体过去的经济业务或事项形成的，预期会导致经济资源流出政府会计主体的现时义务。其特点如下。

（1）负债是由政府会计主体过去的经济业务或事项形成的。同资产的第一个特点一样，负债必须是现时的负债，它是来自政府会计主体过去发生的交易或事项，而不是预期、计划的负债。

（2）负债是政府会计主体承担的现时义务。现时义务是指政府会计主体在现行条件下已承担的义务。未来发生的经济业务或者事项形成的义务不属于现时义务，不应当确认为负债。

（3）负债的清偿将导致含有服务潜力或者经济利益的经济资源流出政府会计主体。

3. 净资产

净资产是指政府会计主体资产扣除负债后的净额。政府会计主体净资产增加时，其表现形式为资产增加或负债减少；政府会计主体净资产减少时，其表现形式为资产减少或负债增加。

4. 收入

收入是指报告期内导致政府会计主体净资产增加的、含有服务潜力或者经济利益的经济资源的流入。政府会计主体收入的增加将导致净资产增加，进而导致资产增加或负债减少（或两者兼而有之），并且最终导致政府报告期内会计主体经济利益的增加或服务潜力的增强。

5. 费用

费用是指报告期内导致政府会计主体净资产减少的、含有服务潜力或者经济利益的经济资源的流出。政府会计主体支出的增加将导致净资产减少，进而导致资产减少或负债增加（或两者兼而有之），并且最终导致政府会计主体经济利益的减少或服务潜力的减弱。

（二）政府预算会计要素

政府预算会计要素包括预算收入、预算支出和预算结余。

1. 预算收入

预算收入是指政府会计主体在预算年度内依法取得并纳入预算管理的现金流入。预算收入一般在实际收到时予以确认，以实际收到的金额计量。

2. 预算支出

预算支出是指政府会计主体在预算年度内依法发生并纳入预算管理的现金流出。预算支出一般在实际支付时予以确认，以实际支付的金额计量。

3. 预算结余

预算结余是指政府会计主体预算年度内预算收入扣除预算支出后的资金余额，以及历年滚存的资金余额。

三、政府会计平衡等式

（一）财务会计平衡等式

财务会计平衡等式反映的是资产、负债和净资产之间存在的恒等关系。用公式表示为：

资产=负债+净资产

政府会计主体在业务运作的过程中，会取得一定数额的收入，同时也会发生一定数额的费用，收入减去费用后的差额为盈余。盈余是净资产的组成部分。政府财务会计平衡等式是构筑政府会计财务报告的理论基础。

（二）预算会计平衡等式

预算会计平衡等式反映的是预算收入、预算支出和预算结余之间存在的恒等关系。用公式表示为：

$$预算收入-预算支出=预算结余$$

政府会计主体在业务运作的过程中，会取得一定数额的预算收入，同时也会发生一定数额的预算支出，预算收入减去预算支出后的差额为预算结余。政府预算会计平衡等式是构筑政府会计决算报告的理论基础。

四、政府会计报告

根据《政府会计准则——基本准则》的规定，政府会计主体应当编制财务报告和决算报告。

（一）政府财务报告

政府财务报告是反映政府会计主体某一特定日期的财务状况和某一会计期间的运行情况和现金流量等信息的文件。政府财务报告应当包括财务报表和其他应当在财务报告中披露的相关信息和资料。

政府财务报告包括政府综合财务报告和政府部门财务报告。政府综合财务报告是指由政府财政部门编制的，反映各级政府整体财务状况、运行情况和财政中长期可持续性的报告。政府部门财务报告是指政府各部门、各单位按规定编制的财务报告。

（二）政府决算报告

政府决算报告是综合反映政府会计主体年度预算收支执行结果的文件。政府决算报告应当包括决算报表和其他应当在决算报告中反映的相关信息和资料。政府决算报告的具体内容及编制要求等，由财政部另行规定。政府决算报告的目标是向决算报告使用者提供与政府预算执行情况有关的信息，综合反映政府会计主体预算收支的年度执行结果，有助于政府决算报告使用者进行监督和管理，并为编制后续年度预算提供参考和依据。

五、政府会计的特点

政府会计主体属于非物质生产部门，是非营利组织，其业务目标在于谋求最广泛的社会效益。它们的资金大多直接或间接来自纳税人及其他出资者，因此应力求做到收支相抵。政府会计主体的性质、任务、资金运动方式与企业不一样，两者核算的对象、任务不同，核算的内容、方法也有很大的差别。政府会计的特点具体表现在以下几个方面。

（一）会计核算基础不同

政府会计中的预算会计实行收付实现制，财务会计实行权责发生制。而企业会计的核算基础则以权责发生制为主。

收付实现制对于收入和费用是以其是否发生货币资金的收付为标准来确定其归属期的。凡是本期实际收进款项的收入和本期实际支出款项的费用，无论是否体现本期的工作成果或劳动消耗，都作为本期收支计算。收付实现制的处理，同货币资金的收付紧密联系，而不考虑权利和责任是否发生。权责发生制对于收入和费用是以其是否体现本期的经营成果和生产消耗为标准来确定其归属期的。凡是体现本期经营成果的收入和体现本期生产消耗的支出，无论款项是否实际收进或付出，都作为本期收支计算。权责发生制的处理是同权利和责任的形成相联系的，不考虑货币资金的收支是否发生。

（二）会计要素、会计等式不同

我国政府会计包括预算会计和财务会计，预算会计要素分为预算收入、预算支出与预算结余，财务会计要素分为资产、负债、净资产、收入和费用。而企业会计的会计要素则是资产、负债、所有者权益、收入、费用和利润。由于会计核算基础不同，政府会计比企业会计多了预算会计要素，而两者的财务会计要素也不尽相同：一是政府会计不存在所有者权益。对于资产与负债的差额用什么要素来确认，曾经有净资产、基金、基金余额、单位权益等观点，会计制度最后确定了净资产要素，采用了"定义反映数量、分类反映内容"的方法。二是没有利润要素。政府会计投资的主要目的是获得社会效益，不以营利为目的，仅核算收支相抵后的结余，所以没有利润要素。由于会计要素的不同，不同会计主体下的会计等式也是有所区别的。

政府会计的会计等式是：

预算收入-预算支出=预算结余（预算会计）

资产=负债+净资产（财务会计）

企业会计的会计等式是：

资产=负债+所有者权益（静态）

资产+费用=负债+收入+所有者权益（动态）

（三）会计报告不同

政府会计主体应当编制决算报告和财务报告。政府决算报告包括决算报表和其他应当在决算报告中反映的相关信息和资料，政府财务报告包括资产负债表、收入费用表和现金流量表、附注和其他应当在财务报告中披露的相关信息和资料。而企业会计一般只需要编制财务报告，包括资产负债表、利润表、现金流量表和附注。

复习思考题

第二篇

财政总会计

财政总会计概述 | 第二章

【学习目标】
1. 了解财政总会计的概念；
2. 熟悉财政总会计的核算对象；
3. 理解财政总会计的管理体制；
4. 掌握财政总会计的职责；
5. 熟知财政总会计的账务处理体系。

第一节 | 财政总会计的概念及核算对象

政府会计分为财政总会计和行政事业单位会计，本章主要介绍财政总会计。

一、财政总会计的概念

财政总会计，是各级政府财政部门反映和监督政府财政资金活动情况和结果的一种管理活动。财政总会计在整个政府会计组成体系中居于主导与核心地位。财政总会计的会计主体是各级政府，其执行机构为各级政府的财政机关。

财政机关是组织国家财政收支，办理国家预算、决算的专职管理机关。财政机关的职能决定了财政总会计的对象和内容。财政机关的主要任务是将一部分国民收入以税收、上缴利润和其他缴款方式集中起来，形成政府的财政资金。财政机关集中各项财政资金形成财政收入（这些财政收入是一级政府的资金来源）；再根据国家的社会发展规划和国民经济发展计划，通过预算的形式有计划地进行分配，为国家的行政管理、国民经济建设、国防建设以及"教科文卫体"等各方面事业的发展服务。以拨款和支出的形式分配使用财政资金形成财政支出，是财政资金的运用；在执行财政收支后，尚未使用的资金形成各项资金结余，是一级政府财政预算执行的结果。这种财政资金的收支、结存活动就是财政总会计反映、监督的基本内容。因此，财政总会计的对象就是各级政府的财政资金收支活动，是财政机关在执行总预算过程中，各项财政资金集中、分配及其执行的结果。

二、财政总会计的核算对象

政府财政部门管理的财政资金是财政总会计的核算对象，其构成内容主要包括以下几项。

（一）一般公共预算资金

一般公共预算资金是国家为了实现其职能，通过国家权力所集中的、没有特定来源和用途的资金。一般公共预算资金是由各级政府财政部门组织的纳入预算管理的各项资金。一般公共预算资金的来源主要是国家税收、非税收入等，用于国家进行经济建设、社会管理、维护国防安全、发展各项文化事业的各个方面。一般公共预算资金全部纳入国家财政预算管理，与政府性基金预算资金一样，都是财政预算内资金。

（二）政府性基金预算资金

政府性基金预算资金是按政府的规定收取、转入或通过当年财政安排的，由各级财政管理并具有指定用途的资金。政府性基金预算资金收入的来源主要是纳入本级政府性基金预算管理的非税收入。政府性基金预算资金全部纳入国家财政预算。政府性基金预算资金虽然同一般公共预算资金一样同属于"预算内资金"，但是，它是一种收入和用途都有特定要求的资金，各个基金收支自求平衡。政府财政总会计对政府性基金预算资金要分别核算、单独报告。

（三）专用基金

专用基金是各级政府财政机关根据法律法规等规定设立的、从一般公共预算资金中安排、具有专门用途的资金。目前，财政部门管理的专用基金主要是各级政府设立的粮食风险基金、国家级开发区专项建设基金、国家级生态建设基金、重点大学教育与建设基金等。这些基金多用于国家级战略项目或国家鼓励发展项目。

专用基金与政府性基金预算资金在管理要求上的相同之处在于它们都是专款专用，不能随意改变用途的，而且它们都是先收后支，量入为出的。但是，它们的不同之处在于其资金的来源渠道、来源方式以及管理方式不同：政府性基金预算资金是财政部门按规定收取的纳入预算管理的资金，而专用基金是财政部门按规定设置或取得，并在政府性基金预算资金之外单独管理的资金；政府性基金预算资金一般需要缴入国库，而专用基金一般要求开立财政专户。

（四）财政专户管理资金

财政专户管理资金是指地方政府依据法律、法规取得的没有纳入国家预算管理的教育收费等资金收入。由于我国目前经济发展不平衡，各个地区的社会经济发展情况不同。因此，对于一些数额不大、零星分散的收支，国家没有全部纳入预算管理，而是划归地方政府财政部门自收自支，以弥补国家预算的不足，这部分财政资金就形成了地方政府的财政专户管理资金。

（五）国有资本经营预算资金

国有资本经营预算资金是指政府财政筹集的纳入本级国有资本经营预算管理的非税收入，是以所有者身份依法取得的国有资本收益。我国自 2007 年开始实施国有资本经营收支预算制度。建立国有资本经营收支预算制度，对增强政府的宏观调控能力，完善国有企业收入分配制度，推进国有经济布局和结构的战略性调整，集中解决国有企业发展中的体制性、机制性问题，具有重要的现实意义。

（六）社会保障基金预算资金

社会保障基金预算资金是指由财政部门及政府社会保障机构管理的各项社会保险资金，目前包括基本医疗保险资金、基本养老保险资金、失业保险资金、工伤保险资金、生育保险资金等。社会保障基金预算资金会计核算不适用《财政总会计制度》，由财政部另行规定。

第二节　财政总会计的管理体制、职责和工作组织

根据《财政总会计制度》的规定，财政总会计有独立的管理体制、职责和工作组织。

一、财政总会计的管理体制

财政总会计的会计主体是各级政府，财政总会计的执行机构是各级政府财政机关的预算管理机构。

我国国家预算的组成体系，是根据国家政权结构和行政区划建立的，包括中央预算和地方预算。中央预算由国务院直属各部门的预算组成，地方预算由省、自治区、直辖市及以下各级人民政府的

预算组成。国家预算按照预算收支管理范围，又分为总预算和单位预算。总预算是指一级政府全部财政资金的收支预算；单位预算是指列入总预算的国家机关和其他单位的收支预算。政府各个部门所属单位的单位预算汇总，形成政府各个部门的部门预算，进而成为总预算的组成部分。

财政总会计的管理体制是由政府预算体系和预算执行内容决定的，因此，我国财政总会计体系与政府预算体系是一致的。中央政府财政部设立中央财政会计，地方各级政府财政机关设立地方财政会计。

二、财政总会计的职责

根据《财政总会计制度》的规定，各级财政总会计在执行政府预算过程中担负的基本任务包括以下几个方面。

（一）进行会计核算

财政总会计办理政府财政各项预算收支、资产负债以及财政运行的会计核算工作，反映政府财政预算执行情况、财务状况、运行情况和现金流量等。

（二）严格财政资金收付调度管理

财政总会计组织办理财政资金的收付、调拨，在确保资金安全性、规范性、流动性的前提下，合理调度管理资金，提高资金使用效益。

（三）规范账户管理

财政总会计负责加强对国库单一账户、财政专户、零余额账户和预算单位银行账户等的管理。

（四）实行会计监督，参与预算管理和财务管理

财政总会计通过会计核算和反映，进行预算执行情况、财务状况、运行情况和现金流量情况分析，并对财政、部门及其所属单位的预算执行和财务管理情况实行会计监督。

（五）协调业务关系

财政总会计负责协调预算收入征收部门、国家金库、国库集中收付代理银行、财政专户开户银行和其他有关部门之间的业务关系。

（六）组织汇总工作

财政总会计负责组织本地区财政总决算、部门决算、政府财务报告编审和汇总工作。

（七）指导工作

财政总会计负责组织和指导下级财政总会计工作。

三、财政总会计的工作组织

各级财政总会计的执行，涉及方方面面。政府财政机关与中国人民银行、中国建设银行、中国农业银行、税务机关及其他征收机关之间的业务关系极为密切，形成了一个有机整体。为此，财政总会计对国库会计、税收会计、专业银行拨贷款会计负有具体的组织、协调处理的责任，使其共同参与反映和监督政府预算的执行。只有及时掌握资金收、支、存的情况，才能妥善地调度资金，对该收进的款项，督促有关部门及时、足额地缴入国库，以充实库存；对该支拨的款项，区分轻重缓急，保证重点，控制一般，限制暂可不用的开支，以确保在年度中任何时点上的收支平衡。为了从组织上保证财政总会计任务的完成，加强政府预算管理的基础工作，各级政府财政部门应当根据《中华人民共和国会计法》的规定，本着"精兵简政"的原则，建立与其工作任务相适应的政府财政总会计机构。

第三节 | 财政总会计的法规体系与账务处理体系

财政总会计有一套完整的法规体系和完善的账务处理体系。

一、财政总会计的法规体系

（一）财政总会计的基本法律

财政总会计的基本法律包括《中华人民共和国会计法》和《中华人民共和国预算法》两部。

1. 中华人民共和国会计法

《中华人民共和国会计法》（以下简称《会计法》）是 1985 年 1 月经全国人民代表大会常务委员会审议通过的。2017 年 11 月，修正后的《会计法》开始实施。国家机关、社会团体、企业、事业单位以及其他经济组织，都必须严格按照《会计法》的规定办理会计事务。

2. 中华人民共和国预算法

《中华人民共和国预算法》（以下简称《预算法》）是 1994 年 3 月经全国人民代表大会审议通过，并于 1995 年 1 月 1 日起执行。2015 年 1 月 1 日开始实施修订后的《预算法》。在此基础上，2018 年对《预算法》进行了进一步的修订。

（二）财政总会计的行政法规

财政总会计的行政法规是指由国务院发布，或者经国务院批准财政部发布的各种单项规定。财政总会计的行政法规主要包括财政部颁发的《财政总会计制度》等。

（三）财政总会计的规章制度

财政总会计的规章制度主要包括以下内容。

1. 政府采购资金财政直接拨付管理办法

财政部与中国人民银行于 2001 年 2 月 28 日颁发并规定从当日开始实施的《政府采购资金财政直接拨付管理办法》，详细规定了政府采购资金的管理办法，并以附录的方式规定了政府采购资金的会计核算办法。

2. 财政国库管理制度改革试点方案

2001 年 3 月 16 日，财政部与中国人民银行联合制定并发布了《财政国库管理制度改革试点方案》，该方案主要是推行国库集中收付制度，将财政收入直接缴入国库或者直接缴入财政指定的商业银行账户，财政支出均从国库单一账户直接拨付给商品或劳务供应者。

3. 政府收支分类科目

财政部为了加强政府预算管理，每个财政年度都要颁发《政府收支分类科目》，规定各级财政以及各预算单位编制预算时必须使用的预算收入、预算支出科目及其编号、名称和内容。

二、财政总会计的账务处理体系

（一）会计科目

财政总会计的会计科目，是对会计要素进一步分类的具体项目，它是设置账户和核算经济业务的依据。财政总会计的会计科目是反映和监督各级政府财政资金的预算执行情况、财务状况、运行情况的一种科学分类。它是设置账户和核算、归集各项经济业务的依据，也是汇总、检查政府财政资金活动情况和结果的项目依据。

财政总会计的会计科目分为财务会计科目和预算会计科目。财务会计科目包括资产、负债、净资产、收入、支出5类总账科目，预算会计科目包括预算收入、预算支出、预算结余3类总账科目。在各总账科目下面需要设置若干明细科目。明细科目的设置一般有3种情况：对预算收入和预算支出类科目，按照《政府收支分类科目》设置；对结算资金和金融机构存款类科目，按结算单位或个人名称设置；对财产物资类科目，按实物类别或名称设置。

在我国，现行的《财政总会计制度》的总账科目采用四位数编号方法，如财政总会计资产类会计科目的编号为：1001国库存款、1002其他财政存款等。其中，从左至右，第一位数码表示会计科目性质，如"1"表示资产类科目；"2"表示负债类科目；"3"表示净资产类科目；"4"表示收入类科目；"5"表示支出类科目；"6"表示预算收入类科目；"7"表示预算支出类科目；"8"表示预算结余类科目。第二位、第三位、第四位数码表示会计科目在该类中的顺序号。

本书使用的会计科目以现行《财政总会计制度》为基础，财政总会计适用的总账科目如表2-1和表2-2所示。

表2-1　　　　　　　　　　　　　　　　　　　财务会计科目表

序号	编码	科目名称	序号	编码	科目名称
		一、资产类	28	3021	预算稳定调节基金
1	1001	国库存款	29	3022	预算周转金
2	1002	其他财政存款	30	3041	权益法调整
3	1003	国库现金管理资产	31	3051	以前年度盈余调整
4	1011	有价证券			四、收入类
5	1021	应收非税收入	32	4001	税收收入
6	1022	应收股利	33	4002	非税收入
7	1031	借出款项	34	4011	投资收益
8	1032	与下级往来	35	4021	补助收入
9	1033	预拨经费	36	4022	上解收入
10	1034	在途款	37	4023	地区间援助收入
11	1035	其他应收款	38	4031	其他收入
12	1041	应收地方政府债券转贷款	39	4041	财政专户管理资金收入
13	1042	应收主权外债转贷款	40	4042	专用基金收入
14	1061	股权投资			五、费用类
		二、负债类	41	5001	政府机关商品和服务拨款费用
15	2001	应付短期政府债券	42	5002	政府机关工资福利拨款费用
16	2011	应付国库集中支付结余	43	5003	对事业单位补助拨款费用
17	2012	与上级往来	44	5004	对企业补助拨款费用
18	2013	其他应付款	45	5005	对个人和家庭补助拨款费用
19	2014	应付代管资金	46	5006	对社会保障基金补助拨款费用
20	2015	应付利息	47	5007	资本性拨款费用
21	2021	应付长期政府债券	48	5008	其他拨款费用
22	2022	借入款项	49	5011	财务费用
23	2031	应付地方政府债券转贷款	50	5021	补助费用
24	2032	应付主权外债转贷款	51	5022	上解费用
25	2041	其他负债	52	5023	地区间援助费用
		三、净资产类	53	5031	其他费用
26	3001	累计盈余	54	5041	财政专户管理资金支出
27	3011	本期盈余	55	5042	专用基金支出

表2-2　　　　　　　　　　　　　　　预算会计科目表

序号	编码	科目名称	序号	编码	科目名称
		一、预算收入	18	7007	专用基金支出
1	6001	一般公共预算收入	19	7011	补助预算支出
2	6002	政府性基金预算收入	20	7012	上解预算支出
3	6003	国有资本经营预算收入	21	7013	地区间援助预算支出
4	6005	财政专户管理资金收入	22	7021	调出预算资金
5	6007	专用基金收入	23	7031	安排预算稳定调节基金
6	6011	补助预算收入	24	7041	债务还本预算支出
7	6012	上解预算收入	25	7042	债务转贷预算支出
8	6013	地区间援助预算收入	26	7051	待处理支出
9	6021	调入预算资金			三、预算结余类
10	6031	动用预算稳定调节基金	27	8001	一般公共预算结转结余
11	6041	债务预算收入	28	8002	政府性基金预算结转结余
12	6042	债务转贷预算收入	29	8003	国有资本经营预算结转结余
13	6051	待处理收入	30	8005	财政专户管理资金结余
		二、预算支出类	31	8007	专用基金结余
14	7001	一般公共预算支出	32	8031	预算稳定调节基金
15	7002	政府性基金预算支出	33	8033	预算周转金
16	7003	国有资本经营预算支出	34	8041	资金结存
17	7005	财政专户管理资金支出			

（二）会计凭证

财政部门在办理收纳各项预算收入、拨付各项预算支出和发生往来款项时，都应当取得或填制正确、合法的会计凭证，做到收支有凭有据，然后才能根据审核无误的会计凭证登记账簿。因此，正确填制和严格审核会计凭证，就成为财政总会计工作人员的一项重要职责，成为监督政府预算执行情况的一个重要环节。

政府财政总会计的会计凭证，包括原始凭证和记账凭证两类。

1．原始凭证

（1）原始凭证的种类。财政总会计只办理政府财政资金的收支，不直接支付现金，不直接办理财产物资的购置结算。因此，原始凭证多为国库、主管会计单位和监督拨款的银行报送的各种缴款拨款书、预算收支报表等。

各种原始凭证的格式不完全相同，但一般应具备以下基本内容：凭证的名称，填制凭证的日期，接受凭证的单位名称，经济业务的内容，经济业务的计量单位、实物数量、单价和金额，填制凭证单位的名称，填制人员和经办人员的签章。

财政总会计的原始凭证主要包括：国库报来的"预算收入日报表""分成收入计算日报表"及其附件"缴款书""收入退还书"等；各种支付、转账和拨款凭证，如"财政直接支付凭证""财政授权支付额度通知书""财政拨款凭证"等；主管会计单位报来的各种非包干专项拨款支出报表和基本建设支出月报；其他足以证明会计事项发生经过的凭证和文件。

（2）原始凭证的审查。各级财政总会计对于经办业务的原始凭证，应该从以下几个方面进行审查。

第一，合规性审查。国库的收款凭证是否符合《中华人民共和国国家金库条例实施细则》的规定，收入的分成是否符合规定的留解比例，预算收入级次的划分和政府收支科目的使用是否正确，有无错用收支科目、错划预算级次和错计分成收入情况，有无占用国库资金情况。

第二，程序性审查。各项预算拨款凭证所记载的事项是否符合核定的预算，临时性借款是否符合规定的审批手续。各级政府财政总会计对原始凭证审查无误后，再加以归类整理，据以编制记账凭证。

2. 记账凭证

记账凭证应当具备名称、填制日期、编号、摘要、金额、所附原始凭证张数以及制单、稽核、记账人员的签章等基本内容。财政总会计使用的记账凭证，可以分为专用记账凭证和通用记账凭证两类。记账凭证的基本格式、具体内容、填写方法等与企业会计相同。

记账凭证是根据审核无误的原始凭证填制的，用来确定经济业务应借、应贷会计科目及其金额的会计凭证，是登记会计账簿的依据。

（1）记账凭证的编制。

第一，根据原始凭证编制记账凭证。各级财政总会计都应根据审核无误的原始凭证，归类整理并编制记账凭证。记账凭证的各项内容必须填列齐全，经复核后凭以记账，制单人必须签名或盖章。属于预拨经费转列支出、年终结账和更正错误的记账凭证可以不附原始凭证，但应由会计主管人员签章。

第二，按照时间顺序编制记账凭证。记账凭证应按照会计事项发生的日期，按顺序整理、制证、记账。按照制证的顺序，每月从第 1 号凭证开始至最后一张凭证结束编一个连续号。

第三，按照正确方法编制记账凭证。记账凭证日期，应按以下规定填列：月终尚未结账前，收到上月份的收入凭证，可以填列所属月份的最末一日。结账后，按实际处理账务的日期填列；根据支出月报列示的支出数额编制的记账凭证，填制会计报表所属月份的最末一日；办理年终结账的记账凭证，填列实际处理账务的日期，并注明"上年度"字样。凭证编号仍按上年度 12 个月的顺序号连续编列；其余会计事项，一律按发生的日期填列。

（2）记账凭证的格式。财政总会计可以采用通用记账凭证，也可以采用专用记账凭证。其中，通用记账凭证的格式如表 2-3 所示。

表 2-3　　　　　　　　　　　　记账凭证

年　　月　　日　　　　　　　　　　　　　　　　　　凭证编号：

摘要	结算方式	票号	借方科目		贷方科目		金额	记账符号
			总账科目	明细科目	总账科目	明细科目		
附单据　　张				合　　计				

会计主管人员：　　　记账：　　　稽核：　　　制单：　　　出纳：　　　缴款人：

（三）会计账簿

财政总会计的会计账簿一般分为总账、明细账和日记账 3 种。

1. 总账

总账是根据总账科目设置的用于记录各会计要素总括情况的账簿。总账可反映预算资金收支的总括情况，也是控制、核对各明细账以及编制会计报表的依据。总账一般采用订本三栏式账簿。

总账用以核算财政资金活动的总括情况，以及平衡账务、控制和核对各种明细账。总账格式采用三栏式账簿，按会计科目设置账户。三栏式账页的格式如表 2-4 所示。

表 2-4

账户名称

20××年		凭证		摘要	借方金额	贷方金额	借或贷	余额
月	日	字	号					

2. 明细账

明细账是根据明细科目设置的用于记录各会计要素详细情况的账簿。明细账对总账起分析说明的作用，是用于结算往来账款和编制会计报表详细资料的依据。明细账可以根据不同的需要按有关规定设置。明细账一般采用三栏式账簿、数量金额式账簿和多栏式账簿。

3. 日记账

日记账是按经济业务发生时间的顺序逐日逐笔登记资金收支情况的账簿，如各行政事业单位使用的库存现金日记账、银行存款日记账等。日记账一律使用订本账，不得使用活页账。

复习思考题

财政资产的核算 | 第三章

【学习目标】
1. 了解财政资产的内容；
2. 熟悉国库单一账户制度的概念；
3. 理解国库单一账户体系；
4. 掌握财政资产的核算。

第一节 | 财政性存款的核算

财政性存款包括国库存款、其他财政存款、国库现金管理资产等内容。

一、财政性存款的概念和管理原则

（一）财政性存款的概念

财政性存款的支配权属于各级政府财政部门，是各级政府财政部门代表政府所掌管的财政资金，包括国库存款、其他财政存款、国库现金管理资产等。财政性存款来源于国家的财政收入并存放于国家金库中，经过各级国家金库按规定收纳、划分、报解和上下级财政之间的调拨，形成各级财政部门的财政性存款。它是各级财政部门的可支配资金，用于各方面的预算支出。财政性存款的支配权属于同级财政部门，并由财政总会计负责管理，统一收付。

（二）财政性存款的管理规则

财政总会计在管理与核算财政性存款时，应当遵循以下管理规则。

1. 财政性存款由国库统一调度

根据财政国库管理制度的规定，各种财政资金都应由国库集中收付，统一调度。应由财政部门掌管的各种资金，必须纳入财政总会计的存款账户。各级财政应建立一个统揽所有财政资金的账户体系，即国库单一账户体系。各项财政收入应直接缴入国库或财政专户，各项财政支出应通过国库单一账户体系以直接支付方式或授权支付方式支付给商品或劳务供应者或用款单位。在资金调度过程中，应根据核定的年度预算和季度分月用款计划，结合各单位的事业进度和资金使用情况拨付资金，满足计划内各项正常支出的资金需要，不得办理超预算、无用款计划的拨款。

2. 各预算单位不得擅自开设财政性存款账户

财政部门按照国库管理制度的规定建立国库单一账户体系，所有财政资金都应当存入国库或财政专户，各预算单位不得擅自开设财政性存款账户。各级财政的预算资金除财政部有明确规定以外，一律由财政总会计统一在国库或指定的银行开立存款账户，不得在国家规定之外，将预算资金或其他财政资金任意转存其他金融机构。只有这样，才能保证财政资金的集中管理和有效使用，防止财政资金的截留、挤占和挪用，有效控制财政收入流失问题。财政总会计账户的开立，一般采取"自开证明"的方式办理，即由财政部门开具证明，加盖公章，提交印鉴卡，到同级国库或开户银行办理开户，待第一笔预算收入或拨入款项收到后，该账户即开始成立。

3. 严格控制资金的使用方向

各预算单位要根据批准的部门预算和用款计划，向财政国库部门提出拨付资金申请。财政总会计在拨付各种款项时，也应根据审批的部门预算或单位用款计划拨付资金，不得办理超预算、无计划的拨款。只有按预算和计划拨款，才能保证财政预算的执行，发挥财政的监督职能，提高资金使用效率。

4. 转账结算，不提现金

财政部门的出纳机关是国家金库，财政总会计不提取现金和花费现金，因此，财政部门只设置会计岗位，不设置"出纳"岗位。因为会计的职能是分配资金，不直接使用资金。虽然财政部门也经办一些直接支出，但是这些直接支出并不是财政的"直接消费"，它与预算单位的花钱办事有着本质上的区别。财政总会计在办理各项支出时，应采用转账结算方式，不得提取现金。

5. 掌握余额，不能透支

我国实行委托金库制，由中国人民银行代理国家金库。中国人民银行代管的财政资金和掌握的银行信贷资金是集中和分配资金的两个重要渠道。从存款客户和银行之间的关系来看，财政部门只是银行的一个存款客户。银行与客户之间只是一种信用关系，财政部门交入国库的各种存款，只能在存款余额内支取，银行不能透支垫付。

二、国库单一账户制度

（一）国库单一账户制度的背景

2001 年 3 月，财政部和中国人民银行发布了《财政国库管理制度改革试点方案》，决定自 2001 年开始在中央部门进行改革试点，"十五"期间在中央和地方全面实施国库单一账户制度。国库单一账户制度，也称国库集中收付制度，是指通过设立国库单一账户体系对财政资金的缴库和拨付实行集中管理的国库管理制度。我国现阶段主要采用国库集中收付制度收纳和支付财政资金，财政部门在经办国库业务的银行开设国库账户。所有财政性收入都要缴入国库账户，所有财政性支出均由国库支付。

（二）国库单一账户体系

国库单一账户体系主要包括国库单一账户、零余额账户、预算外资金财政专户和特设专户 4 个账户。各账户的开设方法及其核算内容都有明确的规定。

1. 国库单一账户

国库单一账户是国库的财政性存款账户，由财政部门在中国人民银行各级分行开设，未设中国人民银行分支机构的地区在金库代理银行开设。国库单一账户用于记录和反映纳入预算管理的财政收入和支出活动，以及与零余额账户进行清算，实现支付。国库单一账户按收入和支出设置分类账，收入账按预算科目进行明细核算，支出账按资金使用性质设立分账册。这个账户是国库单一账户体系中的核心账户。

2. 零余额账户

零余额账户，也称夜晚零余额账户，是预算资金的日常支付账户，用于记录和反映预算资金的日常支付活动，并与国库单一账户进行清算。零余额账户分为两类，即财政部门零余额账户和预算单位零余额账户。

（1）财政部门零余额账户用于财政直接支付，由财政部门在商业银行（代理银行）开设。直接支付就是根据事先的预算以及在需要支付资金时，用款单位经过一定的申请、审批等手续后，由财政部门发出支付指令，通知商业银行把款项直接支付给预算单位的供应商或收款人。零余额账户每个营业日发生的借方或贷方余额在营业日终了时都要通过与国库单一账户清算而扫平归零。也就是商业银行根据财政部门签发的支付令，事先代为垫付款项，事后立即与国库单一账户清算，由国库单一账户归还商业银行垫付的资金。之所以称为"零余额账户"，是因为商业银行垫付款项以后，当天就可以与财政部门的"国库单一账户"进行资金清算，要求归还垫付资金。因此，这个"财政部门零余额账户"到了夜晚必然为零，也称为"夜晚零余额账户"。该账户的设置，保证了财政资金在实际支付发生前不流出国库单一账户。

（2）预算单位零余额账户主要用于财政授权支付，是财政部门在商业银行为预算单位开设的账户。在授权支付方式下，预算单位根据年初批复的预算和用款计划，按月提出用款申请。在用款申请经财政部门审批以后，财政部门将预算单位的用款额度通知给代理商业银行、预算单位、中国人民银行国库部门 3 个单位，但不给代理商业银行任何款项，只给用款额度。财政部门给予预算单位在规定限额内使用这个户头的款项的权利，预算单位既可以提取现金，也可以办理转账业务。代理商业银行在用款额度以内将无条件地代为垫付款项。代理商业银行垫付款项以后，当天就可以与"国库单一账户"结算，要求归还垫款。

3. 预算外资金财政专户

预算外资金财政专户是财政部门在代理银行开设的，用于记录和反映预算外收入和支出活动，并对预算外资金的日常收支进行清算。目前，预算外资金来源较为复杂，还有一部分财政资金未纳入预算管理，短期内也难以纳入国库单一账户体系，所以仍需要设置财政专户进行管理。预算外资金财政专户由财政部门在商业银行开设，一般按预算单位或资金性质设置收入分类账户，按预算单位设置支出分类账户。但是，随着改革的不断深化，预算外资金也将逐步纳入国库单一账户进行管理。

4. 特设专户

特设专户由财政部门在代理银行为预算单位开设。特设专户是指经国务院和省级人民政府批准或授权财政部门开设的特殊过渡性专户。该账户用于记录和反映预算单位的特殊专项支出活动，并用于与国库单一账户清算。由于现阶段政策性支出项目还比较多，对某些需要通过政策性银行封闭运行的资金支出，还需要设置特殊专户管理，如粮食风险基金、社会保障基金等。

三、财政性存款的账务处理

财政性存款包括国库存款、其他财政存款、国库现金管理资产等。财政性存款应分别设置"国库存款""其他财政存款""国库现金管理资产"等科目进行核算。

（1）"国库存款"属于资产类科目，用来核算各级财政总会计在国库的预算资金（含一般公共预算、政府性基金预算、国有资本经营预算等）存款。该科目的借方登记国库存款增加数，贷方登记国库存款减少数，期末借方余额反映国库存款的结余数。"国库存款"科目设置"一般公共预算存款""政府性基金预算存款"等明细科目，其中，"政府性基金预算存款"明细科目核算纳入政府性基金管理的预算资金存款，"一般公共预算存款"明细科目核算除政府性基金预算存款、国有资本经营预算存款等之外的预算资金存款。国库存款的主要账务处理如下：收到预算收入时，借记"国库存款"科目，贷记"税收收入""非税收入"等收入科目。当日收入数为负数时，以红字记入（采用计算机记账的，用负数反映）；收到国库存款利息收入时，借记"国库存款"科目，贷记"非税收入"科目；收到缴入国库的来源不清的款项时，借记"国库存款"科目，贷记"其他应付款"等科目；国库库款减少时，按照实际支付的金额，借记有关科目，贷记"国库存款"科目。

（2）"其他财政存款"科目属于资产类科目，用来核算各级财政总会计未列入"国库存款"科目的各项财政性存款，包括未设国库的乡（镇）财政在专业银行的预算资金存款以及部分由财政部指

微课堂

国库存款的核算

定存入专业银行的专用基金存款等。该科目借方登记其他财政存款增加数，贷方登记其他财政存款减少数。该科目借方余额反映其他财政存款的实际结存数，其年终余额结转下年。

其他财政存款的主要账务处理如下：财政专户收到款项时，按照实际收到的金额，借记"其他财政存款"科目，贷记有关科目。取得其他财政存款利息收入时，按照实际获得的利息金额，根据以下情况分别处理：按规定作为专户资金收入的，借记"其他财政存款"科目，贷记"应付代管资金"或有关收入科目；按规定应缴入国库的，借记"其他财政存款"科目，贷记"其他应付款"科目。将其他财政存款利息收入缴入国库时，借记"其他应付款"科目，贷记"其他财政存款"科目；同时，借记"国库存款"科目，贷记"非税收入"科目。其他财政存款减少时，按照实际支付的金额，借记有关科目，贷记"其他财政存款"科目。

（3）"国库现金管理资产"属于资产类科目，核算政府财政部门将国库资金转存在商业银行或者投资于货币市场形成的资产。本科目按照业务种类设置"商业银行定期存款""其他国库现金管理资产"明细科目，并可根据管理需要进行明细核算。国库现金管理资产的主要账务处理如下：按照国库现金管理有关规定，将库款转存商业银行时，按照存入商业银行的金额，借记"国库现金管理资产"科目，贷记"国库存款"科目；国库现金管理存款收回国库时，按照实际收回的金额，借记"国库存款"科目，按照原存入商业银行的存款本金金额，贷记"国库现金管理资产"科目，按照两者的差额，贷记"非税收入"科目；"国库现金管理资产"期末借方余额反映政府财政实行国库现金管理业务持有的存款。

《财政总会计制度》规定，对于纳入预算管理的财政资金收支业务，在采用财务会计核算的同时应当进行预算会计核算，即"双分录"核算。（本书是按照先财务会计、后预算会计的顺序编写，在财务会计处理中，如涉及预算会计分录的编制，请参见本书预算会计部分相应的内容）

【例3-1】某市财政实行国库集中收付制度，20××年6月发生下列有关经济业务，据以编制会计分录。

（1）收到市中心支库报来的"一般公共预算收入日报表"及所附的"缴款书"回执联，计列当日税收收入67 000 000元。

编制的财务会计分录如下。

借：国库存款——一般公共预算存款	67 000 000	
贷：税收收入		67 000 000

编制的预算会计分录如下。

借：资金结存——库款资金结存	67 000 000	
贷：一般公共预算收入		67 000 000

（2）收到市中心支库报来的"政府性基金预算收入日报表"，计列各种政府性基金预算收入429 000元。

编制的财务会计分录如下。

借：国库存款——政府性基金预算存款	429 000	
贷：非税收入		429 000

编制的预算会计分录如下。

借：资金结存——库款资金结存	429 000	
贷：政府性基金预算收入		429 000

（3）接到受托专业银行的收款通知，系收到粮食风险基金收入600 000元。

编制的财务会计分录如下。

借：其他财政存款——粮食风险基金存款	600 000	
贷：专用基金收入		600 000

编制的预算会计分录如下。

借：资金结存——专户资金结存　　　　　　　　　　　　　　　600 000
　　贷：专用基金收入　　　　　　　　　　　　　　　　　　　　　　600 000

（4）收到财政国库支付执行机构报来的"预算支出结算清单"，系发生一般公共预算支出 441 000
元用于政府机关商品和服务拨款费用，并与中国人民银行国库划款凭证核对无误。

编制的财务会计分录如下。

借：政府机关商品和服务拨款费用　　　　　　　　　　　　　　441 000
　　贷：国库存款——一般公共预算存款　　　　　　　　　　　　　　441 000

编制的预算会计分录如下。

借：一般公共预算支出　　　　　　　　　　　　　　　　　　　441 000
　　贷：资金结存——库款资金结存　　　　　　　　　　　　　　　　441 000

（5）收到代理银行汇总的预算单位零余额账户授权支付数，系发生一般公共预算支出 45 000 元、
政府性基金预算支出 13 000 元，用于政府机关工资福利拨款费用，与中国人民银行国库汇总划款凭
证及财政国库支付执行机构汇总的"预算支出结算清单"核对无误。

编制的财务会计分录如下。

借：政府机关工资福利拨款费用　　　　　　　　　　　　　　　58 000
　　贷：国库存款——一般公共预算存款　　　　　　　　　　　　　　45 000
　　　　　　　　——政府性基金预算存款　　　　　　　　　　　　　13 000

编制的预算会计分录如下。

借：一般公共预算支出　　　　　　　　　　　　　　　　　　　45 000
　　政府性基金预算支出　　　　　　　　　　　　　　　　　　13 000
　　贷：资金结存——库款资金结存　　　　　　　　　　　　　　　　58 000

（6）财政总会计根据财政国库支付执行机构报来的预算支出结算清单，支出 30 000 元，系支付
市教育局办公用品购买等行政经费。财政总会计编制如下会计分录。

编制的财务会计分录如下。

借：政府机关商品和服务拨款费用　　　　　　　　　　　　　　30 000
　　贷：国库存款——一般公共预算存款　　　　　　　　　　　　　　30 000

编制的预算会计分录如下。

借：一般公共预算支出　　　　　　　　　　　　　　　　　　　30 000
　　贷：资金结存——库款资金结存　　　　　　　　　　　　　　　　30 000

（7）某市财政局的国库现金管理资产发生如下业务。

按照国库现金管理有关规定，将库款 700 000 元转存商业银行。相关会计分录如下。

借：国库现金管理资产　　　　　　　　　　　　　　　　　　　700 000
　　贷：国库存款　　　　　　　　　　　　　　　　　　　　　　　　700 000

3 个月后，收回国库现金管理资产本金 700 000 元，利息 6 000 元。

编制的财务会计分录如下。

借：国库存款　　　　　　　　　　　　　　　　　　　　　　　706 000
　　贷：国库现金管理资产　　　　　　　　　　　　　　　　　　　　700 000
　　　　非税收入　　　　　　　　　　　　　　　　　　　　　　　　6 000

编制的预算会计分录如下。

借：资金结存——库款资金结存　　　　　　　　　　　　　　　6 000
　　贷：一般公共预算收入　　　　　　　　　　　　　　　　　　　　6 000

第二节 | 有价证券的核算

有价证券也是财政总会计的一项资产，有价证券账户类似于企业会计的投资性质的账户。

一、有价证券的概念

有价证券是中央财政以信用方式发行并在规定期限内还本付息的国家公债。它是由国家指定的证券发行部门依照法定程序发行，并约定在一定期限内还本付息的信用凭证。地方各级财政可利用预算资金结余购买中央政府发行的各种有价证券。中央政府向地方政府发行国库券等有价证券，是中央财政向地方财政借款的一种方法，也是平衡中央预算收支、控制地方支出规模的辅助手段。

二、有价证券的核算

有价证券应按实际取得时支付的价款记账，有价证券票据（含债券收款单）应视同货币妥善保管。

财政总会计应设置"有价证券"这一资产类科目，用以核算各级政府按国家统一规定用各项财政结余购买的有价证券的库存数。一级财政使用结余资金购入有价证券时，借记"有价证券"科目，贷记"国库存款""其他财政存款"科目；到期兑换有价证券时，其兑付本金部分，借记"国库存款""其他财政存款"科目，贷记"有价证券"科目。取得的利息收入通常需要进行双分录核算，财务会计应计入"非税收入"，预算会计视动用资金的性质而确定列作收入的类别，动用"一般公共预算结转结余""政府性基金预算结转结余"购买有价证券取得的利息收入，应分别列作"一般公共预算收入""政府性基金预算收入"进行账务处理，并记入"资金结存"的借方。本科目借方余额反映有价证券的实际库存数。

【例3-2】某市财政实行国库集中收付制度，20××年发生以下有关经济业务，据以编制会计分录。

（1）用上年一般公共预算结转结余资金790 000元购买国库券。

借：有价证券——国库券	790 000
贷：国库存款——一般公共预算存款	790 000

（2）以前年度使用一般公共预算结转结余资金购买的国库券到期，兑付本利500 000元，其中利息收入为50 000元，本金为450 000元。

编制的财务会计分录如下。

借：国库存款——一般公共预算存款	500 000
贷：有价证券——国库券	450 000
非税收入	50 000

编制的预算会计分录如下。

借：资金结存	50 000
贷：一般公共预算收入	50 000

（3）用政府性基金预算结转结余资金购买特种国债220 000元。

借：有价证券——特种国债	220 000
贷：国库存款——政府性基金预算存款	220 000

（4）用政府性基金预算结转结余资金购买的特种国债到期，兑付本金 700 000 元，利息收入 60 000 元。

编制的财务会计分录如下。

借：国库存款——政府性基金预算存款   760 000
  贷：有价证券——特种国债   700 000
    非税收入   60 000

编制的预算会计分录如下。

借：资金结存——库款资金结存   60 000
  贷：政府性基金预算收入   60 000

第三节 在途款项的核算

财政总会计在涉及年度之间的资金收支核算时采用权责发生制，设置"在途款"科目进行核算。

一、在途款项的概念

由于库款的报解需要一定的邮递时间，所以年终会存在国库经收处或各级国库已经在年前收纳，但尚未划转到支库或尚未报解到各上级国库的各种收入，这些款项称为在途款项。在途款项也包括在报告清理期和库款报解整理期内发生的属于上年度收入、费用等业务的款项。

平时，财政总会计涉及年度之间的资金收支时会用到权责发生制进行核算。首先，预算收入的报解，需要通过国家金库向上级财政机关报告预算收入情况，并将属于上级财政的预算收入解缴到相应的总库、分库和中心支库。但是，报解库款需要一定的划转时间，为了保证在年终决算过程中能够全面反映各级预算收入的总额，就需要将国库经收处或各级国库在决算清理期内已经收纳，但尚未报解到支库或各级国库的预算收入，列作决算年度的收入和在途款项。再有，第二年年初所收到的收入，很有可能是上年 12 月的预算收入，同时，上下级财政之间、财政与预算单位及其他缴款单位之间需要进行年终清算，以结算多缴少缴、多拨少拨款项的事项。因此，在次年上旬的决算清理期内发生的属于上一年度的收入、费用等，应该列作上一年度的在途款项，体现年度之间的权责发生制。

二、在途款项的核算

为了在决算清理期和库款报解整理期内全面反映各级财政的实际收入、费用总额，解决上、下年度之间的库款结算问题，各级财政总会计应设置"在途款"科目。该科目属于资产类科目，用来核算决算清理期和库款报解整理期内发生的上、下年度收入、费用业务以及需要通过本科目过渡处理的资金数。借方登记发生数，贷方登记冲转数。预算收入按月划期核算的地区，平时也使用本科目核算。决算清理期内收到属于上年度的收入时，在上年旧账上，借记"在途款"科目，贷记"税收收入""非税收入""补助收入""上解收入"等科目；收回上年度拨款或支出时，在上年旧账上，借记"在途款"科目，贷记"预拨经费"或"政府机关商品和服务拨款费用"等科目；冲转在途款项时，借记"国库存款"科目，贷记"在途款"科目。

【例 3-3】某市财政实行资金划拨制度，20××年发生以下有关经济业务，据以编制会计分录。

（1）1 月 2 日，收到市中心支库报来预算收入日报表及所附的缴款书等，计列收到属于上年度的税收收入 50 000 元。

（在上年度旧账上记）

编制的财务会计分录如下。

借：在途款 50 000
　　贷：税收收入 50 000

编制的预算会计分录如下。

借：资金结存——在途资金结存 50 000
　　贷：一般公共预算收入 50 000

（同时，在本年度新账上记）

编制的财务会计分录如下。

借：国库存款——一般公共预算存款 50 000
　　贷：在途款 50 000

编制的预算会计分录如下。

借：资金结存——库款资金结存 50 000
借：资金结存——在途资金结存 50 000

（2）1月5日，收到市中心支库报来的收回上年度各预算单位缴回的预拨经费 20 000 元。

（在上年度旧账上记）

借：在途款 20 000
　　贷：预拨经费 20 000

（同时，在本年度新账上记）

借：国库存款 20 000
　　贷：在途款 20 000

第四节　债权性往来款项的核算

债权性往来款项随着债权对象的不司而有所差别。

一、债权性往来款项的内容

债权性往来款项属于往来结算中形成的债权，包括应收非税收入、借出款项、与下级往来、其他应收款、应收股利、应收地方政府债券转贷款、应收主权外债转贷款等内容。但是，它们的债权对象会有所差别，应收非税收入是政府财政应向缴款人收取但实际尚未缴入国库的非税收入款项；借出款项是财政部门借给所属预算单位临时急需的款项；与下级往来是上级财政借给下级财政的待结算款项；其他应收款是政府财政临时发生的其他应收、暂付、垫付款项；应收股利是政府因持有股权投资应当收取的现金股利或利润；应收地方政府债券转贷款是本级政府财政转贷给下级地方政府财政的地方政府债券资金的本金及利息；应收主权外债转贷款是本级政府财政转贷给下级地方政府财政的外国政府和国际金融组织贷款等主权外债资金的本金及利息。

二、债权性往来款项的核算

各级财政部门为了核算与所属预算单位和上下级财政之间的暂付及应收款项，应设置"应收非税收入""借出款项""与下级往来""其他应收款""应收股利""应收地方政府债券转贷款""应收主权外债转贷款"等科目。下面主要介绍"应收非税收入""借出款项""与下级往来""其他应收款"的核算。

（1）"应收非税收入"科目，用于核算政府财政应向缴款人收取但实际尚未缴入国库的非税收入款项。本科目应按照《政府收支分类科目》中"非税收入"科目进行明细核算，同时可根据管理需要，按执收部门（单位）进行明细核算。确认取得非税收入时，按照非税收入管理部门提供的已开具缴款票据、尚未缴入本级国库的非税收入金额，借记"应收非税收入"科目，贷记"非税收入"科目。实际收到非税收入款项时，按照实际收到的非税收入金额，借记"国库存款"科目，已列应收非税收入部分金额，贷记"应收非税收入"科目，未列应收非税收入部分金额，贷记"非税收入"科目。本科目期末借方余额反映政府财政尚未入库的应收非税收入。

（2）"借出款项"科目，用于核算财政部门借给所属预算单位临时急需的借款。借方登记借出数，贷方登记结算收回或核销转作支出数，借方余额反映尚待结算的暂付款数。该科目应按借款单位名称设置明细账。借出款项的主要账务处理如下：将款项借出时，按照实际支付的金额，借记"借出款项"科目，贷记"国库存款"等科目；收回借款时，按照实际收到的金额，借记"国库存款"等科目，贷记"借出款项"科目。

（3）"与下级往来"科目，用于核算与下级财政往来的结算款项。该科目的借方登记借出数或转作对下级财政的补助支出数。本科目借方余额，反映下级财政应归还本级财政的款项；贷方余额，反映本级财政借入下级财政的款项。"与下级往来"是具有资产和负债双重性质的科目，在编制资产负债表时，科目的贷方余额应以负数表示。本科目按资金性质和下级财政部门名称设置明细科目。与下级往来的主要账务处理如下：借给下级政府财政款项时，借记"与下级往来"科目，贷记"国库存款"科目；体制结算中应当由下级政府财政上交的收入数，借记"与下级往来"科目，贷记"上解收入"科目；借款收回、转作补助费用或体制结算应当补助下级政府财政的费用，借记"国库存款""补助费用"等有关科目，贷记"与下级往来"科目；发生上解多交应当退回的，按照应当退回的金额，借记"上解收入"科目，贷记"与下级往来"科目；发生补助多补应当退回的，按照应当退回的金额，借记"与下级往来"科目，贷记"补助费用"科目。

（4）"其他应收款"科目用于核算政府财政临时发生的其他应收、暂付、垫付款项。项目单位拖欠外国政府和国际金融组织贷款本息和相关费用导致相关政府财政履行担保责任，代偿的贷款本息费，也通过本科目核算。本科目应当按照资金性质、债务单位等进行明细核算。其他应收款的主要账务处理如下：发生其他应收款项时，借记"其他应收款"科目，贷记"国库存款""其他财政存款"等科目；收回或转作费用时，借记"国库存款""其他财政存款"或有关费用科目，贷记"其他应收款"科目；政府财政对使用外国政府和国际金融组织贷款资金的项目单位履行担保责任，代偿贷款本息费时，借记"其他应收款"科目，贷记"国库存款""其他财政存款"等科目；政府财政行使追索权，收回项目单位贷款本息费时，借记"国库存款""其他财政存款"等科目，贷记"其他应收款"科目；政府财政最终未收回项目单位贷款本息费，经核准列支时，借记"财务费用"等科目，贷记"其他应收款"科目。"其他应收款"科目应及时清理结算。年终，原则上应无余额。

【例3-4】某市财政实行资金划拨制度，20××年发生以下有关经济业务，据以编制会计分录。

（1）经批准，借给市民政局款项56 000元，用于维修办公楼。

借：借出款项——市民政局　　　　　　　　　　　　　　　　　　56 000
　　贷：国库存款　　　　　　　　　　　　　　　　　　　　　　　　56 000

（2）经批准，将市民政局的办公楼维修借款56 000万元转作经费支出。

编制的财务会计分录如下。

借：政府机关商品和服务拨款费用　　　　　　　　　　　　　　　56 000
　　贷：借出款项——市民政局　　　　　　　　　　　　　　　　　56 000

编制的预算会计分录如下。

借：一般公共预算支出　　　　　　　　　　　　　　　　　　56 000
　　贷：资金结存　　　　　　　　　　　　　　　　　　　　　　　56 000

（3）经批准，借给市水利局临时急需的款项 334 000 元，用于该局下属某事业单位的设备改造。

借：借出款项——市水利局　　　　　　　　　　　　　　　　334 000
　　贷：国库存款　　　　　　　　　　　　　　　　　　　　　　334 000

（4）市水利局归还借款 300 000 元，余款 34 000 元尚未归还。

借：国库存款　　　　　　　　　　　　　　　　　　　　　　300 000
　　贷：借出款项——市水利局　　　　　　　　　　　　　　　300 000

（5）经批准，市水利局将 34 000 元借款转作对事业单位补助拨款。

编制的财务会计分录如下。

借：对事业单位补助拨款费用　　　　　　　　　　　　　　　　34 000
　　贷：借出款项——市民政局　　　　　　　　　　　　　　　　34 000

编制的预算会计分录如下。

借：一般公共预算支出　　　　　　　　　　　　　　　　　　　34 000
　　贷：资金结存　　　　　　　　　　　　　　　　　　　　　　34 000

（6）市财政局借给所属甲县洪涝灾害救灾款 800 000 元。

借：与下级往来——甲县　　　　　　　　　　　　　　　　　800 000
　　贷：国库存款　　　　　　　　　　　　　　　　　　　　　800 000

（7）经批准，市财政局借给甲县的款项 800 000 元转为对该县的补助支出。

编制的财务会计分录如下。

借：补助费用　　　　　　　　　　　　　　　　　　　　　　800 000
　　贷：与下级往来——甲县　　　　　　　　　　　　　　　　800 000

编制的预算会计分录如下。

借：补助预算支出　　　　　　　　　　　　　　　　　　　　800 000
　　贷：资金结存　　　　　　　　　　　　　　　　　　　　　800 000

（8）市财政局收到上月借给乙县的借款 550 000 元。

借：国库存款　　　　　　　　　　　　　　　　　　　　　　550 000
　　贷：与下级往来——乙县　　　　　　　　　　　　　　　　550 000

第五节　预拨款项的核算

预拨款项核算只适用于采用资金划拨制度的地区和单位。

一、预拨款项的内容

预拨款项是财政部门按规定预拨给用款单位的待结算资金，主要是预拨经费。

预拨经费是各级财政机关根据核定的预算计划，用预算资金拨给用款单位的待结算资金。凡是年度预算执行中，财政会计用预算资金预拨出应在以后各期列支的款项，以及会计年度终了前预拨给用款单位的下年度经费款均应作为预拨经费管理。各项预拨款项应按实际预拨数额记账。预拨经费（不含预拨下年度经费）应在年度终了前转列支出或清理收回。

二、预拨款项的适用范围

财政部门与预算单位之间的资金往来制度有两种，即传统的资金划拨制度和国库单一账户制度。试行国库集中收付制度的地区和单位，财政资金的往来是通过国库来进行的，财政资金有财政直接支付和财政授权支付两种方式。在没有执行国库集中收付制度的地区和单位，财政部门对预算单位的拨款仍然采用传统的资金划拨制度。

三、预拨款项的管理制度

（一）按照资金实际使用情况拨款

按照资金实际使用情况拨付预算资金，要考虑本期计划需要，要保证各单位工作任务的资金需要，要掌握上期资金使用和结存情况，以促进各单位合理、节约、有效地使用预算资金。

（二）按照资金的预算和计划拨款

每年年末，各预算单位形成部门年度预算，经财政审批以后，确定各部门和各单位预算年度可使用预算资金数额。在实际领拨经费时，各预算单位还必须编制季度分月用款计划，经财政机关和上级主管部门核定后，作为领拨经费的依据。

（三）按照资金用途领拨经费

领拨经费必须按预算和计划规定的用途请领和转拨，不得随意改变资金用途，以保证预算资金的专款专用。

（四）按照预算级次领拨经费

各预算单位一般分为主管预算单位、二级预算单位和基层预算单位。主管预算单位直接与财政部门发生经费领拨关系。从财政部门取得的预算经费，既包括本单位的经费，也包括所属单位的经费，由主管单位逐级向下转拨。同时，不能越级领拨经费，也不得发生横向经费领拨事项。

四、预拨款项的核算

为了核算政府财政按照预拨经费管理有关规定预拨给预算单位尚未列作费用的款项，各级财政总会计应设置"预拨经费"总账。

财政总会计核算预拨经费，应设置"预拨经费"会计科目。"预拨经费"科目属于资产类科目，用来核算财政部门预拨给行政事业单位，尚未列作本期费用的款项。该科目借方登记财政预拨款数，贷方登记各单位交回财政机关数。其借方余额反映尚未转列费用或尚待收回的预拨经费数。该科目应按拨款单位名称设明细账。凡是拨出经费属于本期费用的，都应直接通过有关费用科目核算，不能记入本科目。

【例3-5】某市财政实行资金划拨制度，20××年发生以下有关经济业务，据以编制会计分录。

（1）拨付给市公共事业部门下季度业务经费560 000元，根据国库退回的拨款凭证回单编制记账凭证。

借：预拨经费——市公共事业部门   560 000
  贷：国库存款   560 000

（2）月末，收到市公共事业部门经费支出明细单，本月经费实际支出220 000元，冲减预拨经费。

编制的财务会计分录如下。

借：政府机关商品和服务拨款费用   220 000

  贷：预拨经费——市公共事业部门   220 000

编制的预算会计分录如下。

借：一般公共预算支出   220 000

  贷：资金结存   220 000

第六节 股权投资的核算

股权投资是政府持有的各类股权投资，包括国际金融组织股权投资、投资基金股权投资和企业股权投资等。股权投资一般采用权益法进行核算。

"股权投资"属于资产类科目，应当按照"国际金融组织股权投资""投资基金股权投资""企业股权投资"设置一级明细科目，在一级明细科目下，可根据管理需要，按照被投资主体进行明细核算。对每一被投资主体还可按"投资成本""收益转增投资""损益调整""其他权益变动"进行明细核算。

股权投资在持有期间，通常采用权益法进行核算。政府无权决定被投资主体的财务和经营政策的，应当采用成本法进行核算。股权投资账务处理过程（略）。

复习思考题

财政负债的核算 | 第四章

第一节 | 应付及暂收款项的核算

应付及暂收款项是属于债务性质的往来款项。

一、应付及暂收款项的内容

应付及暂收款项是在预算执行期间，上下级财政或财政与其他部门结算中形成的债务，包括结算中发生的应付国库集中支付结余、与上级往来、其他应付款、应付代管资金、应付地方政府债券转贷款、应付主权外债转贷款等。

应付国库集中支付结余是政府财政采用权责发生制列支，省级以上（含省级）政府财政国库集中支付中，应列为当年费用，但年末尚未支付需结转下一年度支付的款项，一般在年末列支。与上级往来是上下级财政之间由于财政资金的周转调度以及预算补助、上解结算等事项而形成的债务，如本级财政因资金调度困难而向上级财政取得借款和归还借款；在财政体制年终结算中发生本级财政应上解款项或上级财政应补助款项等。其他应付款是指各级财政临时发生的应付、暂收和收到性质不明的款项。其他应付款属于待结算资金，结算时可能需要归还、支付或者转为收入，因此，其他应付款具有债务性质。其他应付款必须及时清理，不能长期挂账。应付代管资金是政府财政代为管理的、使用权属于被代管主体的资金。因此，具有债务性质。应付地方政府债券转贷款是地方政府财政从上级政府财政借入的地方政府债券转贷款的本金和利息。应付主权外债转贷款是本级政府财政从上级政府财政借入的主权外债转贷款的本金和利息。

下面将主要介绍"应付国库集中支付结余""与上级往来""其他应付款""应付代管资金"的核算。

二、应付国库集中支付结余的核算

"应付国库集中支付结余"科目是负债性质的科目，用于核算省级以上（含省级）政府财政国库集中支付中，应列为当年费用，但年末尚未支付需结转下一年度支付的款项。"应付国库集中支付结余"应当根据管理需要，按照政府收支分类科目等进行相应明细核算。"应付国库集中支付结余"科目期末贷方余额，反映政府财政尚未支付的国库集中支付结余。

年末，对当年形成的国库集中支付结余采用权责发生制列支时，借记有关费用科目，贷记"应付国库集中支付结余"科目。

以后年度实际支付国库集中支付结余资金时，分以下情况处理。

按原结转预算科目列支的，借记"应付国库集中支付结余"科目，贷记"国库存款"科目。

调整支出预算科目的，应当按原结转预算科目做冲销处理，借记"应付国库集中支付结余"科目，贷记有关费用科目。同时，按实际支出预算科目做列支账务处理，借记有关费用科目，贷记"国库存款"科目。

【例4-1】某省级财政20××年年末发生以下有关经济业务，据以编制会计分录。

（1）20××年年末，省水利厅当年尚未使用的商品和服务拨款费用为340 000元。

编制的财务会计分录如下。

借：政府机关商品和服务拨款费用　　　　　　　　　　　　　　340 000
　　贷：应付国库集中支付结余　　　　　　　　　　　　　　　　　340 000

编制的预算会计分录如下。

借：一般公共预算支出　　　　　　　　　　　　　　　　　　　340 000
　　贷：资金结存——集中支付结余结存　　　　　　　　　　　　　340 000

（2）下一年年初，省水利厅使用上述结余资金340 000元。

编制的财务会计分录如下。

借：应付国库集中支付结余　　　　　　　　　　　　　　　　　340 000
　　贷：国库存款　　　　　　　　　　　　　　　　　　　　　　　340 000

编制的预算会计分录如下。

借：资金结存——集中支付结余结存　　　　　　　　　　　　　340 000
　　贷：资金结存——库款资金结存　　　　　　　　　　　　　　　340 000

三、与上级往来的核算

"与上级往来"属于负债类科目，用来核算与上级财政的往来待结算款项。向上级财政借款或体制结算中应补交上级财政款项时，借记"国库存款""上解费用"科目，贷记"与上级往来"科目；归还借款、转作上级补助收入数或体制结算中应由上级补给款项时，借记"与上级往来"科目，贷记"国库存款""补助收入"等科目。该科目可能出现借方余额，也可能出现贷方余额，因此，它不是单纯的负债类科目，是双重性质科目，贷方余额反映本级财政欠上级财政的款项，属于负债，借方余额反映上级财政欠本级财政的款项，属于资产。如为借方余额，在资产负债表中应以负数表示。该科目应及时清理结算，年终未能结清的余额结转下年。

【例4-2】某市财政实行资金划拨制度，20××年发生以下有关经济业务，据以编制会计分录。

（1）向省财政借入急需周转用款项520 000元。

借：国库存款——一般公共预算存款　　　　　　　　　　　　　520 000
　　贷：与上级往来——省财政　　　　　　　　　　　　　　　　　520 000

（2）归还省财政借款520 000元。

借：与上级往来——省财政　　　　　　　　　　　　　　　　　520 000
　　贷：国库存款——一般公共预算存款　　　　　　　　　　　　　520 000

（3）接到省财政的通知，原从省财政借入的330 000元转作对本市的预算补助款。

借：与上级往来——省财政　　　　　　　　　　　　　　　　　330 000
　　贷：补助收入　　　　　　　　　　　　　　　　　　　　　　　330 000

四、其他应付款的核算

"其他应付款"属于负债类科目，用来核算各级财政临时发生的应付、暂收和收到不明性质的款项。收到其他应付款时，借记"国库存款""其他财政存款"科目，贷记"其他应付款"科目；冲转、退还或转作收入时，借记"其他应付款"科目，贷记"国库存款""其他财政存款"或有关收入科目。"其他应付款"科目贷方余额反映尚未结清的暂存款数额。"其他应付款"科目应按债权单位或款项来源设置明细科目。

【例 4-3】某市财政实行资金划拨制度，20××年发生以下有关经济业务，据以编制会计分录。

（1）国库报来的收入日报表显示，收到某单位缴来资金性质不明的款项 37 000 元。

借：国库存款   37 000

  贷：其他应付款——某单位   37 000

（2）查明上项资金性质不明款项中有 32 000 元是市公安局交来的证照的工本费收入，5 000 元是错收的罚款，经审批退还给被罚单位。

编制的财务会计分录如下。

借：其他应付款——某单位   37 000

  贷：非税收入   32 000

    国库存款   5 000

编制的预算会计分录如下。

借：资金结存——库款资金结存   32 000

  贷：一般公共预算收入   32 000

五、应付代管资金的核算

"应付代管资金"科目用来核算政府财政代为管理的、使用权属于被代管主体的资金。"应付代管资金"科目应当根据管理需要进行相关明细核算。收到代管资金时，借记"其他财政存款"等科目，贷记"应付代管资金"科目。支付代管资金时，借记"应付代管资金"科目，贷记"其他财政存款"等科目。代管资金产生的利息收入按照相关规定仍属于代管资金的，借记"其他财政存款"等科目，贷记"应付代管资金"科目。"应付代管资金"科目期末贷方余额反映政府财政尚未支付的代管资金。

第二节　借入款项的核算

为了缓解财政紧张状况，政府财政部门会考虑向外国政府和国际金融组织等借入款项。

一、借入款项的概念

借入款项是指根据国家法律法规，政府财政部门以政府名义向外国政府和国际金融组织等借入的款项，以及以经国务院批准的其他方式借入的款项。

二、借入款项的核算

为了核算中央财政和地方财政举借的债务，各级财政部门应设置专门科目进行核算。"借入款项"科目用于核算政府财政部门以政府名义向外国政府和国际金融组织等借入的款项，以及以经国务院批准的其他方式借入的款项。上下级财政之间的临时性借垫款，不通过本科目核算。该科目属于负债类科目，贷方登记借入数，借方登记偿还数，贷方余额反映尚未偿还的债务。

"借入款项"的主要账务处理如下。

（1）借入主权外债的主要账务处理。

① 本级政府财政收到借入的主权外债资金时，按照实际收到的金额借记"国库存款""其他财政存款"科目，按照实际承担的债务金额贷记"借入款项"，按照实际收到的金额与承担的债务之间的差额，借记或贷记"财务费用"科目。

② 本级政府财政借入主权外债，且由外方或上级政府财政将贷款资金直接支付给用款单位或供应商时，应根据以下情况分别处理：本级政府财政承担还款责任，贷款资金由本级政府财政同级部门使用的，根据债务管理部门转来的有关资料，按照实际承担的债务金额，借记"财务费用"科目，贷记"借入款项"科目。本级政府财政承担还款责任，贷款资金由下级政府财政同级部门使用的，根据债务管理部门转来的有关资料及有关预算文件，借记"补助费用"科目或"与下级往来"科目，贷记"借入款项"科目。下级政府财政承担还款责任，贷款资金由下级政府财政同级部门使用的，根据债务管理部门转来的有关资料，借记"应收主权外债转贷款"科目，贷记"借入款项"科目。

③ 偿还主权外债本金时，按实际支付的金额，借记"借入款项"科目，贷记"国库存款""其他财政存款"等科目。

④ 债权人豁免本级政府财政承担偿还责任的借入主权外债本金时，根据债务管理部门转来的有关资料，按照被豁免的本金，借记"借入款项"科目，贷记"其他收入"等科目。

⑤ 债权人豁免下级政府财政承担偿还责任的借入主权外债本金时，根据债务管理部门转来的有关资料，按照被豁免的本金，借记"借入款项"科目，贷记"应收主权外债转贷款"科目。

（2）年末，根据债务管理部门提供借入款项因汇率变动产生的期末人民币余额与账面余额之间的差额资料，借记或贷记"财务费用——汇兑损益"科目，贷记或借记"借入款项"科目。

（3）其他借入款项的账务处理参照借入主权外债业务的账务处理。

"借入款项"期末贷方余额反映本级政府财政尚未偿还的借入款项本金。

【例 4-4】中央财政实行国库集中收付制度，20××年发生以下有关经济业务，据以编制会计分录。

（1）根据全国人民代表大会的决定，向外国政府借入主权外债资金 20 亿元，已经收到款项。

编制的财务会计分录如下。

借：国库存款——一般公共预算存款　　　　　　　　　　2 000 000 000
　　贷：借入款项　　　　　　　　　　　　　　　　　　　　2 000 000 000

编制的预算会计分录如下。

借：资金结存　　　　　　　　　　　　　　　　　　　　2 000 000 000
　　贷：债务预算收入　　　　　　　　　　　　　　　　　　2 000 000 000

（2）年末，确认借入主权外债的应付利息 7 000 000 元。

借：财务费用　　　　　　　　　　　　　　　　　　　　　7 000 000
　　贷：应付利息　　　　　　　　　　　　　　　　　　　　　7 000 000

（3）以前年度借入的主权外债资金 30 亿元已到期，另支付利息 20 000 000 元，其中已计提利息 15 000 000 元。

编制的财务会计分录如下。

借：借入款项　　　　　　　　　　　　　　　　　　　　3 000 000 000
　　贷：国库存款　　　　　　　　　　　　　　　　　　　　3 000 000 000
借：财务费用　　　　　　　　　　　　　　　　　　　　　　5 000 000
　　应付利息　　　　　　　　　　　　　　　　　　　　　15 000 000
　　贷：国库存款　　　　　　　　　　　　　　　　　　　　20 000 000

编制的预算会计分录如下。

借：债务还本预算支出   3 000 000 000

  贷：资金结存   3 000 000 000

借：一般公共预算支出   20 000 000

  贷：资金结存   20 000 000

（4）接到通知，豁免以前年度借入的主权外债资金 4 000 000 元。

借：借入款项   4 000 000

  贷：其他收入   4 000 000

第三节 | 应付政府债券的核算

应付政府债券是政府财政部门以政府名义发行的国债和地方政府债券，按照偿还期限的不同，分为应付短期政府债券和应付长期政府债券。

一、应付短期政府债券的核算

"应付短期政府债券"科目用来核算政府财政部门以政府名义发行的期限不超过 1 年（含 1 年）的国债和地方政府债券的应付本金。其中，国债包括中央政府财政发行的国内政府债券和境外发行的主权债券。"应付短期政府债券"科目下应当设置"应付国债""应付地方政府一般债券""应付地方政府专项债券"等一级明细科目。债务管理部门应当设置相应的辅助账，详细记录每期政府债券金额、种类、期限、发行日、到期日、票面利率、偿还本金及付息情况等。

"应付短期政府债券"的主要账务处理如下。

（1）实际收到短期政府债券发行收入时，按照实际收到的金额，借记"国库存款"科目，按照短期政府债券实际发行额，贷记"应付短期政府债券"科目，按照发行收入和发行额的差额，借记或贷记"财务费用"科目。

（2）中央财政发生国债随卖业务时，按照实际收到的金额，借记"国库存款"等科目，根据国债随卖确认文件等相关债券管理资料，按照国债随卖面值，贷记"应付短期政府债券"科目，按照其差额，借记或贷记"财务费用——利息费用"科目。

（3）中央财政发生国债随买业务时，根据国债随买确认文件等相关债券管理资料，按照国债随买面值，借记"应付短期政府债券"科目，按照实际支付的金额，贷记"国库存款"等科目，按照其差额，借记或贷记"财务费用——利息费用"科目。

（4）实际偿还本级政府财政承担的短期政府债券本金时，借记"应付短期政府债券"科目，贷记"国库存款"等科目。

"应付短期政府债券"科目期末贷方余额，反映政府财政尚未偿还的短期政府债券本金。

二、应付长期政府债券的核算

"应付长期政府债券"科目用来核算政府财政部门以政府名义发行的期限超过 1 年的国债和地方政府债券的应付本金。其中，国债包括中央政府财政发行的国内政府债券和境外发行的主权债券。"应付长期政府债券"科目下应当设置"应付国债""应付地方政府一般债券""应付地方政府专项债券"等一级明细科目。债务管理部门应当设置相应的辅助账，详细记录每期政府债券金额、种类、期限、发行日、到期日、票面利率、偿还本金及付息情况等。

"应付长期政府债券"的主要账务处理如下。

（1）实际收到长期政府债券发行收入时，按照实际收到的金额，借记"国库存款""其他财政存款"科目，按照长期政府债券实际发行额，贷记"应付长期政府债券"科目，按照其差额，借记或贷记"财务费用"科目。

（2）中央财政发生国债随卖业务时，账务处理参照"应付短期政府债券"国债随卖业务的账务处理。

（3）中央财政发生国债随买业务时，账务处理参照"应付短期政府债券"国债随买业务的账务处理。

（4）政府财政以定向承销方式发行长期政府债券时，根据债务管理部门转来的债券发行文件等有关资料，借记"以前年度盈余调整""应收地方政府债券转贷款"等科目，按照长期政府债券实际发行额，贷记"应付长期政府债券"科目，按照发行收入和发行额的差额，借记或贷记"财务费用"科目。

（5）实际偿还长期政府债券本金时，借记"应付长期政府债券"科目，贷记"国库存款""其他财政存款"等科目。

"应付长期政府债券"科目期末贷方余额反映政府财政尚未偿还的长期政府债券本金。

【例4-5】中央财政根据有关法律法规向社会发行2年期国债，共计100亿元。中央财政总会计做如下会计分录。

编制的财务会计分录如下。

借：国库存款 10 000 000 000
　　贷：应付长期政府债券 10 000 000 000

编制的预算会计分录如下。

借：资金结存 10 000 000 000
　　贷：债务预算收入 10 000 000 000

【例4-6】中央财政以前年度发行的3年期国库券50亿元到期，偿还本金50亿元，并支付利息3亿元。中央财政总会计做如下会计分录。

编制的财务会计分录如下。

借：应付长期政府债券 5 000 000 000
　　财务费用 300 000 000
　　贷：国库存款 5 300 000 000

编制的预算会计分录如下。

借：债务还本预算支出 5 000 000 000
　　一般公共预算支出 300 000 000
　　贷：资金结存 5 300 000 000

三、应付利息的核算

"应付利息"核算政府财政以政府名义发行的政府债券应支付的利息，以及以政府名义借入款项本期应承担的利息。"应付利息"应根据管理需要设置"应付国债利息""应付地方政府债券利息""应付地方政府主权外债利息"明细科目。本科目应根据债务管理部门计算并提供的政府债券及借入款项的应付利息情况，按期进行核算。

第四节 | 其他负债的核算

其他负债是政府财政因有关政策明确要求其承担支出责任的事项而形成的应付未付款项。

"其他负债"科目属于负债性质的科目，借方反映应付未付款项的减少，贷方反映应付未付款项的增加。本科目应当按照债权单位和项目等进行明细核算。

"其他负债"科目的主要账务处理如下：有关政策已明确政府财政承担的支出责任的，按照确定应承担的负债金额，借记"其他费用"科目，贷记"其他负债"科目。实际偿还负债时，借记"其他负债"科目，贷记"国库存款"等科目。

"其他负债"科目贷方余额反映政府财政承担的尚未支付的其他负债余额。

复习思考题

第五章 财政净资产的核算

【学习目标】
1. 掌握本期盈余的核算；
2. 掌握累计盈余的核算；
3. 掌握预算周转金的核算；
4. 掌握预算稳定调节基金的核算；
5. 掌握权益法调整的核算；
6. 掌握以前年度盈余调整的核算。

第一节 本期盈余的核算

财政净资产是指一级财政的资产减去负债后的差额，包括本期盈余、累计盈余、预算周转金、预算稳定调节基金、权益法调整、以前年度盈余调整等。

一、"本期盈余"科目设置

"本期盈余"属于净资产科目，核算政府财政纳入一般公共预算、政府性基金预算、国有资本经营预算管理的资金，财政专户管理资金、专用基金本期各项收入、费用分别相抵后的余额。设置补充和动用预算稳定调节基金，设置补充预算周转金产生的盈余变动事项，也通过本科目核算。本科目应设置"预算管理资金本期盈余""财政专户管理资金本期盈余""专用基金本期盈余"明细科目。

二、"本期盈余"账务处理

（一）"本期盈余——预算管理资金本期盈余"科目的账务处理

年终转账时，将纳入一般公共预算、政府性基金预算、国有资本经营预算管理的各类收入科目本年发生额转入"本期盈余——预算管理资金本期盈余"的贷方，借记"税收收入""非税收入""投资收益""补助收入""上解收入""地区间援助收入""其他收入"科目，贷记"本期盈余——预算管理资金本期盈余"科目；将纳入一般公共预算、政府性基金预算、国有资本经营预算管理的各类费用科目本年发生额转入"本期盈余——预算管理资金本期盈余"的借方，借记"本期盈余——预算管理资金本期盈余"科目，贷记"政府机关商品和服务拨款费用""政府机关工资福利拨款费用""对事业单位补助拨款费用""对企业补助拨款费用""对个人和家庭补助拨款费用""对社会保障基金补助拨款费用""资本性拨款费用""其他拨款费用""财务费用""补助费用""上解费用""地区间援助费用""其他费用"科目。

设置或补充预算稳定调节基金时，借记"本期盈余——预算管理资金本期盈余"科目，贷记"预算稳定调节基金"科目；动用预算稳定调节基金时，借记"预算稳定调节基金"科目，贷记"本期盈余——预算管理资金本期盈余"。

设置或补充预算周转金时，借记"本期盈余——预算管理资金本期盈余"科目，贷记"预算周转金"科目。

完成上述结转后，将"本期盈余——预算管理资金本期盈余"余额转入累计盈余。如为借方余额，贷记"本期盈余——预算管理资金本期盈余"科目，借记"累计盈余——预算管理资金累计盈余"科目；如为贷方余额，借记"本期盈余——预算管理资金本期盈余"科目，贷记"累计盈余——预算管理资金累计盈余"科目。期末结转后，本科目应无余额。

（二）"本期盈余——财政专户管理资金本期盈余"科目的账务处理

年终转账时，将财政专户管理资金收入的本年发生额转入"本期盈余——财政专户管理资金本期盈余"的贷方，借记"财政专户管理资金收入"科目，贷记"本期盈余——财政专户管理资金本期盈余"科目；将财政专户管理资金支出的本年发生额转入"本期盈余——财政专户管理资金本期盈余"的借方，借记"本期盈余——财政专户管理资金本期盈余"科目，贷记"财政专户管理资金支出"科目。

完成上述结转后，将"本期盈余——财政专户管理资金本期盈余"余额转入累计盈余。借记或贷记"本期盈余——财政专户管理资金本期盈余"科目，贷记或借记"累计盈余——财政专户管理资金累计盈余"科目。期末结转后，本科目应无余额。

（三）"本期盈余——专用基金本期盈余"科目的账务处理

年终转账时，将专用基金收入的本年发生额转入"本期盈余——专用基金本期盈余"的贷方，借记"专用基金收入"科目，贷记"本期盈余——专用基金本期盈余"科目；将专用基金支出的本年发生额转入"本期盈余——专用基金本期盈余"的借方，借记"本期盈余——专用基金本期盈余"科目，贷记"专用基金支出"科目。

完成上述结转后，将"本期盈余——专用基金本期盈余"余额转入累计盈余。借记或贷记"本期盈余——专用基金本期盈余"科目，贷记或借记"累计盈余——专用基金累计盈余"科目。期末结转后，本科目应无余额。

【例5-1】某市财政20××年年末发生以下有关经济业务，据以编制会计分录。

（1）年末转账前，有关收入项目的累计余额为：税收收入330 000 000元，非税收入60 000 000元，上级财政一般公共预算补助收入55 000 000元，下级财政一般公共预算上解收入90 000 000元，地区间援助收入20 000 000元，其他收入400 000元。

借：税收收入　　　　　　　　　　　　　　　　　330 000 000
　　非税收入　　　　　　　　　　　　　　　　　60 000 000
　　补助收入——一般公共预算补助收入　　　　　55 000 000
　　上解收入——一般公共预算上解收入　　　　　90 000 000
　　地区间援助收入　　　　　　　　　　　　　　20 000 000
　　其他收入　　　　　　　　　　　　　　　　　400 000
　　贷：本期盈余——预算管理资金本期盈余　　　555 400 000

（2）年末转账前，有关费用项目的累计余额为：政府机关商品和服务拨款费用120 000 000元，政府机关工资福利拨款费用80 000 000元，对事业单位补助拨款费用40 000 000元，对企业补助拨款费用30 000 000元，对个人和家庭补助拨款费用20 000 000元，对社会保障基金补助拨款费用10 000 000元，资本性拨款费用8 000 000元，其他拨款费用3 000 000元，对下级财政一般公共预算补助费用52 000 000元，向省财政一般公共预算上解费用60 000 000元，地区间援助费用7 000 000元，其他费用1 000 000元。

借：本期盈余——预算管理资金本期盈余　　　　　431 000 000
　　贷：政府机关商品和服务拨款费用　　　　　　120 000 000
　　　　政府机关工资福利拨款费用　　　　　　　80 000 000
　　　　对事业单位补助拨款费用　　　　　　　　40 000 000

对企业补助拨款费用	30 000 000
对个人和家庭补助拨款费用	20 000 000
对社会保障基金补助拨款费用	10 000 000
资本性拨款费用	8 000 000
其他拨款费用	3 000 000
补助费用—— 一般公共预算补助	52 000 000
上解费用—— 一般公共预算上解	60 000 000
地区间援助费用	7 000 000
其他费用	1 000 000

第二节 | 累计盈余的核算

一、"累计盈余"科目设置

"累计盈余"属于净资产科目，核算政府财政纳入一般公共预算、政府性基金预算、国有资本经营预算管理的预算资金，财政专户管理资金、专用基金历年实现的盈余滚存的金额。本科目应设置"预算管理资金累计盈余""财政专户管理资金累计盈余""专用基金累计盈余"明细科目。

二、"累计盈余"账务处理

（一）"累计盈余——预算管理资金累计盈余"科目的主要账务处理

年终转账时，将"本期盈余——预算管理资金本期盈余"科目余额转入"累计盈余——预算管理资金累计盈余"，借记或贷记"本期盈余——预算管理资金本期盈余"科目，贷记或借记"累计盈余——预算管理资金累计盈余"科目。年终转账时，将"以前年度盈余调整——预算管理资金以前年度盈余调整"科目余额转入"累计盈余——预算管理资金累计盈余"科目，借记或贷记"以前年度盈余调整——预算管理资金以前年度盈余调整"科目，贷记或借记"累计盈余——预算管理资金累计盈余"科目。本科目期末余额反映预算管理资金累计盈余的累计数。

（二）"累计盈余——财政专户管理资金累计盈余"科目的主要账务处理

年终转账时，将"本期盈余——财政专户管理资金本期盈余"科目余额转入"累计盈余——财政专户管理资金累计盈余"科目，借记或贷记"本期盈余——财政专户管理资金本期盈余"科目，贷记或借记"累计盈余——财政专户管理资金累计盈余"科目。年终转账时，将"以前年度盈余调整——财政专户管理资金以前年度盈余调整"科目余额转入"累计盈余——财政专户管理资金累计盈余"科目，借记或贷记"以前年度盈余调整——财政专户管理资金以前年度盈余调整"科目，贷记或借记"累计盈余——财政专户管理资金累计盈余"科目。本科目期末余额反映财政专户管理资金累计盈余的累计数。

（三）"累计盈余——专用基金累计盈余"科目的主要账务处理

年终转账时，将"本期盈余——专用基金本期盈余"科目的余额转入"累计盈余——专用基金累计盈余"科目，借记或贷记"本期盈余——专用基金本期盈余"科目，贷记或借记"累计盈余——专用基金累计盈余"科目。年终转账时，将"以前年度盈余调整——专用基金以前年度盈余调整"科目的余额转入"累计盈余——专用基金累计盈余"科目，借记或贷记"以前年度盈余调整——专用基金以前年度盈余调整"科目,贷记或借记"累计盈余——专用基金累计盈余"科目。本科目期末余额反映专用基金累计盈余的累计数。

第三节 预算周转金的核算

为了保证年度总预算的顺利执行,调剂年度内季节性收支差额,需要设置预算周转金。

一、预算周转金的概念

预算周转金是各级财政部门在执行预算过程中设置的,供调剂年度内季节性收支差额,保证及时用款而设置的周转资金。为了解决季度或月份中可能出现的短期、临时性的收支不平衡,财政部门应设置一定数额的预算周转金,以保证年度总预算的顺利执行。

预算周转金一般用预算管理资金本期盈余设置、补充或由上级财政部门拨入。由本级预算安排预算周转金时,用预算管理资金本期盈余设置或补充;由上级财政拨入资金设置或补充时,直接计入预算周转金的增加。一般来说,新成立的一级财政或者经济欠发达地区的一级财政,由于原来没有预算周转金或者预算周转金不足,上级财政在财力充足的情况下,可以拨给下级财政一定数额的预算周转金。预算周转金只供平衡预算收支的临时周转使用,不能用于安排财政开支,未经上级财政机关批准,预算周转金在年终时必须保证原数,不能随意减少。预算周转金的数额,应当随着预算支出规模的扩大,逐年有所补充。

二、预算周转金的核算

为了核算预算周转金,各级财政总会计应设置"预算周转金"科目。"预算周转金"科目贷方登记设置、补充数或上级拨入数,借方登记核减数或上级抽回数,余额反映现有预算周转金的实际数。

财政总会计设置或补充预算周转金时,借记"本期盈余——预算管理资金本期盈余"科目,贷记"预算周转金"科目。将预算周转金调入预算稳定调节基金时,借记"预算周转金"科目,贷记"预算稳定调节基金"科目。本科目期末贷方余额反映预算周转金的累计规模。

【例 5-2】某市财政 20××年发生以下有关经济业务,据以编制会计分录。

(1)经研究决定,用预算管理资金本期盈余补充预算周转金 330 000 元。

借:本期盈余——预算管理资金本期盈余　　　　　　　330 000
　　贷:预算周转金　　　　　　　　　　　　　　　　　　　330 000

(2)收到省财政增拨 670 000 元资金,用于补充预算周转金。

编制的财务会计分录如下。

借:国库存款——一般公共预算存款　　　　　　　　　670 000
　　贷:预算周转金　　　　　　　　　　　　　　　　　　　670 000

编制的预算会计分录如下。

借:资金结存——库款资金结存　　　　　　　　　　　670 000
　　贷:预算周转金　　　　　　　　　　　　　　　　　　　670 000

(3)省财政决定,将以前拨付的预算周转金抽回 340 000 元。

编制的财务会计分录如下。

借：预算周转金　　　　　　　　　　　　　　　　　　340 000

　　贷：国库存款——一般公共预算存款　　　　　　　　　　　　340 000

编制的预算会计分录如下。

借：预算周转金　　　　　　　　　　　　　　　　　　340 000

　　贷：资金结存——库款资金结存　　　　　　　　　　　　　　340 000

第四节　预算稳定调节基金的核算

为了保证年度总预算的顺利执行，为了调剂年度之间的收支差额，需要设置预算稳定调节基金。

一、预算稳定调节基金的概念

如果在财政年度内因出现经济波动而造成预算短收，财会部门就可以通过预算稳定调节基金来解决预算问题。因此，预算稳定调节基金是从财政超收收入中安排的用于调节年度预算平衡的基金。如果在财政年度内出现经济波动而造成预算短收，以往的做法是报请本级人民代表大会常务委员会调整预算，扩大财政赤字。但是，建立了预算稳定调节基金以后，如果当年预算增收，可以从增收部分补充预算稳定调节基金。在当年财政收入较低时，财会部门可以动用预算稳定调节基金来平衡当年预算。

二、预算稳定调节基金的核算

财政总会计为了核算预算稳定调节基金的增减变动情况，需要设立"预算稳定调节基金"科目。"预算稳定调节基金"属于净资产类科目，贷方登记设置、补充数或上级拨入数，借方登记核减数或上级抽回数，余额反映现有预算稳定调节基金的实际数。

财政总会计设置或补充预算稳定调节基金时，借记"本期盈余——预算管理资金本期盈余"科目，贷记"预算稳定调节基金"科目。将预算周转金调入预算稳定调节基金时，借记"预算周转金"科目，贷记"预算稳定调节基金"科目。动用预算稳定调节基金时，借记"预算稳定调节基金"科目，贷记"本期盈余——预算管理资金本期盈余"科目。本科目期末贷方余额反映预算稳定调节基金的累计规模。

【例 5-3】某市财政 20××年发生以下有关经济业务，据以编制会计分录。

（1）年末，根据本年度预算管理资金本期盈余设置预算稳定调节基金 44 000 000 元。

借：本期盈余——预算管理资金本期盈余　　　　　　44 000 000

　　贷：预算稳定调节基金　　　　　　　　　　　　　　　44 000 000

（2）为了弥补预算缺口，将预算周转金 11 000 000 元调入预算稳定调节基金。

借：预算周转金　　　　　　　　　　　　　　　　　　11 000 000

　　贷：预算稳定调节基金　　　　　　　　　　　　　　　11 000 000

第五节　其他净资产的核算

其他净资产包括权益法调整和以前年度盈余调整两项内容。

一、权益法调整的核算

"权益法调整"属于净资产科目,核算政府财政按照持股比例计算应享有的被投资主体除净损益和利润分配以外的所有者权益变动的份额。被投资主体发生除净损益和利润分配以外的其他权益变动时,按照政府财政持股比例计算应享有的部分,借记或贷记"股权投资(其他权益变动)"科目,贷记或借记"权益法调整"科目。处置股权投资或因企业破产清算导致股权投资减少时,按照相应的"权益法调整"账面余额,借记或贷记"权益法调整"科目,贷记或借记"股权投资(其他权益变动)"科目。无偿划出股权投资时,根据股权管理部门提供的资料,按照被划出股权投资对应的"权益法调整"科目账面余额,借记或贷记"权益法调整"科目,贷记或借记"股权投资(其他权益变动)"科目;按照被划出股权投资的账面余额,借记"其他费用"科目,贷记"股权投资(投资成本、损益调整)"科目。

二、以前年度盈余调整的核算

"以前年度盈余调整"属于净资产类科目,核算政府财政调整以前年度盈余的事项。本科目应设置"预算管理资金以前年度盈余调整""财政专户管理资金以前年度盈余调整""专用基金以前年度盈余调整"明细科目。调整增加以前年度收入时,按照调整增加的金额,借记有关科目,贷记"以前年度盈余调整"科目;调整减少的,做相反会计分录。调整增加以前年度费用时,按照调整增加的金额,借记"以前年度盈余调整"科目,贷记有关科目;调整减少的,做相反会计分录。

复习思考题

第六章 财政收入和预算收入的核算

【学习目标】
1. 了解财政收入和预算收入的概念；
2. 熟悉财政收入和预算收入的征收机关；
3. 理解国家金库的职责和权限；
4. 掌握财政收入和预算收入的收纳、划分和报解；
5. 掌握财政收入和预算收入的核算。

第一节 财政收入和预算收入的内容

财政收入（预算收入）是各级政府财政资金的来源，是维持国家机器正常运转的基础。

一、财政收入和预算收入的概念

财政收入和预算收入是纳入国家财政预算管理的，根据法律和法规所筹集的财政资金。国家有五级政府，每一级政府都有各自的财政收入（预算收入）。国家预算收入的具体划分和内容，是按照《政府收支分类科目》的规定，由财政部根据国家预算管理和财政管理的要求统一制定的。根据财政部 2023 年施行的《财政总会计制度》的规定，财政总会计核算的收入包括税收收入、非税收入、投资收益、补助收入、上解收入、地区间援助收入、其他收入、财政专户管理资金收入和专用基金收入等。总会计核算的预算收入包括一般公共预算收入、政府性基金预算收入、国有资本经营预算收入、财政专户管理资金收入、专用基金收入、补助预算收入、上解预算收入、地区间援助预算收入、调入预算资金、动用预算稳定调节基金、债务预算收入、债务转贷预算收入和待处理收入等。

二、一般公共预算收入的内容

一般公共预算收入是指政府根据国家有关法律和法规，向公民、法人组织征收的非偿还性资金。它是通过一定的形式和程序，由各级政府财政部门组织的纳入预算管理的各项收入。各级财政总会计在年度预算执行过程中，应当积极配合各征收机关组织预算收入，监督预算收入及时、足额地缴入国库。一般公共预算收入包括税收收入、非税收入等项目。

（一）税收收入

税收收入是政府依法向纳税人征收的各种税金收入，主要包括增值税、消费税、企业所得税、个人所得税、资源税、固定资产投资方向调节税、城市维护建设税、房产税、印花税、城镇土地使用税、土地增值税、车船税、船舶吨税、车辆购置税、关税、耕地占用税、契税、烟叶税等。税收收入可分为中央收入、地方收入、中央与地方共用收入。

（二）非税收入

非税收入包括通过政府有关部门向企事业单位或个人收取的行政事业性收费收入、罚没收入等。

三、政府性基金预算收入的内容

政府性基金预算收入是指按规定收取、转入或通过当年财政安排，由财政管理并具有指定用途的政府性基金收入。根据财政部制定的《政府收支分类科目》，政府性基金预算收入主要包括各种非税收入。

非税收入主要是政府性基金收入，如农网还贷收入、铁路建设基金收入、民航基础设施建设基金收入、民航机场管理建设费收入、港口建设费收入、散装水泥专项资金收入、新型墙体材料专项基金收入、旅游发展基金收入、文化事业建设费收入、地方教育附加收入、育林基金收入、南水北调工程基金收入等。

第二节 | 财政收入和预算收入的组织机构

财政收入和预算收入的组织机构包括征收机关和出纳机关。

一、财政收入和预算收入的征收机关

财政收入和预算收入的执行是由财政部门负责组织的。但是由于各项财政收入和预算收入的性质和来源不同，其征收方法也有所不同，国家成立了相应的征收机关，具体负责征收和监缴各项财政收入（预算收入）。我国的征收机关主要有税务机关、财政机关、海关、执收单位等。

（一）税务机关

税务机关负责征收增值税、消费税等各种工商税收以及企业所得税、个人所得税等税收。

（二）财政机关

财政机关主要负责征收国有资本经营收入、国有资源或资产有偿使用收入、债务收入、其他收入等。

（三）海关

海关负责征收关税、进出口产品的增值税、消费税等。

（四）执收单位

不属于上述范围的预算收入，以国家规定负责管理执行征收职能的单位为征收机关（又称执收单位），如排污费由环保部门负责征收，水资源保护费由水利部门负责征收等。

二、国家金库

（一）国家金库的设立

国家金库简称国库，是财政收入（预算收入）的出纳机关，是负责办理政府预算资金的收纳、划分、报解和库款支拨以及报告财政预算执行情况的唯一机构。一切预算收入都必须缴入国库，一切预算支出都必须从国库支拨。我国的国家金库委托给中国人民银行负责管理。国库的组织管理工作是中国人民银行的一项重要职责。

目前，我国国库设有总库、分库、中心支库、支库四级。中国人民银行总行负责经理总库；各省、自治区、直辖市分行负责经理分库；计划单列市分行可设置分库，其国库业务受省分库领导；省辖市、自治州和成立一级财政的地区，由市、地（州）分、支行经理中心支库；县（市）支行（城

市区办事处）经理支库。支库以下可设国库经收处，业务由专业银行的分支机构办理，负责收纳、报解财政库款，国库经收处不是一级独立的国库，其业务工作受支库领导。

（二）国家金库的职责

各级国库的主要职责如下。

1. 收纳、划分和报解各项国家预算收入

国库根据国家财政管理体制规定的收入级次和上级财政机关确定的分成留解比例，正确、及时地办理各级财政库款的划分和留解。政府的一切预算收入应当依照财政、税务部门的规定和期限，按照国库制度规定的缴款方法，办理税款的缴库，以保证各级财政预算资金的运用。同时，按照中央、省、地、县不同的预算级次和政府规定的预算科目进行划分，按照上级财政规定的比例办理分成留解。

2. 为同级财政机关开立账户、支拨牟款

国库按照财政制度的有关规定和银行的开户管理办法，为各级财政机关开立账户。根据同级财政机关填发的拨款凭证，办理库款支拨。根据财政机关填发的付款凭证，审查办理同级财政库款支拨，以及与实行国库集中收付制度单位的代理商业银行进行资金结算。各级财政的国库存款，一律凭同级财政机关填发的付款凭证办理拨付。

3. 对各级财政库款和预算收入正确进行会计核算

按照国家金库制度的有关规定，每日营业终了后，各级金库应对收纳的各项预算收入进行划分，按照规定的预算级次和预算科目编制各种报表，并向同级财政机关和上级国库报送有关预算收支报表。对各级财政库款和预算收入进行会计账务核算，按期向同级财政机关、征收机关和上级国库报送日报、旬报、月报和年度决算报表，定期同财政机关、征收机关对账，以保证数字准确一致。

4. 协助财政机关、税务机关组织预算收入

国库根据征收机关填发的凭证核收滞纳金，根据国家税法规定协助财税机关扣收个别单位屡催不缴的应缴预算收入，按照国家财政制度的规定审查、监督、办理库款的退付。也就是说，国库要分析预算执行情况，协助财政机关、税务机关组织预算收入及时缴库。

5. 组织管理下级国库的工作

国库组织管理和检查指导下级国库和国库经收处的工作，总结工作经验，解决存在的问题。

6. 其他工作

其他工作即国家交办的与国库有关的其他工作。

（三）国家金库的权限

1. 监督征收机关的预算收入的及时缴库

各级国库有权督促检查国库经收处和其他征收机关所收款项是否按规定及时全部缴入国库，发现拖延或违法不缴的，应及时查究处理。按照国库单一账户制度的要求，所有财政收入都应当直接缴入国库。

2. 监督检查预算收入的划分、报解

各级财政机关要正确执行国家财政管理体制规定的预算收入划分办法和分成留解比例。擅自变更上级财政机关规定的分成留解比例的，国库有权拒绝执行。

3. 正确办理收入退库

各级财政、税务机关应按照国家统一规定的退库范围、项目和审批程序办理退库。国库有权对收入退库进行监督，对于不符合规定的，有权拒绝执行。

4. 监督检查财政库款的支拨

按照国库单一账户制度的要求，财政资金在实际使用时应从国库账户中直接支拨，对于违反财政制度规定的，国库有权拒绝执行。

5. 拒绝办理违反国家规定的事项

任何单位和个人强令国库办理违反国家规定的事项，国库有权拒绝执行。

6. 拒绝受理不合规定的凭证

对于不符合规定的缴退库凭证或者填写不清楚、不准确的凭证，国库有权拒绝受理。各级财政、税务等征收机关和国库要密切配合、相互协作，切实做好政府预算管理工作。各级国库也应向财政、税务机关提供有关国库业务文件。各级征收机关和国库应及时互通情况，协调解决工作中存在的问题。

第三节 财政收入和预算收入的收纳、划分和报解

根据《中华人民共和国预算法》及相关法规的规定，国库严格进行财政预算收入的收纳、划分和报解。

一、财政收入和预算收入的收纳

（一）财政收入和预算收入的缴库方式

在实行国库集中收付制度的地区和单位，预算收入的收缴分为直接缴库和集中汇缴两种方式。

1. **直接缴库方式**

直接缴库方式是由预算单位或缴款人按照有关法律、法规的规定，直接将应缴收入缴入国库单一账户或预算外资金财政专户的收缴方式。直接缴库方式不需设立各类过渡性账户，因而缩短了财政收入的入库时间。实行这种缴库方式的收入，包括税收收入、社会保障缴款、非税收入、转移和捐赠收入、贷款回收本金和产权处置收入以及债务收入。在直接缴库方式下，直接缴库的税收收入，由纳税人或税务代理人提出纳税申报，经征收机关审核无误后，由纳税人通过开户银行将税款缴入国库单一账户。直接缴库的其他收入，比照上述程序缴入国库单一账户或预算外资金财政专户。

2. **集中汇缴方式**

集中汇缴方式是由征收机关和依法享有征收权限的单位按照有关法律、法规的规定，将所收取的应缴收入汇总后，直接缴入国库单一账户或预算外资金财政专户的缴库方式。集中汇缴方式也不需设立过渡性账户。实行这种缴库方式的收入，主要是小额零散税收和非税收入中的现金缴款。在集中汇缴方式下，小额零散税收和法律另有规定的应缴收入，由征收机关于收缴收入的当日汇总缴入国库单一账户。

（二）财政收入和预算收入的缴款凭证

缴款书是国库办理收纳预算收入唯一合法的原始凭证，也是各级征收机关、国库、银行和缴款单位分析检查预算收入任务完成情况，进行记账统计的重要基础资料。

缴款书一般包括工商税收专用缴款书、一般缴款书、其他缴款书 3 种。

（1）工商税收专用缴款书。工商税收专用缴款书共分六联：第一联为收据（代完税证），国库收款盖章后退缴款单位或纳税人；第二联为付款凭证，由缴款单位开户行作付出传票；第三联为收款凭证，由收款国库作收入传票；第四联为回执，国库收款盖章后退征收机关；第五联为报查，国库收款盖章后退基层征收机关；第六联为存根，由征收机关根据需要增加，由税务机关留存。

（2）一般缴款书。实行利润承包的国有企业上缴利润等收入，各机关事业单位上缴有关收入等使用一般缴款书。一般缴款书一式五联，第一联至第四联的用途与工商税收专用缴款书相同，第五

联为报查，国库收款盖章后退同级财政部门。

（3）其他缴款书。其他缴款书主要包括企业所得税专用缴款书，涉外税收专用缴款书，海关专用缴款书，其他不属于税收、利润和其他收入的缴款书等。

二、财政收入和预算收入的划分

我国财政收入和预算收入一般可划分为固定收入、分成收入和专款收入。

（一）固定收入

固定收入是指按确定的收入归属划分为某级财政独享，不进行分成的收入，包括中央预算固定收入和地方预算固定收入。

属于中央预算的固定收入主要有：关税；海关代征消费税和增值税；消费税；中央企业所得税；地方银行和外资银行及非银行金融机构所得税；铁道部门、各银行总行、各保险总公司等集中缴纳的收入（包括所得税、利润和城市维护建设税）；中央企业上缴利润等。

属于地方预算的固定收入主要有：地方企业所得税（不含上述地方银行和外资银行及非银行金融机构所得税）；地方企业上缴利润；个人所得税；城镇土地使用税；城市维护建设税（不含铁道部门、各银行总行、各保险总公司集中缴纳的部分）；房产税；车船税；印花税；屠宰税；耕地占用税；契税；遗产税和赠与税；土地增值税；国有土地有偿使用收入等。

（二）分成收入

分成收入是指上下级财政之间共同参与分享的预算收入。我国现行的分成收入主要有：财政体制规定的共享收入，即按比例划分中央预算与地方预算的分享比例；资源税（按资源品种划分中央预算与地方预算的分享份额）；固定比例分成收入，如增值税（中央分享75%，地方分享25%）。

（三）专款收入

专款收入是指根据国家确定的收入项目，按特定的用途安排使用，列入国家预算的收入。专款收入有些属于中央预算，有些划归地方预算，如改烧油为烧煤专项收入、三峡工程建设基金收入为中央预算收入；征收排污费收入、征收城市水资源费收入等为地方预算收入。这部分收入必须专款专用，财政部门不能另行安排其他用途。

三、财政收入和预算收入的报解

预算收入的划分和报解，是国库按规定把收到的预算收入分清预算级次，逐级上报和解缴工作的总称。凡属于本级财政的库款直接划入本级财政国库存款户，属于上级财政的库款应通过国库层层汇缴到上级财政的国库存款户。

（一）支库预算收入的报解

支库是基层国库，各级预算收入款项以缴入支库为正式入库。国库经收处只是代收，国库经收处的缴入款收据不能作为正式入库的依据。支库收纳的预算收入款项，一般应于当日办理库款的报解，确实来不及的，可以在次日上午办理，但月底日收纳的预算收入，必须当日报解。对于属于本级的预算固定收入，也应按缴款书编制预算收入日报表。该报表一式三份，一份留存，一份附缴款书回执联送交征收机关，一份送财政机关。对于分成收入，还应编制分成收入计算日报表，按上级规定的分成比例对参与分成的收入办理分成留解。分成收入计算日报表一式三份，一份留存，一份送县财政机关，一份随划款报单上报中心支库。

（二）中心支库预算收入的报解

中心支库直接收纳的预算收入报解，基本上与支库报解的程序相同。中心支库收到支库上报的地（市）级预算收入日报表、分成收入计算日报表和划款报单，经审核无误后，应分别加以汇总，编制地（市）级预算收入日报表。该报表一式两份，一份留存，一份送财政机关。

（三）分库预算收入的报解

分库直接收纳的预算收入的报解，基本与支库报解的程序相同。分库预算收入报解主要包括分库直接收纳的中央、省级预算收入的报解和支库、中心支库上划的预算收入的报解。分库收到中心支库上划的中央预算收入和省级预算收入缴款书，属于中央预算收入的缴款书，留分库备查；属于省级预算收入缴款书连同本级收纳的预算收入缴款书，随同收入日报表送同级财政部门。

（四）总库预算收入的报解

总库直接收纳的预算收入的处理，可以比照支库的方法办理。总库预算收入的报解主要包括总库直接收纳的预算收入和分库上划的预算收入的报解。总库收到分库上划的预算收入库款、收入日报表和分成收入计算日报表，经审核后编制汇总的中央预算收入日报表一式两份，一份留存，一份报财政部。

第四节　财政收入和预算收入的核算

本节主要介绍财务会计的税收收入、非税收入、专用基金收入等的核算以及预算会计的一般公共预算收入、政府性基金预算收入、专用基金收入、国有资本经营预算收入、债务预算收入的核算。债务转贷预算收入的核算略。

一、一般公共预算收入的核算

财政总会计要对每天报来的预算收入日报表和分成收入计算日报表以及所附的缴款书等原始凭证进行审核，审核无误后才能进行会计核算。

微课堂

一般公共预算收入
的核算

（一）一般公共预算收入的科目设置

为了正确核算一般公共预算收入，财政总会计应设置"一般公共预算收入"科目。该科目用来核算各级财政部门组织纳入预算的各项收入。"一般公共预算收入"科目属于预算收入类科目，该科目贷方登记取得的收入数（当日收入为负数时，用红字登记；若采用计算机记账，则红字收入以负数反映）；借方登记年末转销数，平时贷方余额，反映当年预算收入累计数。本科目应根据《政府收支分类科目》中涉及的"一般公共预算收入"科目设置相应的明细账。

"一般公共预算收入"所对应的财务会计科目是"税收收入""非税收入"等。"税收收入"是指政府财政筹集的纳入本级财政管理的税收收入。"非税收入"是指政府财政筹集的纳入本级财政管理的非税收入。

（二）一般公共预算收入的账务处理

财政总会计收到国库报来的预算收入日报表时，经审核无误，应按所列当日预算收入数，（财务会计）借记"国库存款"科目，贷记"税收收入""非税收入"科目，（预算会计）借记"资金存库"科目，贷记"一般公共预算收入"科目。如果当日的收入数为负数，则以红字记入。年末，将"一般公共预算收入"科目的贷方余额全数转入"一般公共预算结转结余"科目，借记"一般公共预算收入"科目，贷记"一般公共预算结转结余"科目。"税收收入""非税收入"科目贷方余额转入本期盈余，借记"税收收入""非税收入"科目，贷记"本期盈余——预算管理资金本期盈余"科目。

【例6-1】某市财政20××年发生以下有关经济业务，据以编制会计分录。

（1）收到市中心支库送来的"一般公共预算收入日报表"及所附的工商税收专用缴款书，计列当日市级企业缴纳所得税，属于市级固定收入330 000元。

编制的财务会计分录如下。

借：国库存款——一般预算存款   330 000
  贷：税收收入   330 000

编制的预算会计分录如下。

借：资金结存——库款资金结存   330 000
  贷：一般公共预算收入   330 000

（2）收到市中心支库报来的"一般公共预算收入日报表""分成收入计算日报表"及所附的税收缴款书等，计列当日收到的增值税总额为800 000元，其中，中央分享75%，地方分享25%。属于本级财政分成的收入为200 000元。

编制的财务会计分录如下。

借：国库存款——一般预算存款   200 000
  贷：税收收入   200 000

编制的预算会计分录如下。

借：资金结存——库款资金结存   200 000
  贷：一般公共预算收入   200 000

（3）20××年11月8日收到市中心支库报来的"一般公共预算收入日报表"，列报当日的预算收入是消费税负数50 000元。

编制的财务会计分录如下。

借：国库存款——一般预算存款   -50 000
  贷：税收收入   -50 000

编制的预算会计分录如下。

借：资金结存——库款资金结存   -50 000
  贷：一般公共预算收入   -50 000

（4）收到市中心支库报来的"一般公共预算收入日报表"及"专用缴款书"，计列当日收到公安行政事业性收费收入120 000元，法院行政事业性收费收入72 000元。

编制的财务会计分录如下。

借：国库存款——一般预算存款   192 000
  贷：非税收入   192 000

编制的预算会计分录如下。

借：资金结存——库款资金结存   192 000
  贷：一般公共预算收入   192 000

二、政府性基金预算收入的核算

（一）政府性基金预算收入的科目设置

政府性基金预算收入主要包括各种非税收入。

1. 政府性基金预算收入的核算要求

（1）先收后支，自求平衡。财政总会计必须在已有政府性基金预算收入数额的范围内办理政府性基金预算支出，要求政府性基金预算收入与政府性基金预算支出在时间和数量上都收支平衡。

（2）专款专用，分项核算。政府性基金预算收入应当专款专用，相应的政府性基金预算收入应当用于相应的政府性基金预算支出。财政总会计在核算政府性基金预算收入时，要分项核算，对各项政府性基金预算收入与政府性基金预算支出不能相互调剂使用，按照政府预算收支科目中的政府性基金预算收支科目设置明细账。

2. 政府性基金预算收入的科目设置

"政府性基金预算收入"科目用于核算各级财政部门管理的政府性基金预算收入。该科目的贷方登记取得的政府性基金预算收入数，借方登记年终转销数，平时贷方余额反映当年政府性基金预算收入累计数。本科目应按《政府收支分类科目》中涉及的"政府性基金预算收入"科目设置明细科目。

（二）政府性基金预算收入的账务处理

财政总会计在核算取得的政府性基金预算收入时，（财务会计）借记"国库存款"科目，贷记"非税收入"科目，（预算会计）借记"资金结存"科目，贷记"政府性基金预算收入"科目；年末转账时，将本科目贷方余额全数转入"政府性基金预算结转结余"科目，借记"政府性基金预算收入"科目，贷记"政府性基金预算结转结余"科目。各项政府性基金预算结转结余的入账应以缴入国库数或财政总会计实际收到数额为准。

【例 6-2】某市财政 20×× 年发生以下有关经济业务，据以编制会计分录。

（1）收到国库报来的"政府性基金预算收入日报表"，计列当日政府性基金预算收入 600 000 元，其中，民航机场管理建设费收入 200 000 元，养路费收入 100 000 元，公路客运附加费收入 300 000 元。

编制的财务会计分录如下。

借：国库存款——基金预算存款　　　　　　　　　　　　　　600 000

　　贷：非税收入　　　　　　　　　　　　　　　　　　　　　600 000

编制的预算会计分录如下。

借：资金结存——库款资金结存　　　　　　　　　　　　　　600 000

　　贷：政府性基金预算收入　　　　　　　　　　　　　　　　600 000

（2）某市财政局收到林业基金收入 44 000 元。

编制的财务会计分录如下。

借：国库存款——基金预算存款　　　　　　　　　　　　　　44 000

　　贷：非税收入　　　　　　　　　　　　　　　　　　　　　44 000

编制的预算会计分录如下。

借：资金结存——库款资金结存　　　　　　　　　　　　　　44 000

　　贷：政府性基金预算收入　　　　　　　　　　　　　　　　44 000

（3）年初，某市财政局收到国库报来的上年度旅游发展基金收入 50 000 元。

（上年旧账上记）

编制的财务会计分录如下。

借：在途款　　　　　　　　　　　　　　　　　　　　　　　50 000

　　贷：非税收入　　　　　　　　　　　　　　　　　　　　　50 000

编制的预算会计分录如下。

借：资金结存——在途资金结存　　　　　　　　　　　　　　50 000

　　贷：政府性基金预算收入　　　　　　　　　　　　　　　　50 000

（当年年初账上记）

编制的财务会计分录如下。

借：国库存款——基金预算存款　　　　　　　　　　　　　50 000

　　贷：在途款　　　　　　　　　　　　　　　　　　　　　　　50 000

编制的预算会计分录如下。

借：资金结存——库款资金结存　　　　　　　　　　　　　50 000

　　贷：资金结存——在途资金结存　　　　　　　　　　　　　50 000

（4）某市财政局的政府性基金预算本级收入在银行的存款利息收入为 27 000 元。

编制的财务会计分录如下。

借：国库存款　　　　　　　　　　　　　　　　　　　　　27 000

　　贷：非税收入　　　　　　　　　　　　　　　　　　　　　27 000

编制的预算会计分录如下。

借：资金结存　　　　　　　　　　　　　　　　　　　　　27 000

　　贷：政府性基金预算收入——利息收入　　　　　　　　　27 000

三、专用基金收入的核算

（一）专用基金收入的内容

专用基金收入是指财政总会计管理的各项具有专门用途的资金收入，如粮食风险基金、国家级开发区专项建设基金、国家级产业基地扶持基金、国家级生态区建设基金、教育扶持和重点大学教育及建设基金等。这些基金多用于国家级战略项目或国家鼓励发展项目。

专用基金收入在管理上要求专款专用，不能随意改变用途，先收后支，量入为出。专用基金收入是财政部门按规定设置或取得，并在政府性基金预算收入之外单独管理的资金收入，一般要求开立财政专户。

（二）专用基金收入的账务处理

财政总会计设置"专用基金收入"科目，用来核算财政部门按规定设置或取得的专用基金收入。"专用基金收入"财务会计科目编码是 4042；预算会计科目编码是 6007。该科目贷方登记取得的专用基金收入，借方登记专用基金收入的退回数或转出数，平时余额在贷方，反映专用基金收入的累计数。年末，财务会计应将"专用基金收入"贷方余额全部转入"本期盈余——专用基金本期盈余"科目，预算会计应将"专用基金收入"贷方余额全部转入"专用基金结余"科目。

财政总会计在核算从上级财政部门或通过本级预算支出安排取得的专用基金收入时，（财务会计）应借记"其他财政存款"科目，贷记"专用基金收入"科目；（预算会计）应借记"资金结存"科目，贷记"专用基金收入"科目。退回专用基金收入时，做相反的会计分录。专用基金收入的核算应以财政总会计实际收到的数额为准。

【例 6-3】某市财政 20×× 年发生以下有关经济业务，据以编制会计分录。

（1）收到市中心支库报来的"预算收入日报表"及所附的有关拨款凭证，收到省财政拨入的粮食风险基金收入 660 000 元。

编制的财务会计分录如下。

借：其他财政存款——专用基金存款　　　　　　　　　　　660 000

　　贷：专用基金收入——粮食风险基金收入　　　　　　　　　660 000

编制的预算会计分录如下。

借：资金结存——专户资金结存　　　　　　　　　　　　　660 000

　　贷：专用基金收入　　　　　　　　　　　　　　　　　　　660 000

（2）某市财政局从本级预算支出安排取得专用基金收入 32 000 元。

编制的财务会计分录如下。

借：其他拨款费用 32 000

　　贷：国库存款——一般预算存款 32 000

借：其他财政存款——专用基金存款 32 000

　　贷：专用基金收入 32 000

编制的预算会计分录如下。

借：一般公共预算支出 32 000

　　贷：资金结存——库款资金结存 32 000

借：资金结存——专户资金结存 32 000

　　贷：专用基金收入 32 000

（3）某市财政局退回从上级财政部门取得的专用基金收入120 000元。

编制的财务会计分录如下。

借：专用基金收入 120 000

　　贷：其他财政存款——专用基金存款 120 000

编制的预算会计分录如下。

借：专用基金收入 120 000

　　贷：资金结存——专户资金结存 120 000

四、国有资本经营预算收入的核算

（一）国有资本经营预算收入的内容

国有资本经营预算收入是政府财政筹集的纳入本级国有资本经营预算管理的非税收入，包括国有资本经营收入、国有资源或资产有偿使用收入等。

（二）国有资本经营预算收入的账务处理

"国有资本经营预算收入"属于预算收入类科目，它所对应的财务会计科目是"非税收入"。本科目应当根据《政府收支分类科目》中涉及"国有资本经营预算收入"科目的规定进行明细核算。"国有资本经营预算收入"的主要账务处理如下：收到款项时，根据当日预算收入日报表所列国有资本经营预算收入数，财务会计借记"国库存款"等科目，贷记"非税收入"科目，预算会计借记"资金结存"科目，贷记"国有资本经营预算收入"科目。年终转账时，本科目贷方余额全数转入"国有资本经营预算结转结余"科目，借记"国有资本经营预算收入"科目，贷记"国有资本经营预算结转结余"科目。结转后，本科目无余额。本科目平时贷方余额反映国有资本经营预算收入的累计数。

五、债务预算收入的核算

（一）债务预算收入的内容

债务预算收入是政府财政按照国家法律、国务院规定以发行债券等方式取得的，以及向外国政府、国际金融组织等机构借款取得的纳入预算管理的债务收入。

（二）债务预算收入的账务处理

"债务预算收入"属于预算收入类科目，它所对应的财务会计科目是"借入款项""应付短期政府债券""应付长期政府债券"等。本科目应当按照《政府收支分类科目》中涉及"债务预算收入"科目的规定进行明细核算。"债务预算收入"科目的主要账务处理如下。

（1）省级以上政府财政收到政府债券发行收入时，按照实际收到的金额，借记"资金结存——

库款资金结存"科目，按照政府债券实际发行额，贷记"债务预算收入"科目，按照其差额，借记或贷记"一般公共预算支出"科目。

（2）中央财政发生国债随卖业务时，按照实际收到的金额，借记"资金结存——库款资金结存"科目，根据国债随卖确认文件等相关债券管理资料，按照国债随卖面值，贷记"债务预算收入"，按照实际收到金额与面值的差额，借记或贷记"一般公共预算支出"科目。

（3）按定向承销方式发行的政府债券，根据债务管理部门转来的债券发行文件等有关资料进行确认，由本级政府财政承担还款责任，贷款资金由本级政府财政同级部门使用的，借记"债务还本预算支出"科目，贷记"债务预算收入"科目；转贷下级政府财政的，借记"债务转贷预算支出"科目，贷记"债务预算收入"科目。

（4）政府财政向外国政府、国际金融组织等机构借款时，按照实际提款的外币金额和即期汇率折算的人民币金额，借记"资金结存——库款资金结存""资金结存——专户资金结存"等科目，贷记"债务预算收入"科目。

（5）本级政府财政借入主权外债，且由外方或上级政府财政将贷款资金直接支付给用款单位或供应商时，应根据以下情况分别处理。

本级政府财政承担还款责任，贷款资金由本级政府财政同级部门使用的，本级政府财政根据贷款资金支付有关资料，借记"一般公共预算支出"科目，贷记"债务预算收入"科目。

本级政府财政承担还款责任，贷款资金由下级政府财政同级部门使用的，本级政府财政根据贷款资金支付有关资料及预算文件，借记"补助预算支出——调拨下级"等科目，贷记"债务预算收入"科目。

下级政府财政承担还款责任，贷款资金由下级政府财政同级部门使用的，本级政府财政根据贷款资金支付有关资料，借记"债务转贷预算支出"科目，贷记"债务预算收入"科目。

（6）年终转账时，本科目下"国债收入""一般债务收入"的贷方余额转入一般公共预算结转结余，借记"债务预算收入——国债收入""债务预算收入—— 一般债务收入"科目，贷记"一般公共预算结转结余"科目；本科目下"专项债务收入"的贷方余额转入政府性基金预算结转结余，借记"债务预算收入——专项债务收入"科目，贷记"政府性基金预算结转结余"科目，可根据预算管理需要，按照专项债务对应的政府性基金预算收入科目分别转入"政府性基金预算结转结余"相应明细科目。

"债务预算收入"科目平时贷方余额反映债务预算收入的累计数。

第五节　财政预算资金调拨收入的核算

财政预算资金调拨收入是中央财政与地方财政、地方上下级财政之间以及同级财政不同资金项目之间进行资金调拨而形成的收入，具体包括财务会计的补助收入、上解收入、地区间援助收入等内以及预算会计的补助预算收入、上解预算收入、地区间援助预算收入、调入预算资金、动用预算稳定调节基金等内容。

一、补助收入、补助预算收入的核算

（一）预算补助的内容

预算补助是指按财政体制规定或因专项需要由上级财政补助给下级财政的款项。其对于上级财政来说是补助支出，对于下级财政则是补助收入。预算补助按具体内容可分为体制补助和单项补助两种。

1. 体制补助

体制补助是指上级财政对支出大于收入的地区，在财政体制划定的预算收支范围内弥补其支出大于收入部分的款项。

2. 单项补助

单项补助是指没有纳入预算包干体制，按规定年终单独结算，由上级财政专项补助的款项，以及一些临时性补助。上级财政对下级财政的某些一次性、不宜固定包干的预算支出，可采用单项补助方式。例如，自然灾害、企业上划、价格调整等导致下级财政减收增支的事项可由上级给予单项补助。

（二）补助收入、补助预算收入的账务处理

补助收入、补助预算收入是上级财政按财政体制规定或因专项需要补助给本级财政的款项，包括税收返还收入、按财政体制规定由上级财政补助的款项、上级财政对本级财政的专项补助收入和临时性补助收入。

为了核算补助收入、补助预算收入业务，财政总会计应设置"补助收入"（财务会计）科目和"补助预算收入"（预算会计）科目。该科目的贷方登记取得的补助（预算）收入数，借方登记退还上级补助及年终转销数，平时贷方余额反映上级补助（预算）收入累计数，年末转账后没有余额。上级财政"补助费用"（财务会计）科目和"补助预算支出"（预算会计）科目的余额应与所属下级财政"补助收入"（财务会计）科目和"补助预算收入"（预算会计）科目的余额之和相等。有政府性基金预算补助收入的地区，应在"补助预算收入"科目下设置"一般公共预算补助""政府性基金预算补助"两个明细科目。

财政总会计在核算本级财政收到上级拨来的补助款时，（财务会计）应借记"国库存款""其他财政存款"科目，贷记"补助收入"科目；（预算会计）应借记"资金结存"科目，贷记"补助预算收入"科目。财政部门与上级财政的往来款项中一部分转作上级补助收入时，应从"与上级往来"科目转入"补助收入"科目，借记"与上级往来"科目，贷记"补助收入"科目；财政部门退还上级补助时，财务会计应借记"补助收入"科目，贷记"国库存款""其他财政存款"科目，预算会计应借记"补助预算收入"科目，贷记"资金结存"科目。年终转账时，财务会计"补助收入"贷方余额转入本期盈余，借记"补助收入"科目，贷记"本期盈余——预算管理资金本期盈余"科目；预算会计将"补助预算收入"科目下各明细科目余额分别结转至相应的预算结余类科目，借记"补助预算收入"科目，贷记"一般公共预算结转结余""政府性基金预算结转结余""国有资本经营预算结转结余"等科目。

【例6-4】某市财政20××年发生以下有关经济业务，据以编制会计分录。

（1）收到省财政按照规定拨付的所得税基数返还收入7 000 000元。

编制的财务会计分录如下。

借：国库存款——一般公共预算存款　　　　　　　　　　　7 000 000
　　贷：补助收入——一般公共预算补助　　　　　　　　　　　　7 000 000

编制的预算会计分录如下。

借：资金结存——库款资金结存　　　　　　　　　　　　　7 000 000
　　贷：补助预算收入——一般公共预算补助收入　　　　　　　　7 000 000

（2）收到省财政拨来的抗震救灾专项补助款570 000元。

编制的财务会计分录如下。

借：国库存款——一般公共预算存款　　　　　　　　　　　　570 000
　　贷：补助收入——一般公共预算补助　　　　　　　　　　　　　570 000

编制的预算会计分录如下。

借：资金结存——库款资金结存　　　　　　　　　　　　　　570 000
　　贷：补助预算收入——一般公共预算补助收入　　　　　　　　　570 000

（3）收到省财政局用政府性基金预算资金拨来的专项补助款33 000元。

编制的财务会计分录如下。

借：国库存款——政府性基金预算存款　　　　　　　　　　　　　33 000
　　贷：补助收入——政府性基金预算补助　　　　　　　　　　　　　　33 000
编制的预算会计分录如下。
借：资金结存——库款资金结存　　　　　　　　　　　　　　　　33 000
　　贷：补助预算收入——政府性基金预算补助收入　　　　　　　　　　33 000

二、上解收入、上解预算收入的核算

（一）预算上解的内容

预算上解也称下级上解，是指按财政体制规定，将下级财政的一部分预算资金解缴到上级财政。预算上解，按其具体内容和方式可分为体制上解和单项上解。

1. 体制上解

体制上解是指上级财政对预算收入大于支出的地区核定上解比例或数额，由国库逐日根据预算收入的入库情况和规定的上解比例或上解数额办理分成上解，年终再按体制和已上解数额进行结算。

2. 单项上解

在国家预算执行过程中，国家采取其些财政经济措施或机构调整，形成原来上级的预算收入转为下级预算收入，或原来下级预算收入转为上级预算收入。单项上解是指下级财政部门按规定要求专项上解的款项和其他一次性、临时性的上解款项。

（二）上解收入、上解预算收入的账务处理

上解收入、上解预算收入是按财政体制规定由下级财政上缴给本级财政的款项，包括按体制规定由国库在下级预算收入中直接划解给本级财政的款项、按体制结算后由下级财政补缴给本级财政的款项和各种上解款项。

为了核算上解收入、上解预算收入业务，财政总会计应设置"上解收入"（财务会计）科目、"上解预算收入"（预算会计）科目。该科目用来核算下级财政上缴的预算上解款，具体包括：按体制规定由国库在下级预算收入中直接划解给本级财政的款项；按体制结算后，下级财政补缴给本级财政的款项和各种专项上解款项。该科目贷方登记上解（预算）收入的增加数，借方登记退还数和年终结转数，平时余额在贷方，反映下级上解收入累计数。

财政总会计在核算本级财政收到下级上解款时，（财务会计）应借记"国库存款"科目，贷记"上解收入"科目；（预算会计）应借记"资金结存"，贷记"上解预算收入"。如果发生收入退回，应按退回数，财务会计借记"上解收入"科目，贷记"国库存款"科目，预算会计借记"上解预算收入"科目，贷记"资金结存"科目。年终转账时，财务会计将"上解收入"贷方余额转入本期盈余，借记"上解收入"科目，贷记"本期盈余——预算管理资金本期盈余"科目；预算会计将"上解预算收入"贷方余额应根据不同资金性质分别转入相应的结转结余科目，借记"上解预算收入"科目，贷记"一般公共预算结转结余""政府性基金预算结转结余""国有资本经营预算结转结余"等科目。

【例6-5】某市财政20××年发生以下有关经济业务，据以编制会计分录。

（1）收到市中心支库报来的所附各支库上报的"分成收入计算日报表"，计列所属各县报来增值税收入总额300 000元。按规定的增值税分成比例，市级财政享受8%。

属于市级财政的收入=300 000×8% =24 000（元）

编制的财务会计分录如下。

借：国库存款—— 一般公共预算存款　　　　　　　　　　　　　24 000
　　贷：上解收入—— 一般公共预算上解　　　　　　　　　　　　　　24 000

编制的预算会计分录如下。

借：资金结存　　　　　　　　　　　　　　　　　　　　24 000
　　贷：上解预算收入　　　　　　　　　　　　　　　　　　　　24 000

（2）在年终财政体制结算中，应收所属甲县财政应解未解政府性基金款项 640 000 元。

编制的财务会计分录如下。

借：与下级往来——甲县　　　　　　　　　　　　　　　640 000
　　贷：上解收入——政府性基金预算上解　　　　　　　　　　　640 000

编制的预算会计分录如下。

借：资金结存——在途资金结存　　　　　　　　　　　640 000
　　贷：上解预算收入　　　　　　　　　　　　　　　　　　　640 000

（3）市财政局收到所属甲县的一般公共预算上解款 140 000 元。

编制的财务会计分录如下。

借：国库存款——一般公共预算存款　　　　　　　　　140 000
　　贷：上解收入——一般公共预算上解　　　　　　　　　　　140 000

编制的预算会计分录如下。

借：资金结存　　　　　　　　　　　　　　　　　　　140 000
　　贷：上解预算收入　　　　　　　　　　　　　　　　　　　140 000

（4）市财政局将多收的所属甲县的一般公共预算上解款 60 000 元退还给甲县财政。

编制的财务会计分录如下。

借：上解收入——一般公共预算上解　　　　　　　　　　60 000
　　贷：国库存款——一般公共预算存款　　　　　　　　　　　　60 000

编制的预算会计分录如下。

借：上解预算收入　　　　　　　　　　　　　　　　　　60 000
　　贷：资金结存　　　　　　　　　　　　　　　　　　　　　60 000

（5）年终，市财政局将"上解预算收入——一般公共预算上解"科目贷方余额 520 000 元和"上解预算收入——政府性基金预算上解"科目贷方余额 390 000 元进行年终结转。

编制的财务会计分录如下。

借：上解收入　　　　　　　　　　　　　　　　　　　910 000
　　贷：本期盈余——预算管理资金本期盈余　　　　　　　　　　910 000

编制的预算会计分录如下。

借：上解预算收入——一般公共预算上解　　　　　　　520 000
　　贷：一般公共预算结转结余　　　　　　　　　　　　　　　520 000

借：上解预算收入——政府性基金预算上解　　　　　　390 000
　　贷：政府性基金预算结转结余　　　　　　　　　　　　　　390 000

三、调入预算资金的核算

（一）调入预算资金的概念

调入预算资金是为平衡某类预算收支，从其他类型预算资金及其他渠道调入的资金。调入预算资金属于不同类型预算资金的横向调度，属于本级财政预算资金的横向调拨，不涉及上下级预算的收支变动。例如，为平衡一般公共预算收支，从政府性基金预算收支结余中调入一般公共预算资金，形成一般公共预算收入。也可以是反向的，从一般公共预算收支结余中调入政府性基金预算资金，形成政府性基金预算收入。调入资金仅限于地方弥补财政总决算赤字。在年终决算时，一次性使用。

（二）调入预算资金的账务处理

"调入（预算）资金"属于预算收入类会计科目。该科目贷方登记调入资金数，借方登记年终转销数，平时贷方余额反映当年累计的调入资金数。该科目平时各月反映累计发生额，年末结转后无余额。

（1）从其他类型预算资金及其他渠道调入一般公共预算时，按照调入的资金金额，借记"调出预算资金——政府性基金预算调出资金""调出预算资金——国有资本经营预算调出资金""资金结存——库款资金结存"等科目，贷记"调入预算资金—— 一般公共预算调入资金"科目。

（2）从其他类型预算资金及其他渠道调入政府性基金预算时，按照调入的资金金额，借记"调出预算资金—— 一般公共预算调出资金""资金结存——库款资金结存"等科目，贷记"调入预算资金——政府性基金预算调入资金"科目。

（3）年终转账时，本科目贷方余额分别转入相应的结转结余科目，借记"调入预算资金"科目，贷记"一般公共预算结转结余""政府性基金预算结转结余"等科目。结转后，"调入预算资金"无余额。

【例 6-6】某市财政 20×× 年发生以下有关经济业务，据以编制会计分录。

（1）经研究决定，将本级财政掌管的政府性基金预算结余 440 000 元调入一般公共预算资金安排支出，用以平衡本级决算。根据批准文件和有关付款凭证编制记账凭证。

编制的财务会计分录如下。

借：国库存款—— 一般公共预算存款   440 000
    贷：国库存款——政府性基金预算存款   440 000

编制的预算会计分录如下。

借：调出预算资金——政府性基金预算调出资金   440 000
    贷：调入预算资金—— 一般公共预算调入资金   440 000

（2）经研究决定，将自筹资金 900 000 元调入一般公共预算资金使用。

编制的财务会计分录如下。

借：国库存款   900 000
    贷：其他收入   900 000

编制的预算会计分录如下。

借：资金结存——库款资金结存   900 000
    贷：调入预算资金—— 一般公共预算调入资金   900 000

（3）市财政局将一般公共预算资金 310 000 元调入政府性基金预算资金。

编制的财务会计分录如下。

借：国库存款——政府性基金预算存款   310 000
    贷：国库存款—— 一般公共预算存款   310 000

编制的预算会计分录如下。

借：调出预算资金—— 一般公共预算调出资金   310 000
    贷：调入预算资金——政府性基金预算调入资金   310 000

第六节　财政预算收入的退库和错误更正

一、财政预算收入的退库

财政预算收入的退库要符合一定的退库范围、退库程序，并进行正确的账务处理。

财政预算收入退库是一项政策性很强的工作，相关部门对其必须加强管理和监督。

（一）财政预算收入退库的原因和范围

根据财政部的规定，属于下列范围的事项可以办理收入退库。

（1）由于工作疏忽，发生技术性差错需要退库。这是指缴款单位多缴、错缴，各级预算之间发生误缴等。例如，预算收入错缴，应缴中央的预算收入，误缴入地方预算；应缴入地方预算的收入，误缴入中央预算；缴入地方预算的收入，在上下级之间缴错预算级次等。

（2）改变企业隶属关系办理财务结算需要退库。企业改变隶属关系，已缴入原预算级次的预算收入，应退给现在所在的预算级次。例如，原属中央的企业下放给地方，企业行政隶属关系改变，此时相关部门对其在年度中原已缴入中央预算的收入要退给地方。

（3）企业按计划上缴税利，超过应缴税额需要退库。

（4）财政部明文规定或专项批准的其他退库项目。这些项目包括烟叶税因灾歉减免的退库，调整价格、修订税率的退库等。

（二）财政预算收入退库的程序

办理财政预算收入退库，首先，由申请退库的单位或个人提出书面申请，也就是向财政、税务机关填具退库申请书。退库申请书的基本内容包括：单位名称（或个人姓名）、主管部门、预算级次、征收机关、原缴款书日期和编号、预算科目、缴款金额、申请退库原因、申请退库金额、审查批准机关的审批意见和核定的退库金额等。

其次，由同级财政部门或财政部门授权的单位进行审批，不得越权审批。应属于中央预算收入的退库，必须经财政部或财政部授权的主管收入机关批准，地方财政机关无权审批；属于地方预算收入的退库，由地方财政机关或其授权的主管收入机关审查批准。

再次，经财政部门或财政部门授权的主管收入机关审批同意后，填写"收入退还书"。收入退还书是通知国库退付库款的唯一合法的凭证。它一式五联：第一联为报查联，由退款国库盖章后，退签发收入退还书的机关；第二联为付款凭证，由退款国库作付出传票；第三联为收入凭证，由收款单位开户行作收入传票；第四联为收账通知，由收款单位开户银行通知收款单位收账；第五联为付款通知，由国库随收入日报表，送退款的财政机关。

最后，将收入退还书交由申请单位或个人，由其凭此到指定的国库办理收入退库。

（三）财政预算收入退库的核算

各级国库在办理预算收入退库的当日，应按预算级次将相应科目的收入数额与退库数额相抵。预算收入退库的会计分录，与预算收入入库的会计分录恰好相反。

当日退库科目的收入数与退库数相抵后，若收入数大于退库数，应将其差额用蓝字填入预算收入日报表和分成收入计算日报表。

当日退库科目的退库数与收入数相抵后，若收入数小于退库数，应将其差额用红字填入预算收入日报表和分成收入计算日报表。当日预算收入日报表为红字时，还应通过编制"分成收入计算日报表"，按财政体制规定的分成比例分别从上下级财政库款退库。财政总会计以红字填制记账凭证和登记账簿。

【例6-7】某市财政20××年发生以下有关经济业务，据以编制会计分录。

（1）收到市中心支库报来的"一般公共预算收入日报表"，列明本日收入合计数为红字 52 000 元，系退还某企业多缴的所得税。根据"一般公共预算收入日报表"及所附"收入退还书"，编制红字记账凭证。

编制的财务会计分录如下。

借：国库存款   −52 000

  贷：税收收入   −52 000

编制的预算会计分录如下。

    借：资金结存   -52 000

        贷：一般公共预算收入   -52 000

（2）因征收机关计算错误，多收某企业增值税 11 000 元。根据"预算收入日报表"和"收入退还书"，编制红字记账凭证。

编制的财务会计分录如下。

    借：国库存款   -11 000

        贷：税收收入   -11 000

编制的预算会计分录如下。

    借：资金结存   -11 000

        贷：一般公共预算收入   -11 000

二、财政预算收入的错误更正

财政预算收入错误的更正，一般分别按下面的情况处理。

（一）预算级次错误的更正

将上级预算收入更正为本级预算收入，应补作预算收入记录；将本级预算收入更正为上级预算收入，应冲销原来的预算收入记录。

（二）预算科目错误的更正

如果预算科目发生错误，应先用红字填制记账凭单，冲销原来的错误记录，然后根据更正的内容用蓝字填制一张正确的记账凭单，并据以登记账簿。

（三）国库日报表的编制和分成报解工作错误的更正

国库日报表的编制和分成报解发生错误时，应采用红字更正法或补充登记法更正错误，编制记账凭证并据以登账。

第七节 财政专户管理资金收入的核算

一、财政专户管理资金的管理原则

由于我国目前经济发展不平衡，各个地区的社会经济发展情况不同，因此，对于一些数额不大、零星分散的收支，国家没有全部纳入预算管理，而是划归地方政府财政部门自收自支，以弥补国家预算的不足，这部分财政资金就形成了地方政府的财政专户管理资金。

财政专户管理资金是指地方政府依据法律、法规取得的没有纳入国家预算管理的财政资金。财政专户管理资金是政府预算资金的补充，主要通过财政专户核算和监督财政专户管理资金的收支活动。由于财政专户管理资金没有预算资金管理严格，导致财政专户管理资金在运用与管理上都存在一定的问题。因此，财政专户管理资金的改革方向是将越来越多的财政专户管理资金纳入国家的预算管理，逐步加大监管的力度。

根据财政部的规定，财政专户管理资金通过财政专户进行监管。财政专户会计的基本任务是核算和反映财政专户管理资金收支活动，监督财政专户管理资金收支计划管理和执行情况。

财政专户的监管内容如下：办理财政专户管理资金日常收支往来核算；反映财政专户管理资金收支计划执行情况；合理调度财政专户管理资金；组织和指导本行政区域财政专户管理并检查下级财政专户会计工作。

二、财政专户管理资金收入的核算

财政专户管理资金收入核算政府财政纳入财政专户管理的教育收费等资金收入。"财政专户管理资金收入"财务会计的科目编码是4041；预算会计的科目编码是6005。财务会计中本科目可根据管理需要，按照预算单位等进行明细核算。预算会计中本科目应根据《政府收支分类科目》中收入分类科目进行明细核算。同时，根据管理需要，按预算单位等进行明细核算。

财政专户管理资金收入的主要账务处理如下。

收到财政专户管理资金时，财务会计借记"其他财政存款"科目，贷记"财政专户管理资金收入"科目；预算会计借记"资金结存"科目，贷记"财政专户管理资金收入"科目。

年终转账时，财务会计将"财政专户管理资金收入"贷方余额转入本期盈余，借记"财政专户管理资金收入"科目，贷记"本期盈余——财政专户管理资金本期盈余"科目；预算会计将"财政专户管理资金收入"贷方余额转入财政专户管理资金结余，借记"财政专户管理资金收入"科目，贷记"财政专户管理资金结余"科目。

本科目平时贷方余额反映财政专户管理资金收入的累计数。

【例6-8】某市财政20××年发生以下有关经济业务，据以编制会计分录。

（1）收到纳入财政专户管理的教育收费资金35 000元，已存入财政专户。

编制的财务会计分录如下。

借：其他财政存款	35 000
贷：财政专户管理资金收入	35 000

编制的预算会计分录如下。

借：资金结存	35 000
贷：财政专户管理资金收入	35 000

（2）取得财政专户存款利息收入3 200元。

编制的财务会计分录如下。

借：其他财政存款	3 200
贷：财政专户管理资金收入	3 200

编制的预算会计分录如下。

借：资金结存	3 200
贷：财政专户管理资金收入	3 200

复习思考题

第七章 财政费用和预算支出的核算

【学习目标】
1. 了解财政费用和预算支出的内容；
2. 熟悉财政费用和预算支出的支付方式；
3. 掌握财政费用和预算支出的核算。

第一节 财政预算支出概述

财政预算支出是政府为实现其职能，对财政资金的再分配。

一、财政预算支出的概念

根据《政府收支分类科目》的规定，各级财政总会计的财政预算支出，包括一般公共预算支出、政府性基金预算支出、国有资本经营预算支出、财政专户管理资金支出、专用基金支出、资金调拨支出等。所对应的财政费用主要包括：政府机关商品和服务拨款费用、政府机关工资和福利拨款费用、对事业单位补助拨款费用、对企业补助拨款费用、对个人和家庭补助拨款费用、对社会保障基金补助拨款费用、资本性拨款费用、其他拨款费用、财政专户管理资金支出、专用基金支出、资金调拨费用等。

二、财政预算支出的分类

从管理的角度划分，财政预算支出分为购买性支出和转移性支出两大类。

（一）购买性支出

购买性支出又可按购买标准的特点进一步细分为工资支出、购买支出和零星支出3种。

（1）工资支出是指购买预算单位工作人员劳务发生的支出。

（2）购买支出是指除工资支出、零星支出以外用于购买劳务、服务、货物和工程项目发生的支出。

（3）零星支出是指按量化指标确定的日常小额购买支出，在实际操作中，可以结合政府采购制度的规定，将未列入《政府采购品目分类目录》所列政府采购品目，或者列入该品目但未达到规定数额的支出，界定为零星支出。

（二）转移性支出

转移性支出是指拨付给有关单位或下级财政部门的未指明具体用途的支出，包括拨付企业补贴和未指明具体用途的资金、中央对地方的一般性转移支付等。

三、财政预算支出的内容

（一）一般公共预算支出的内容

一般公共预算支出是指列入各级政府财政预算，用一般公共预算收入安排的支出。它是国家对集中的预算收入有计划地分配和使用而安排的支出，主要用于发展经济，提高人民物质和文化生活水平，加强国家行政管理，巩固国防等方面的开支。一般公共预算支出项目的设置和内容，应符合政府收支分类科目的规定。一般公共预算支出涉及一般公共服务、外交、国防、公共安全、教育、科学技术、文化体育与传媒、社会保障和就业、医疗卫生、节能环保、城乡社区事务、农林水事务、交通运输等方面。

1. 一般公共服务支出

一般公共服务支出主要包括全国人民代表大会、中国人民政治协商会议、党政机关、民主党派、群众团体等组织的经费支出，以及彩票事务、国债事务支出，还包括发展与改革事务支出、统计信息事务支出、财政事务支出、税收事务支出、审计事务支出，以及民主党派及工商联事务支出、群众团体事务支出等。

2. 外交支出

外交支出主要包括外交管理事务支出、驻外机构经费支出、对外援助支出、国际组织事务支出、对外合作与交流支出、对外宣传支出、边界勘界联检支出等。

3. 国防支出

国防支出主要包括现役部队支出、预备役部队支出、民兵事业支出、国防科研事业支出、专项工程支出、国防动员支出等。

4. 公共安全支出

公共安全支出主要包括武装警察、公安、国家安全、检察、法院、司法、监狱、劳教、国家保密等支出。

5. 教育支出

教育支出主要包括教育管理事务、各类教育等方面的经费支出。

6. 科学技术支出

科学技术支出主要包括科学技术管理事务、自然科学研究、社会科学研究等方面的支出，也包括基础研究、应用研究、技术研究与开发、科技条件与服务、社会科学、科学技术普及、科技交流与合作、科技重大专项等支出。

7. 文化体育与传媒支出

文化体育与传媒支出包括文化、文物、体育、广播影视、新闻出版等方面的支出。

8. 社会保障和就业支出

社会保障和就业支出主要包括人力资源和社会保障管理事务、民政管理事务、财政对社会保险基金的补助、行政事业单位离退休、就业补助、抚恤、残疾人事业、社会救济等方面的支出，也包括补充全国社会保障基金、企业改革补助、退役安置、社会福利、城市居民最低生活保障等方面的支出。

9. 医疗卫生支出

医疗卫生支出主要包括医疗卫生管理事务、公立医院、基层医疗卫生机构、公共卫生、医疗保障、中医药、食品和药品监督管理事务等方面的支出。

10. 节能环保支出

节能环保支出包括环境保护管理水务、环境监测与监察、污染防治、自然生态保护、天然林保护、退耕还林、风沙荒漠治理、退牧还草、已垦草原退耕还草、能源节约利用、污染减排等方面的支出。

11. 城乡社区事务支出

城乡社区事务支出主要包括城乡社区管理事务、城乡社区规划、公共设施等方面的支出。

12. 农林水事务支出

农林水事务支出主要包括农业、林业、水利、扶贫等方面的支出。

13. 交通运输支出

交通运输支出主要包括水路运输、铁路运输、民航运输、邮政业等方面的支出。

14. 工业、商业、金融等事务支出

工业、商业、金融等事务支出包括采掘业、制造业、建筑业、电力、信息产业、旅游业、涉外发展、粮油事务、商业流通事务、物资储备、金融业、安全生产、国有资产监管、中小企业事务、可再生能源、能源节约利用、其他工业商业金融等支出。

（二）政府性基金预算支出的内容

政府性基金预算支出是用政府性基金预算收入安排的支出，其支出内容与政府性基金预算收入相对应。与一般公共预算支出相比，政府性基金预算支出具有专款专用的特征。在《政府收支分类科目》中，政府性基金预算支出包括一般公共服务、公共安全、文化体育与传媒、社会保障和就业等支出项目。

1. 一般公共服务支出

一般公共服务支出是使用中国国际贸易促进委员会征收的证书工本费、认证费、涉外经济贸易争议调解费等政府性基金预算收入而安排的基金支出。

2. 公共安全支出

公共安全支出是使用司法部门收取的涉外、涉港澳台公证书工本费取得的政府性基金预算收入而安排的基金支出。

3. 文化体育与传媒支出

文化体育与传媒支出反映政府使用基金预算收入安排的文化体育与传媒支出，包括使用中央和地方财政集中的文化事业建设费收入以及国家电影发展专项资金收入而安排的支出。

4. 社会保障和就业支出

社会保障和就业支出是指政府使用政府性基金预算收入安排的社会保障和就业支出。社会保障和就业支出包括大中型水库移民后期扶持基金支出、小型水库移民扶助基金支出、补充道路交通事故社会救助基金支出、残疾人就业保障金支出等。

（三）专用基金支出的内容

专用基金支出是指财政部门使用专用基金收入安排的相应支出，如粮食风险基金支出等。专用基金在管理与核算上必须遵循先收后支、量入为出的原则。专用基金支出实行计划管理，按照规定的用途和使用范围办理支出。各项专用基金未经上级主管部门批准不得挪作他用。

第二节 财政预算支出的支付方式与列支原则

一、未实行国库集中收付制度的支付方式

未实行国库集中收付制度的地区和单位，财政资金的支付采用资金划拨制度。资金划拨制度是指将资金如数划转到预算单位的存款户头上，由预算单位按照事先确定的用途和开支标准使用的制度。

资金划拨支付方式是财政部门根据财政预算直接将预算单位所需的财政资金拨付给预算单位的资金支付方式。在这种支付方式下，预算单位在需要资金时向财

微课堂

财政预算支出的支付方式

政部门提出申请，财政部门按预算规定审核后，直接将资金从国库账户拨付到预算单位的银行账户。

二、实行国库集中收付制度的支付方式

（一）财政直接支付方式

1. 财政直接支付方式的概念

财政直接支付方式是按照部门预算和用款计划确定的资金用途和用款进度，根据用款单位的申请，由财政部门开具支付令，通过国库单一账户体系，直接将财政资金支付到商品和劳务供应者账户的支付方式。一般来说，工资支出、购买支出、中央对地方的专项转移支出、拨付企业大型工程项目或大型设备采购的资金，都可以采用财政直接支付方式。

2. 采用财政直接支付方式的流程

财政直接支付方式下的支付流程如下。

（1）预算单位按照批复的部门预算和资金使用计划，向财政部门提交《财政直接支付书》，以申请支付。

（2）财政部门根据批复的部门预算和资金使用计划及相关要求对支付申请审核无误后，开具《财政直接支付清算汇总通知单》和《财政直接支付凭证》，经过财政国库管理机构盖章后，分别送中国人民银行和财政部门零余额账户（代理银行），以通知付款。

（3）财政部门零余额账户（代理银行）根据收到的《财政直接支付凭证》，将资金直接支付给商品或劳务供应商。

（4）财政部门零余额账户（代理银行）支付款项以后，开具《财政直接支付入账通知书》，递交有关预算单位，作为预算单位取得财政拨款的依据。

（5）财政部门零余额账户（代理银行）填写《财政直接支付申请划款凭证》，向中国人民银行提出清算申请。中国人民银行将财政部门零余额账户（代理银行）发来的《财政直接支付申请划款凭证》与财政部门发来的《财政直接支付清算汇总通知单》核对无误后，办理资金清算手续，将资金划给财政部门零余额账户（代理银行）。

财政直接支付主要通过转账方式进行，也可以采用国库支票方式支付。在每日营业终了前，国库单一账户应与财政部门零余额账户（代理银行）进行清算。财政直接支付流程如图 7-1 所示。

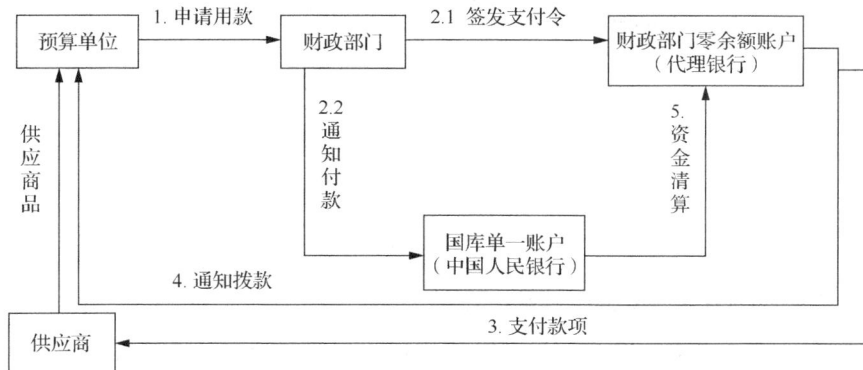

图 7-1　财政直接支付流程

（二）财政授权支付方式

1. 财政授权支付方式的概念

财政授权支付方式是指按照部门预算和用款计划确定的资金用途和用款进度，由预算单位根据

财政授权自行开具支付令，通过国库单一账户体系将资金支付到收款人账户的支付方式。通常，未实行财政直接支付方式的购买支出和零星支出，都可以采用财政授权支付方式。

2. 采用财政授权支付方式的流程

财政授权支付方式下的支付流程如下。

（1）预算单位根据批复的部门预算和资金使用计划，按照规定时间和程序向财政部门申请授权支付用款额度。

（2）财政部门审批用款额度以后，分别向中国人民银行和预算单位零余额账户（代理银行）签发《财政授权支付汇总清算额度通知书》和《财政授权支付额度通知书》。

（3）预算单位零余额账户（代理银行）在收到《财政授权支付额度通知书》后，向预算单位发送《财政授权支付额度到账通知书》，作为预算单位零余额账户用款额度增加的依据。

（4）预算单位依据《财政授权支付额度到账通知书》，在需要使用资金时自行签发财政授权支付指令，如转账支票等，通知预算单位零余额账户（代理银行）办理资金支付业务。

（5）预算单位零余额账户（代理银行）对预算单位提交的财政授权支付指令审核无误后，办理现金支付或转账支付业务。

（6）预算单位零余额账户（代理银行）根据已办理支付手续的资金，填写《财政授权支付申请划款凭证》，按日向中国人民银行提出资金清算申请。中国人民银行对《财政授权支付申请划款凭证》审核无误后，通过国库单一账户与预算单位零余额账户（代理银行）进行资金清算，将款项划给代理银行。

财政授权支付流程如图 7-2 所示。

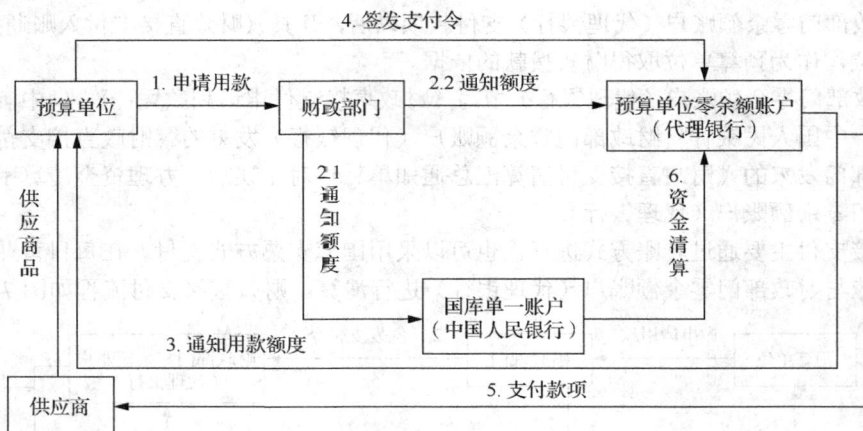

图 7-2 财政授权支付流程

三、财政预算支出的列支原则

（一）实行资金划拨制度的预算支出列支原则

（1）对行政事业单位的基本建设支出、非包干性支出和专项支出，平时按财政拨款数列报支出，待年终清理结算收回拨款时，再冲销已列支出。对于收回以前年度已列支出的款项，除财政部门另有规定者外，应冲销当年支出。

（2）其他各项支出，均以财政拨款数列报支出。

（3）预拨以后各期经费，以及年末预拨给用款单位的下年度经费，应作为预拨款项处理，不得直接按预拨数列作本期支出。

（二）实行国库集中支付制度的预算支出列支原则

在实行国库集中支付制度的地区和单位，拨付资金的方式有财政直接支付方式和财政授权支付方式两种，所以列作财政支出的原则也不完全相同。

（1）对于采用财政直接支付方式支付的一般公共预算资金，财政总会计应根据财政国库支付执行机构每日报来的按部门汇总的《预算支出结算清单》，在与中国人民银行划款凭证核对无误后，列作预算支出。

（2）对于采用财政授权支付方式支付的一般公共预算资金，财政总会计应将各代理银行汇总的预算单位零余额账户授权支付数，与中国人民银行汇总划款凭证及财政国库支付执行机构按部门汇总的《预算支出结算清单》核对无误后，列报预算支出。

第三节 财政拨款费用与预算支出的核算

财政预算支出的核算主要包括一般公共预算支出的核算、政府性基金预算支出的核算、专用基金支出的核算、国有资本经营预算支出的核算等。所对应的财政拨款费用核算主要包括：政府机关商品和服务拨款费用的核算、政府机关工资和福利拨款费用的核算、对事业单位补助拨款费用的核算、对企业补助拨款费用的核算、对个人和家庭补助拨款费用的核算、对社会保障基金补助拨款费用的核算、资本性拨款费用的核算、其他拨款费用的核算、专用基金支出的核算等。

一、一般公共预算支出的核算

（一）一般公共预算支出核算的会计科目设置

"一般公共预算支出"科目用于核算各级财政总会计办理的应由预算资金支付的各项支出。该科目的借方登记财政机关的直接支出数以及由待结算资金转入的支出数，贷方登记支出收回数以及年末转销数，平时借方余额反映一般公共预算本级累计数。本科目应根据《政府收支分类科目》中的"一般公共预算支出"科目分"款""项"设置明细账。

根据一般公共预算支出的内容，对应的财务会计科目有"政府机关商品和服务拨款费用""政府机关工资和福利拨款费用""对事业单位补助拨款费用""对企业补助拨款费用""对个人和家庭补助拨款费用""对社会保障基金补助拨款费用""资本性拨款费用""其他拨款费用"等。

"政府机关商品和服务拨款费用"科目核算本级政府财政拨付给机关和参公事业单位购买商品和服务的各类费用，不包括用于购置固定资产、战略性和应急性物资储备等资本性拨款费用。

"政府机关工资和福利拨款费用"科目核算本级政府财政拨付给机关和参公事业单位在职职工和编制外长期聘用人员的各类劳动报酬及为上述人员缴纳的各项社会保险费等费用。

"对事业单位补助拨款费用"科目核算本级政府财政拨付的对事业单位（不含参公事业单位）的经常性补助费用，不包括对事业单位的资本性拨款费用。

"对企业补助拨款费用"科目核算本级政府财政拨付的对各类企业的补助费用，不包括对企业的资本金注入和资本性拨款费用。

"对个人和家庭补助拨款费用"科目核算本级政府财政拨付的对个人和家庭的补助费用。

"对社会保障基金补助拨款费用"科目核算本级政府财政拨付的对社会保险基金的补助费用，以及补充全国社会保障基金的费用。

"资本性拨款费用"科目核算政府财政拨付给行政事业单位和企业的资本性拨款费用，不包括对企业的资本金注入。

"其他拨款费用"科目核算本级政府财政拨付的经常性赠与、国家赔偿费用、对民间非营利组织和群众性自治组织补贴等拨款费用。

（二）一般公共预算支出的账务处理

财政总会计实际发生一般公共预算支出时，借记"一般公共预算支出"科目，贷记"资金结存——库款资金结存"等科目。已支出事项发生退回时，借记"资金结存——库款资金结存"等科目，贷记"一般公共预算支出"科目。年终转账时，"一般公共预算支出"借方余额转入一般公共预算结转结余，借记"一般公共预算结转结余"科目，贷记"一般公共预算支出"科目。"一般公共预算支出"科目平时借方余额反映一般公共预算支出的累计数。期末结转后，本科目应无余额。

财政总会计实际发生政府机关商品和服务拨款费用时，借记"政府机关商品和服务拨款费用"科目，贷记"国库存款"科目。当年政府机关商品和服务拨款费用发生退回时，按照实际收到的退回金额，借记"国库存款"科目，贷记"政府机关商品和服务拨款费用"科目。年终转账时，"政府机关商品和服务拨款费用"科目借方余额转入本期盈余，借记"本期盈余——预算管理资金本期盈余"科目，贷记"政府机关商品和服务拨款费用"科目。"政府机关商品和服务拨款费用"平时借方余额反映本级政府机关商品和服务拨款费用的累计数。期末结转后，本科目应无余额。

实际发生政府机关工资福利拨款费用时，借记"政府机关工资和福利拨款费用"科目，贷记"国库存款"科目。当年政府机关工资福利拨款费用发生退回时，按照实际收到的退回金额，借记"国库存款"科目，贷记"政府机关工资和福利拨款费用"科目。年终转账时，"政府机关工资和福利拨款费用"科目借方余额转入本期盈余，借记"本期盈余——预算管理资金本期盈余"科目，贷记"政府机关工资和福利拨款费用"科目。"政府机关工资和福利拨款费用"科目平时借方余额反映本级政府机关工资福利拨款费用的累计数。期末结转后，本科目应无余额。

实际发生对事业单位补助拨款费用时，借记"对事业单位补助拨款费用"科目，贷记"国库存款"科目。当年对事业单位补助拨款费用发生退回时，按照实际收到的退回金额，借记"国库存款"科目，贷记"对事业单位补助拨款费用"科目。年终转账时，"对事业单位补助拨款费用"科目借方余额转入本期盈余，借记"本期盈余——预算管理资金本期盈余"科目，贷记"对事业单位补助拨款费用"科目。"对事业单位补助拨款费用"科目平时借方余额反映本级政府财政对事业单位补助拨款费用的累计数。期末结转后，本科目应无余额。

实际发生对企业补助拨款费用时，借记"对企业补助拨款费用"科目，贷记"国库存款"科目。当年对企业补助拨款费用发生退回时，按照实际收到的退回金额，借记"国库存款"科目，贷记"对企业补助拨款费用"科目。年终转账时，"对企业补助拨款费用"科目借方余额转入本期盈余，借记"本期盈余——预算管理资金本期盈余"科目，贷记"对企业补助拨款费用"科目。"对企业补助拨款费用"科目平时借方余额反映本级政府财政对企业补助拨款费用的累计数。期末结转后，本科目应无余额。

实际发生对个人和家庭补助拨款费用时，借记"对个人和家庭补助拨款费用"科目，贷记"国库存款"科目。当年对个人和家庭补助拨款费用发生退回时，按照实际收到的金额，借记"国库存款"科目，贷记"对个人和家庭补助拨款费用"科目。年终转账时，"对个人和家庭补助拨款费用"科目借方余额转入本期盈余，借记"本期盈余——预算管理资金本期盈余"科目，贷记"对个人和家庭补助拨款费用"科目。"对个人和家庭补助拨款费用"科目平时借方余额反映本级政府财政对个人和家庭补助拨款费用的累计数。期末结转后，本科目应无余额。

实际发生对社会保障基金补助拨款费用时，借记"对社会保障基金补助拨款费用"科目，贷记"国库存款"科目。当年对社会保障基金补助拨款费用发生退回时，按照实际收到的金额，借记"国库存款"科目，贷记"对社会保障基金补助拨款费用"科目。年终转账时，"对社会保障基金补助拨款费用"科目借方余额转入本期盈余，借记"本期盈余——预算管理资金本期盈余"科目，贷记"对社会保障基金补助拨款费用"科目。"对社会保障基金补助拨款费用"科目平时借方余额反映本级政府财政对社会保障基金补助拨款费用的累计数。期末结转后，本科目应无余额。

实际发生资本性拨款费用时，借记"资本性拨款费用"科目，贷记"国库存款"科目。当年资本性拨款费用发生退回时，按照实际退回的金额，借记"国库存款"科目，贷记"资本性拨款费用"科目。年终转账时，"资本性拨款费用"科目借方余额转入本期盈余，借记"本期盈余——预算管理资金本期盈余"科目，贷记"资本性拨款费用"科目。"资本性拨款费用"科目平时借方余额反映本级政府财政资本性拨款费用的累计数。期末结转后，本科目应无余额。

实际发生其他拨款费用时，借记"其他拨款费用"科目，贷记"国库存款"科目。当年其他拨款费用发生退回时，按照实际收到的退回金额，借记"国库存款"科目，贷记"其他拨款费用"科目。年终转账时，"其他拨款费用"科目借方余额转入本期盈余，借记"本期盈余——预算管理资金本期盈余"科目，贷记"其他拨款费用"科目。"其他拨款费用"科目平时借方余额反映本级政府财政其他拨款费用的累计数。期末结转后，本科目应无余额。

【例 7-1】某市财政 20××年发生以下有关经济业务，据以编制会计分录。

（1）某市财政机关按预算拨付给某市国家土地管理局本月购买商品和服务经费 580 000 元。

编制的财务会计分录如下。

| 借：政府机关商品和服务拨款费用 | 580 000 | |
| 贷：国库存款 | | 580 000 |

编制的预算会计分录如下。

| 借：一般公共预算支出 | 580 000 | |
| 贷：资金结存——库款资金结存 | | 580 000 |

（2）某市财政机关根据预算安排，拨给市科学技术局工资福利费用 350 000 元。

编制的财务会计分录如下。

| 借：政府机关工资和福利拨款费用 | 350 000 | |
| 贷：国库存款 | | 350 000 |

编制的预算会计分录如下。

| 借：一般公共预算支出 | 350 000 | |
| 贷：资金结存——库款资金结存 | | 350 000 |

（3）年末，将"一般公共预算支出"科目借方余额 1 500 000 元转入"一般公共预算结转结余"科目。

| 借：一般公共预算结转结余 | 1 500 000 | |
| 贷：一般公共预算支出 | | 1 500 000 |

（4）年终，中央财政总预算会计确定一项已经安排预算的对事业单位补助的资金 3 000 万元，由于用款单位用款进度的原因，未能拨付出去。

中央政府财政总会计应按权责发生制将该项资金列为当年费用，编制如下会计分录。

编制的财务会计分录如下。

| 借：对事业单位补助拨款费用 | 30 000 000 | |
| 贷：应付国库集中支付结余 | | 30 000 000 |

编制的预算会计分录如下。

| 借：一般公共预算支出 | 30 000 000 | |
| 贷：资金结存——集中支付结余结存 | | 30 000 000 |

下一年度，该项资金拨付给用款单位，编制会计分录如下。

编制的财务会计分录如下。

借：应付国库集中支付结余 30 000 000

　　贷：国库存款 30 000 000

编制的预算会计分录如下。

借：资金结存——集中支付结余结存 30 000 000

　　贷：资金结存——库款资金结存 30 000 000

二、政府性基金预算支出的核算

（一）政府性基金预算支出核算的会计科目设置

"政府性基金预算支出"科目用来核算各级财政部门用政府性基金预算收入安排的支出。该科目借方登记政府性基金预算支出数，贷方登记支出收回及年末转销数，平时借方余额反映政府性基金预算支出累计数。本科目应根据《政府收支分类科目》中支出功能分类科目和支出经济分类科目进行明细核算。同时，可根据预算管理需要，按照预算单位和项目等进行明细核算。

根据政府性基金预算支出的内容，对应的财务会计科目有"政府机关商品和服务拨款费用""政府机关工资和福利拨款费用""对事业单位补助拨款费用""对企业补助拨款费用""对个人和家庭补助拨款费用""对社会保障基金补助拨款费用""资本性拨款费用""其他拨款费用"等。

（二）政府性基金预算支出的账务处理

财政总会计在核算政府性基金预算支出时，借记"政府性基金预算支出"科目，贷记"资金结存——库款资金结存"等科目。已支出事项发生退回时，借记"资金结存——库款资金结存"等科目，贷记"政府性基金预算支出"科目。年终转账时，"政府性基金预算支出"科目借方余额转入政府性基金预算结转结余，借记"政府性基金预算结转结余"科目，贷记"政府性基金预算支出"科目。"政府性基金预算支出"科目平时借方余额反映政府性基金预算支出的累计数。期末结转后，本科目应无余额。

【例 7-2】某市财政 20×× 年发生以下有关经济业务，据以编制会计分录。

（1）某市财政机关用铁路建设基金安排铁路建设拨款费用 80 000 元。

编制的财务会计分录如下。

借：资本性拨款费用 80 000

　　贷：国库存款 80 000

编制的预算会计分录如下。

借：政府性基金预算支出 80 000

　　贷：资金结存 80 000

（2）某市财政机关用林业发展基金收入安排林业部门商品和服务拨款费用 370 000 元。

编制的财务会计分录如下。

借：政府机关商品和服务拨款费用 370 000

　　贷：国库存款 370 000

编制的预算会计分录如下。

借：政府性基金预算支出 370 000

　　贷：资金结存 370 000

三、专用基金支出的核算

（一）专用基金支出核算的会计科目设置

"专用基金支出"科目用来核算各级财政部门以专用基金收入安排的支出。该科目的借方登记专用基金支出发生数，贷方登记支出收回及年末转销数。

"专用基金支出"科目是预算支出类的会计科目（科目编号7007），它所对应的费用类会计科目是"专用基金支出"（科目编号5042）。

（二）专用基金支出的账务处理

财政总会计在核算专用基金支出时，预算会计的账务处理为借记"专用基金支出"科目，贷记"资金结存——库款资金结存""资金结存——专户资金结存"等科目。已支出事项发生退回时，借记"资金结存——库款资金结存""资金结存——专户资金结存"等科目，贷记"专用基金支出"科目。年终转账时，"专用基金支出"科目借方余额转入专用基金结余，借记"专用基金结余"科目，贷记"专用基金支出"科目。"专用基金支出"科目平时借方余额反映专用基金支出的累计数。期末结转后，本科目应无余额。

财政总会计在核算发生专用基金支出时，财务会计的账务处理为借记"专用基金支出"科目，贷记"其他财政存款"等科目。当年专用基金支出发生退回时，按照实际退回的金额，借记"其他财政存款"等科目，贷记"专用基金支出"科目。以前年度专用基金支出发生退回时，按照实际退回的金额，借记"其他财政存款"等科目，贷记"以前年度盈余调整——专用基金以前年度盈余调整"科目。年终转账时，"专用基金支出"科目借方余额转入本期盈余，借记"本期盈余——专用基金本期盈余"科目，贷记"专用基金支出"科目。"专用基金支出"科目平时借方余额反映专用基金支出的累计数。期末结转后，本科目应无余额。

【例7-3】某市财政20××年发生以下有关经济业务，据以编制会计分录。

（1）用专用基金收入安排的支出为340 000元。

编制的财务会计分录如下。

借：专用基金支出	340 000	
贷：其他财政存款——专用基金存款		340 000

编制的预算会计分录如下。

贷：专用基金支出	340 000	
贷：资金结存——专户资金结存		340 000

（2）收回专用基金支出共计20 000元。

编制的财务会计分录如下。

借：其他财政存款——专用基金存款	20 000	
贷：专用基金支出		20 000

编制的预算会计分录如下。

借：资金结存——专户资金结存	20 000	
贷：专用基金支出		20 000

四、国有资本经营预算支出的核算

国有资本经营预算支出是政府财政管理的由本级政府使用的列入国有资本经营预算的支出。"国有资本经营预算支出"属于预算支出类科目。"国有资本经营预算支出"科目应当按照《政府收支分类科目》中支出功能分类科目设置明细科目。同时，根据管理需要，按照支出经济分类科目、部门等进行明细核算。

实际发生国有资本经营预算支出时，借记"国有资本经营预算支出"科目，贷记"资金结存——库款资金结存"等科目。已支出事项发生退回时，借记"资金结存——库款资金结存"等科目，贷记"国有资本经营预算支出"科目。年终转账时，"国有资本经营预算支出"科目借方余额转入国有资本经营预算结转结余，借记"国有资本经营预算结转结余"科目，贷记"国有资本经营预算支出"科目。"国有资本经营预算支出"科目平时借方余额反映国有资本经营预算支出的累计数。期末结转后，本科目应无余额。

五、债务还本预算支出的核算

债务还本预算支出是指政府财政偿还本级政府财政承担的纳入预算管理的债务本金支出。

"债务还本预算支出"属于预算支出类科目，本科目应设置"国债还本支出""一般债务还本支出""专项债务还本支出"明细科目，并根据《政府收支分类科目》中"债务还本支出"科目进行明细核算。它所对应的财务会计科目是"借入款项""应付短期政府债券""应付长期政府债券"等。

偿还本级政府财政承担的政府债券、主权外债等纳入预算管理的债务本金时，借记"债务还本预算支出"科目，贷记"资金结存——库款资金结存""资金结存——专户资金结存""补助预算收入——上级调拨"等科目。

中央财政发生国债随买业务时，根据国债随买确认文件等相关债券管理资料，按照国债随买面值，借记"债务还本预算支出"科目，按照实际支付的金额，贷记"资金结存——库款资金结存"科目；按照其差额，借记或贷记"一般公共预算支出"科目。

年终转账时，本科目下"国债还本支出""一般债务还本支出"的借方余额转入一般公共预算结转结余，借记"一般公共预算结转结余"科目，贷记"债务还本预算支出——国债还本支出""债务还本预算支出——一般债务还本支出"科目；本科目下"专项债务还本支出"的借方余额转入政府性基金预算结转结余，借记"政府性基金预算结转结余"科目，贷记"债务还本预算支出——专项债务还本支出"科目，可根据预算管理需要，按照专项债务对应的政府性基金预算支出科目分别转入"政府性基金预算结转结余"相应明细科目。本科目平时借方余额反映本级政府财政债务还本预算支出的累计数。期末结转后，本科目应无余额。

六、债务转贷预算支出的核算

债务转贷预算支出是指本级政府财政向下级政府财政转贷的债务支出。

"债务转贷预算支出"属于预算支出类科目，本科目应设置"一般债务转贷支出""专项债务转贷支出"明细科目，并根据《政府收支分类科目》中"债务转贷支出"科目和转贷地区进行明细核算。本级政府财政向下级政府财政转贷地方政府债券资金时，借记"债务转贷预算支出"科目，贷记"资金结存——库款资金结存""补助预算支出——调拨下级"等科目。

第四节 财政预算资金调拨支出的核算

财政预算资金调拨支出是中央财政与地方财政、地方上下级财政之间以及同级财政不同资金项目之间进行资金调拨而形成的支出，具体包括补助预算支出、上解预算支出、调出预算资金、地区间援助预算支出、安排预算稳定调节基金。下面主要介绍补助预算支出、上解预算支出、调出预算资金的核算。

一、补助预算支出的核算

（一）补助预算支出核算的会计科目设置

补助预算支出是本级财政按财政体制规定或因专项需要补助给下级财政的款项及其他转移支付的支出，包括税收返还支出、按原财政体制结算应补助给下级财政的款项、专项补助或临时性补助等。

"补助预算支出"科目是预算支出类科目，应按照不同资金性质设置"一般公共预算补助支出""政府性基金预算补助支出""国有资本经营预算补助支出"和"调拨下级"明细科目。同时，可根据管理需要，按照补助地区和《政府收支分类科目》中支出功能分类科目进行明细核算。其中，"一般公共预算补助支出"科目核算本级政府财政对下级政府财政的一般性转移支付支出；"政府性基金预算补助支出"科目核算本级政府财政对下级政府财政的政府性基金预算转移支付支出；"国有资本经营预算补助支出"科目核算本级政府财政对下级政府财政的国有资本经营预算转移支付支出；"调拨下级"科目核算年度执行中，本级政府财政调拨给下级政府财政的尚未指定资金性质的资金或结算应确认事项金额。

"补助预算支出"科目所对应的费用类科目是"补助费用"。本科目可根据管理需要，按照补助地区进行明细核算。

（二）补助预算支出及补助费用的账务处理

1. "补助预算支出"的主要账务处理如下。

年度执行中，调拨资金给下级政府财政，根据实际调拨的金额借记"补助预算支出——调拨下级"等科目，贷记"资金结存——库款资金结存""资金结存——专户资金结存"科目。

两级财政年终结算中应当由下级政府财政上交的款项，借记"补助预算支出——调拨下级"等科目，贷记"上解预算收入"科目。

专项转移支付资金实行特设专户管理的，根据有关支出管理部门下达的预算文件和拨款依据确认支出，借记"补助预算支出——调拨下级"等科目；资金由本级政府财政拨付给下级的，贷记"资金结存——专户资金结存"等科目；资金由上级政府财政直接拨给下级的，贷记"补助预算收入——上级调拨"科目。

本级政府财政借入或收到转贷的主权外债，贷款资金由下级政府财政同级部门使用，且贷款最终还款责任由本级政府财政承担的，根据债务管理部门提供的有关资料，借记"补助预算支出——调拨下级"等科目，贷记"资金结存——库款资金结存""资金结存——专户资金结存"科目；外方或上级政府财政将贷款资金直接支付给用款单位或供应商时，借记"补助预算支出——调拨下级"等科目，贷记"债务预算收入""债务转贷预算收入"等科目；本级政府财政豁免下级政府财政主权外债，根据债务管理部门提供的有关资料和有关预算文件，借记"补助预算支出——调拨下级"等科目，贷记"资金结存——上下级调拨结存"科目。

根据预算管理需要，收回已调拨下级政府财政资金时，按照实际收到的金额，借记"资金结存——库款资金结存""资金结存——专户资金结存"等科目，贷记"补助预算支出——调拨下级"等科目。

发生上解多交应当退回的，按照应当退回的金额，借记"上解预算收入"科目，贷记"补助预算支出——调拨下级"等科目。

年终两级财政办理结算以后，根据预算管理部门提供的结算单确认补助下级预算支出，借记"补助预算支出—— 一般公共预算补助支出""补助预算支出——政府性基金预算补助支出""补助预算支出——国有资本经营预算补助支出"等科目，贷记"补助预算支出——调拨下级"科目。

完成上述结转以后，将本科目下各明细科目余额分别结转至相应的预算结余类科目。借记"资金结存——上下级调拨结存""一般公共预算结转结余""政府性基金预算结转结余""国有资本经营预算结转结余"等科目，贷记"补助预算支出"。

本科目平时借方余额反映补助预算支出的累计数。期末结转后，本科目应无余额。

2. "补助费用"的主要账务处理如下。

年终与下级政府财政结算时，按照结算确认的应当补助下级政府的费用数，借记"补助费用"科目，贷记"与下级往来"科目。退还或核减补助费用时，借记"与下级往来"科目，贷记"补助费用"科目。

专项转移支付资金实行特设专户管理的，根据有关支出管理部门下达的预算文件和拨款依据确认费用，借记"补助费用"或"与下级往来"科目；资金由本级政府财政拨付给下级的，贷记"其他财政存款"等科目；资金由上级政府财政直接拨给下级的，贷记"与上级往来"或"补助收入"科目。

年终转账时，本科目借方余额转入本期盈余，借记"本期盈余——预算管理资金本期盈余"科目，贷记"补助费用"科目。本科目平时借方余额反映本级政府财政对下级补助费用的累计数。期末结转后，本科目应无余额。

【例7-4】某市财政20××年发生以下有关经济业务，据以编制会计分录。

（1）由于甲县发生地震灾害而财政困难，拨付一般公共预算补助款380 000元。

编制的财务会计分录如下。

借：补助费用—— 一般公共预算补助		380 000
贷：国库存款—— 一般公共预算存款		380 000

编制的预算会计分录如下。

借：补助预算支出—— 一般公共预算补助支出		380 000
贷：资金结存——库款资金结存		380 000

（2）按财政体制管理规定拨付给乙县政府性基金预算补助款530 000元。

编制的财务会计分录如下。

借：补助费用——政府性基金预算补助		530 000
贷：国库存款——政府性基金预算存款		530 000

编制的预算会计分录如下。

借：补助预算支出——政府性基金预算补助支出		530 000
贷：资金结存——库款资金结存		530 000

二、上解预算支出的核算

（一）上解预算支出会计科目设置

上解预算支出是按财政体制规定由本级财政上缴给上级财政的款项，包括按财政体制由国库在本级预算收入中直接划解给上级财政的款项，按体制结算划解给上级财政款项和各种专项上解款项。

为了核算上解预算支出业务，财政总会计应设置"上解预算支出"科目。该科目的借方登记上解支出的发生数，贷方登记上解支出的退转数及年末转销数。本科目应按照不同资金性质设置"一般公共预算上解支出""政府性基金预算上解支出""国有资本经营预算上解支出"明细科目。

"上解预算支出"科目是预算支出类会计科目，它所对应的费用类会计科目是"上解费用"。"上解费用"可根据管理需要按照项目等进行明细核算。

（二）"上解预算支出"及"上解费用"的账务处理

1. "上解预算支出"的主要账务处理如下。

发生上解预算支出时，借记"上解预算支出"科目，贷记"资金结存——库款资金结存""补助预算收入——上级调拨"等科目。

年终与上级政府财政结算时，按照尚未支付的上解金额，借记"上解预算支出"科目，贷记"补助预算收入——上级调拨"等科目。退还或核减上解支出时，借记"资金结存——库款资金结存""补助预算收入——上级调拨"等科目，贷记"上解预算支出"科目。

年终转账时，本科目借方余额应根据不同资金性质分别转入相应的结转结余科目，借记"一般公共预算结转结余""政府性基金预算结转结余"等科目，贷记"上解预算支出"科目。

本科目平时借方余额反映上解支出的累计数。期末结转后，本科目应无余额。

2. "上解费用"的主要账务处理如下。

年终与上级政府财政结算时，按照结算确认的金额上解费用数，借记"上解费用"科目，贷记"国库存款"科目。退还或核减上解费用时，借记"国库存款"等科目，贷记"上解费用"。

年终转账时，本科目借方余额转入本期盈余，借记"本期盈余——预算管理资金本期盈余"科目，贷记"上解费用"。

本科目平时借方余额反映本级政府财政上解费用的累计数。期末结转后，本科目应无余额。

【例7-5】某市财政20××年发生以下有关经济业务，据以编制会计分录。

（1）市财政上解省财政430 000元一般公共预算上解款时，市财政总会计应做如下会计分录。

编制的财务会计分录如下。

借：上解费用——一般公共预算上解	430 000	
贷：国库存款		430 000

编制的预算会计分录如下。

借：上解预算支出——一般公共预算上解支出	430 000	
贷：资金结存——库款资金结存		430 000

（2）市财政收到省财政退还的上解款110 000元时，市财政总会计应做如下会计分录。

编制的财务会计分录如下。

借：国库存款	110 000	
贷：上解费用——一般公共预算上解		110 000

编制的预算会计分录如下。

借：资金结存——库款资金结存	110 000	
贷：上解预算支出——一般公共预算上解支出		110 000

（3）根据财政体制规定，市财政上解省财政政府性基金预算款项660 000元。

编制的财务会计分录如下。

借：上解费用——政府性基金预算上解	660 000	
贷：国库存款——政府性基金预算存款		660 000

编制的预算会计分录如下。

借：上解预算支出——政府性基金预算上解支出	660 000	
贷：资金结存——库款资金结存		660 000

三、调出预算资金的核算

（一）调出预算资金核算的会计科目设置

调出预算资金是为平衡预算收支，从某类资金向其他类型预算调出的资金。

为了核算调出预算资金业务，财政总会计应设置"调出预算资金"科目。该科目的借方登记调出资金数，贷方登记年末转销数，平时借方余额反映调出资金累计数。本科目应设置"一般公共预算调出资金""政府性基金预算调出资金"和"国有资本经营预算调出资金"明细科目。

（二）调出预算资金的账务处理

"调出预算资金"科目属于预算支出类会计科目。

从一般公共预算调出资金时，按照调出的金额，借记"调出预算资金——一般公共预算调出资金"科目，贷记"调入预算资金"有关明细科目。

从政府性基金预算调出资金时，按照调出的金额，借记"调出预算资金——政府性基金预算调出资金"科目，贷记"调入预算资金"有关明细科目。

从国有资本经营预算调出资金时，按照调出的金额，借记"调出预算资金——国有资本经营预算调出资金"科目，贷记"调入预算资金"有关明细科目。

年终转账时，本科目借方余额分别转入相应的结转结余科目，借记"一般公共预算结转结余""政府性基金预算结转结余"和"国有资本经营预算结转结余"等科目，贷记本科目。

本科目平时借方余额反映调出预算资金的累计数。期末结转后，本科目应无余额。

【例 7-6】某市财政 20××年发生以下有关经济业务，据以编制会计分录。

（1）市财政局从政府性基金预算结余中调出 780 000 元，用于平衡一般公共预算收支。

编制的财务会计分录如下。

借：国库存款——一般公共预算存款	780 000	
贷：国库存款——政府性基金预算存款		780 000

编制的预算会计分录如下。

借：调出预算资金——政府性基金预算调出资金	780 000	
贷：调入预算资金——一般公共预算调入资金		780 000

（2）期末将调出资金、调入资金转入有关结余科目。

借：调入预算资金——一般公共预算调入资金	780 000	
贷：一般公共预算结转结余		780 000
借：政府性基金预算结转结余	780 000	
贷：调出预算资金——政府性基金预算调出资金		780 000

第五节　财政专户管理资金支出的核算

财政专户管理资金支出是政府财政用纳入财政专户管理的教育收费等资金安排的支出。

一、财政专户管理资金支出核算的会计科目

为了对财政专户管理资金的支出进行核算，需要设置"财政专户管理资金支出"科目。"财政专

户管理资金支出"科目核算各级财政部门用财政专户管理资金收入安排的支出。"财政专户管理资金支出"属于财政费用和预算支出类科目，财务会计的科目编号是 5041；预算会计的科目编号是 7005。

"财政专户管理资金支出"科目应当按照《政府收支分类科目》中支出功能分类科目设置相应明细科目。同时，根据管理需要，按照支出经济分类科目、部门（单位）等进行明细核算。

二、财政专户管理资金支出的账务处理

（一）"财政专户管理资金支出"（财务会计）的主要账务处理如下。

发生财政专户管理资金支出时，借记"财政专户管理资金支出"科目，贷记"其他财政存款"等科目。当年记入的财政专户管理资金支出发生退回时，按照实际退回的金额，借记"其他财政存款"科目，贷记"财政专户管理资金支出"科目。以前年度财政专户管理资金支出发生退回时，按照实际退回的金额，借记"其他财政存款"科目，贷记"以前年度盈余调整——财政专户管理资金以前年度盈余调整"科目。年终转账时，本科目借方余额转入本期盈余，借记"本期盈余——财政专户管理资金本期盈余"科目，贷记"财政专户管理资金支出"科目。

（二）"财政专户管理资金支出"（预算会计）的主要账务处理如下。

发生财政专户管理资金支出时，借记"财政专户管理资金支出"科目，贷记"资金结存——专户资金结存"等科目。已支出事项发生退回时，借记"资金结存——专户资金结存"等科目，贷记"财政专户管理资金支出"科目。年终转账时，本科目借方余额转入财政专户管理资金结余，借记"财政专户管理资金结余"科目，贷记"财政专户管理资金支出"科目。

本科目平时借方余额反映财政专户管理资金支出的累计数。期末结转后，本科目应无余额。

【例 7-7】某市财政局 20××年用财政专户管理资金支付教育局房屋维修费用 38 000 元。编制会计分录如下。

编制的财务会计分录如下。

借：财政专户管理资金支出　　　　　　　　　　　　　　38 000
　　贷：其他财政存款　　　　　　　　　　　　　　　　　　　38 000

编制的预算会计分录如下。

借：财政专户管理资金支出　　　　　　　　　　　　　　38 000
　　贷：资金结存——专户资金结存　　　　　　　　　　　　　38 000

<h2 style="text-align:center">复习思考题</h2>

第八章 预算结余的核算

【学习目标】
1. 掌握一般公共预算结转结余的核算；
2. 掌握政府性基金预算结转结余的该算；
3. 掌握国有资本经营预算结转结余的核算；
4. 掌握财政专户管理资金结余的核算；
5. 掌握专用基金结余的核算；
6. 掌握预算稳定调节基金的核算；
7. 掌握预算周转金的核算；
8. 掌握资金结存的核算。

第一节 结余的核算

结余是财政预算收支的执行结果。结余包括一般公共预算结转结余、政府性基金预算结转结余、专用基金结余、财政专户管理资金结余、国有资本经营预算结转结余。各项结余平时不予结算，应该每年结算一次。年终将各项预算收入与相应的预算支出冲销后，即为该项资金的当年结余。当年结余与上年年末滚存结余相加，即为本年年末滚存结余。一级财政的各项结余必须分别核算，不得混淆。

一、一般公共预算结转结余的核算

一般公共预算结转结余是财政一般公共预算收支的执行结果，每年年末应结算一次。财政总会计应设置"一般公共预算结转结余"科目来核算各级财政的一般公共预算结余，该科目属于结余类会计科目。

年终转账时，将一般公共预算的有关收入科目贷方余额转入"一般公共预算结转结余"的贷方，借记"一般公共预算收入""补助预算收入——一般公共预算补助收入""上解预算收入——一般公共预算上解收入""地区间援助预算收入""调入预算资金——一般公共预算调入资金""债务预算收入——国债收入""债务预算收入——一般债务收入""债务转贷预算收入——一般债务转贷收入""动用预算稳定调节基金"科目，贷记"一般公共预算结转结余"；将一般公共预算的有关支出科目借方余额转入"一般公共预算结转结余"的借方，借记"一般公共预算结转结余"科目，贷记"一般公共预算支出""补助预算支出——一般公共预算补助支出""上解预算支出——一般公共预算上解支出""地区间援助预算支出""调出预算资金——一般公共预算调出资金""安排预算稳定调节基金""债务还本预算支出——国债还本支出""债务还本预算支出——一般债务还本支出""债务转贷预算支出——一般债务转贷支出"科目。

设置或补充预算周转金时，借记"一般公共预算结转结余"科目，贷记"预算周转金"科目。本科目期末贷方余额反映一般公共预算收支相抵后的滚存结转结余。

【例 8-1】某市财政 20××年发生以下有关经济业务，据以编制会计分录。

（1）年末转账前，有关预算收入项目的累计余额为：一般公共预算收入 330 000 000 元，上级财政一般公共预算补助收入 55 000 000 元，下级财政一般公共预算上解收入 90 000 00 元，调入一般公共预算资金 20 000 000 元。

借：一般公共预算收入　　　　　　　　　　　　　　　　　330 000 000
　　补助预算收入——一般公共预算补助收入　　　　　　　　55 000 000
　　上解预算收入——一般公共预算上解收入　　　　　　　　90 000 000
　　调入预算资金——一般公共预算调入资金　　　　　　　　20 000 000
　　　贷：一般公共预算结转结余　　　　　　　　　　　　　　　495 000 000

（2）年末转账前，有关预算支出项目的累计余额为：一般公共预算支出 310 000 000 元，对下级财政一般公共预算补助支出 52 000 000 元，向省财政一般公共预算上解支出 80 000 000 元。

借：一般公共预算结转结余　　　　　　　　　　　　　　　442 000 000
　　　贷：一般公共预算支出　　　　　　　　　　　　　　　　310 000 000
　　　　　补助预算支出——一般公共预算补助支出　　　　　　52 000 000
　　　　　上解预算支出——一般公共预算上解支出　　　　　　80 000 000

二、政府性基金预算结转结余的核算

财政总会计应设置"政府性基金预算结转结余"科目，以便核算各级财政管理的政府性基金预算收支的年终执行结果。该科目属于结余类会计科目。本科目可根据管理需要，按照政府性基金的项目进行明细核算。

年终转账时，将政府性基金预算的有关收入科目贷方余额按照政府性基金项目分别转入"政府性基金预算结转结余"的贷方，借记"政府性基金预算收入""补助预算收入——政府性基金预算补助收入""上解预算收入——政府性基金预算上解收入""调入预算资金——政府性基金预算调入资金""债务预算收入——专项债务收入""债务转贷预算收入——专项债务转贷收入"科目，贷记"政府性基金预算结转结余"科目；将政府性基金预算的有关支出科目借方余额转入"政府性基金预算结转结余"的借方，借记"政府性基金预算结转结余"科目，贷记"政府性基金预算支出""补助预算支出——政府性基金预算补助支出""上解预算支出——政府性基金预算上解支出""调出预算资金——政府性基金预算调出资金""债务还本预算支出——专项债务还本支出""债务转贷预算支出——专项债务转贷支出"科目。

本科目期末贷方余额反映政府性基金预算收支相抵后的滚存结转结余。

【例 8-2】某市财政 20××年发生以下有关经济业务，据以编制会计分录。

（1）某市财政年末转账前，有关收入账户的余额为：政府性基金预算收入 680 000 000 元，上级财政拨付的政府性基金补助收入 44 000 000 元，下级财政上解的政府性基金预算收入 20 000 000 元。

借：政府性基金预算收入　　　　　　　　　　　　　　　　680 000 000
　　补助预算收入——政府性基金预算补助收入　　　　　　　44 000 000
　　上解预算收入——政府性基金预算上解收入　　　　　　　20 000 000
　　　贷：政府性基金预算结转结余　　　　　　　　　　　　　744 000 000

（2）年末转账前，有关预算支出项目的余额为：政府性基金预算支出 610 000 000 元，对下级财政的政府性基金补助支出 42 000 000 元，对上级财政的政府性基金预算上解支出 223 000 元，政府性基金预算调出资金 4 000 000 元。

借：政府性基金预算结转结余　　　　　　　　　　　　　　656 223 000
　　　贷：政府性基金预算支出　　　　　　　　　　　　　　　610 000 000
　　　　　补助预算支出——政府性基金预算补助支出　　　　　42 000 000
　　　　　上解预算支出——政府性基金预算上解支出　　　　　　　223 000
　　　　　调出预算资金——政府性基金预算调出资金　　　　　　4 000 000

三、专用基金结余的核算

专用基金结余是财政总会计管理的专用基金执行结果，财政总会计应设置"专用基金结余"科目。该科目属于结余类会计科目，核算本级政府财政专用基金收支的执行结果，本科目应根据专用基金的种类进行明细核算。

年终转账时，将专用基金的有关收入科目贷方余额转入"专用基金结余"的贷方，借记"专用基金收入"科目，贷记"专用基金结余"科目；将专用基金的有关支出科目借方余额转入本科目的借方，借记"专用基金结余"科目，贷记"专用基金支出"科目。

本科目期末贷方余额反映政府财政管理的专用基金收支相抵后的滚存结余。

【例8-3】某市财政20××年发生以下有关经济业务，据以编制会计分录。

（1）年末转账前的专用基金收入科目余额为29 000 000元，据以进行年末转账。

借：专用基金收入　　　　　　　　　　　　　　　　　　　29 000 000
　　贷：专用基金结余　　　　　　　　　　　　　　　　　29 000 000

（2）年末转账前的专用基金支出科目余额为25 000 000元，据以进行年末转账。

借：专用基金结余　　　　　　　　　　　　　　　　　　　25 000 000
　　贷：专用基金支出　　　　　　　　　　　　　　　　　25 000 000

四、财政专户管理资金结余的核算

"财政专户管理资金结余"属于结余类科目，本科目核算本级政府财政纳入财政专户管理的教育收费等资金收支的执行结果。

年终转账时，将财政专户管理资金的有关收入科目贷方余额转入"财政专户管理资金结余"的贷方，借记"财政专户管理资金收入"科目，贷记"财政专户管理资金结余"科目；将财政专户管理资金的有关支出科目借方余额转入"财政专户管理资金结余"的借方，借记"财政专户管理资金结余"科目，贷记"财政专户管理资金支出"科目。

本科目期末贷方余额反映政府财政纳入财政专户管理的资金收支相抵后的滚存结余。

【例8-4】某市财政20××年发生以下有关经济业务，据以编制会计分录。

（1）某市财政局收到财政专户管理的教育收费等收入23 000元，已存入财政专户。

编制的财务会计分录如下。

借：其他财政存款　　　　　　　　　　　　　　　　　　　23 000
　　贷：财政专户管理资金收入　　　　　　　　　　　　　23 000

编制的预算会计分录如下。

借：资金结存——专户资金结存　　　　　　　　　　　　　23 000
　　贷：财政专户管理资金收入　　　　　　　　　　　　　23 000

（2）用财政专户管理资金支付教育局教室房屋维修费用18 000元。

编制的财务会计分录如下。

借：财政专户管理资金支出　　　　　　　　　　　　　　　18 000
　　贷：其他财政存款　　　　　　　　　　　　　　　　　18 000

编制的预算会计分录如下。

借：财政专户管理资金支出　　　　　　　　　　　　　　　18 000
　　贷：资金结存——专户资金结存　　　　　　　　　　　18 000

（3）年终，将（1）和（2）中的财政专户管理资金收入、财政专户管理资金支出进行转账。
编制的财务会计分录如下。

借：财政专户管理资金收入   23 000
    贷：本期盈余——财政专户管理资金本期盈余   23 000
借：本期盈余——财政专户管理资金本期盈余   18 000
    贷：财政专户管理资金支出   18 000
编制的预算会计分录如下。

借：财政专户管理资金收入   23 000
    贷：财政专户管理资金结余   23 000
借：财政专户管理资金结余   18 000
    贷：财政专户管理资金支出   18 000

五、国有资本经营预算结转结余的核算

"国有资本经营预算结转结余"属于结余类科目，本科目核算本级政府财政国有资本经营预算收支的执行结果。

年终转账时，将国有资本经营预算的有关收入科目贷方余额转入"国有资本经营预算结转结余"的贷方，借记"国有资本经营预算收入""补助预算收入——国有资本经营预算补助收入""上解预算收入——国有资本经营预算上解收入"科目，贷记"国有资本经营预算结转结余"科目；将国有资本经营预算的有关支出科目借方余额转入"国有资本经营预算结转结余"的借方，借记"国有资本经营预算结转结余"科目，贷记"国有资本经营预算支出""补助预算支出——国有资本经营预算补助支出""上解预算支出——国有资本经营预算上解支出""调出预算资金——国有资本经营预算调出资金"科目。本科目期末贷方余额反映国有资本经营预算收支相抵后的滚存结转结余。

第二节 | 预算周转金的核算

为了保证年度总预算的顺利执行，调剂年度内季节性收支差额，需要设置预算周转金。

一、预算周转金的概念

预算周转金是各级财政部门在执行预算过程中设置的，供调剂年度内季节性收支差额，保证及时用款而设置的周转资金。为了解决季度或月份中可能出现的短期、临时性的收支不平衡，财政部门应设置一定数额的预算周转金，以保证年度总预算的顺利执行。

预算周转金一般用年度一般公共预算结余资金设置、补充或由上级财政拨入。由本级预算安排预算周转金时，用一般公共预算结余设置或补充；由上级财政拨入资金设置或补充时，直接计入预算周转金的增加。一般来说，对于新成立的一级财政或者经济欠发达地区的一级财政，由于原来没有预算周转金或者预算周转金不足，上级财政在财力充足的情况下，可以拨给下级财政一定数额的预算周转金。预算周转金只供平衡预算收支的临时周转使用，不能用于安排财政开支，未经上级财政机关批准，预算周转金年终必须保证原数，不能随意减少。预算周转金的数额，应当随着预算支出规模的扩大，逐年有所补充。

二、预算周转金的核算

为了核算预算周转金，各级财政总会计应设置"预算周转金"科目。"预算周转金"科目贷方登记设置、补充数或上级拨入数，借方登记核减数或上级抽回数，余额反映现有预算周转金的实际数。本科目核算政府财政设置的用于调剂预算年度内季节性收支差额周转使用的资金。设置或补充预算周转金时，借记"一般公共预算结转结余"科目，贷记"预算周转金"科目。将预算周转金调入预算稳定调节基金时，借记"预算周转金"科目，贷记"预算稳定调节基金"科目。本科目期末贷方余额反映预算周转金的累计规模。

【例 8-5】某市财政 20××年发生以下有关经济业务，据以编制会计分录。

（1）经研究决定，用结余的一般公共预算资金补充预算周转金 332 000 元。

借：一般公共预算结转结余　　　　　　　　　　　　　332 000
　　贷：预算周转金　　　　　　　　　　　　　　　　　　332 000

（2）收到省财政增拨 670 000 元资金，用于补充预算周转金。

编制的财务会计分录如下。

借：国库存款　　　　　　　　　　　　　　　　　　　670 000
　　贷：预算周转金　　　　　　　　　　　　　　　　　　670 000

编制的预算会计分录如下。

借：资金结存　　　　　　　　　　　　　　　　　　　670 000
　　贷：预算周转金　　　　　　　　　　　　　　　　　　670 000

第三节　预算稳定调节基金的核算

为了保证年度总预算的顺利执行，为了调剂年度之间的收支差额，需要设置预算稳定调节基金。

一、预算稳定调节基金的概念

如果在财政年度内因出现经济波动而造成预算短收，财会部门就可以通过预算稳定调节基金来解决预算问题。因此，预算稳定调节基金是从财政超收收入中安排的用于调节年度预算平衡的基金。如果在财政年度内出现经济波动而造成预算短收，以往的做法是报请本级人民代表大会常务委员会调整预算，扩大财政赤字。但是，建立了预算稳定调节基金以后，如果当年预算增收，可以从增收部分补充预算稳定调节基金。当年财政收入较低时，财会部门可以动用预算稳定调节基金来平衡当年预算。

二、预算稳定调节基金的核算

财政总会计为了核算预算稳定调节基金的增减变动情况，需要设置"预算稳定调节基金"科目。本科目核算本级政府财政为保持年度间预算的衔接和稳定，在一般公共预算中设置的储备性资金。

使用超收收入或一般公共预算结余设置或补充预算稳定调节基金时，借记"安排预算稳定调节基金"科目，贷记"预算稳定调节基金"科目。将预算周转金调入预算稳定调节基金时，借记"预算周转金"科目，贷记"预算稳定调节基金"科目。动用预算稳定调节基金时，借记"预算稳定调节基金"科目，贷记"动用预算稳定调节基金"科目。本科目期末贷方余额反映预算稳定调节基金的累计规模。

【例 8-6】 某市财政 20××年发生以下有关经济业务，据以编制会计分录。

（1）年末，从本年度财政超收收入中安排预算稳定调节基金 44 000 000 元。

借：安排预算稳定调节基金	44 000 000	
贷：预算稳定调节基金		44 000 000

同时，将"安排预算稳定调节基金"账户发生额 44 000 000 元转入"一般公共预算结转结余"账户。

借：一般公共预算结转结余	44 000 000	
贷：安排预算稳定调节基金		44 000 000

（2）为了弥补预算缺口，从预算稳定调节基金中调用 11 000 000 元。

借：预算稳定调节基金	11 000 000	
贷：动用预算稳定调节基金		11 000 000

年末，将"动用预算稳定调节基金"账户发生额 11 000 000 元转入"一般公共预算结转结余"账户。

借：动用预算稳定调节基金	11 000 000	
贷：一般公共预算结转结余		11 000 000

第四节 资金结存的核算

"资金结存"属于预算结余类科目。

一、资金结存的概念

资金结存是指政府财政纳入预算管理资金的流入、流出、调整和滚存的结果。为了核算资金结存业务，财政总会计应设置"资金结存"科目。该科目年末借方余额，反映财政总会计预算资金的累计滚存情况。该科目应当设置"库款资金结存""专户资金结存""在途资金结存""集中支付结余结存""上下级调拨结存""待发国债结存""零余额账户结存""已结报支出""待处理结存"等明细科目。

二、资金结存的核算

"资金结存"科目的主要账务处理如下。

（1）"库款资金结存"科目核算政府财政以国库存款形态存在的资金。

收到预算收入时，根据当日预算收入日报表所列预算收入数，借记"资金结——库款资金结存"科目，贷记有关预算收入科目。已入库款项发生退库（付）的，资金划出时，借记有关预算收入科目，贷记"资金结存——库款资金结存"科目。发生预算支出时，按照实际支付的金额，借记有关预算支出科目，贷记"资金结存——库款资金结存"科目。预算支出发生退回的，资金划出时，借记"资金结存——库款资金结存"科目，贷记有关预算支出科目。

（2）"专户资金结存"科目核算政府财政以财政专户存款形态存在的资金。

收到预算收入时，按照有关收入凭证，借记"资金结存——专户资金结存"科目，贷记有关预算收入科目。已收到款项发生退付的，资金划出时，借记有关预算收入科目，贷记"资金结存——专户资金结存"科目。发生预算支出时，按照实际支付的金额，借记有关预算支出科目，贷记"资金结存——专户资金结存"科目。预算支出发生退回的，资金划出时，借记"资金结存——专户资金结存"科目，贷记有关预算支出科目。

（3）"在途资金结存"科目核算报告清理期和库款报解整理期内发生的需要通过本科目过渡处理的属于上年度收入、支出等业务的款项。本科目期末余额反映政府财政持有的在途款金额。

报告清理期和库款报解整理期内收到属于上年度收入时，在上年度账务中，借记"资金结存——在途资金结存"科目，贷记有关收入科目；收回属于上年度支出时，在上年度账务中，借记"资金结存——在途资金结存"科目，贷记"预拨经费"或有关支出科目。冲转在途款时，在本年度账务中，借记"资金结存——库款资金结存"科目，贷记"资金结存——在途资金结存"科目。

（4）"集中支付结余结存"科目核算省级以上（含省级）政府财政国库集中支付中，应列为当年支出，但年末尚未支付需结转下一年度支付的款项。本科目期末应为贷方余额，反映政府财政尚未支付的国库集中支付结余。年末，对当年发生的应付国库集中支付结余，借记有关支出科目，贷记"资金结存——集中支付结余结存"科目。实际支付应付国库集中支付结余资金时，借记"资金结存——集中支付结余结存"科目，贷记"资金结存——库款资金结存"科目。收回尚未支付的应付国库集中支付结余时，借记"资金结存——集中支付结余结存"科目，贷记有关支出科目。

（5）"上下级调拨结存"科目核算上下级政府财政之间资金调拨和资金结算等事项。本科目期末余额反映政府财政上下级往来款项的净额。

年终转账时，将"补助预算收入——上级调拨"科目贷方余额转入资金结存，借记"补助预算收入——上级调拨"科目，贷记"资金结存——上下级调拨结存"科目。年终转账时，将"补助预算支出——调拨下级"科目借方余额转入资金结存，借记"资金结存——上下级调拨结存"科目，贷记"补助预算支出——调拨下级"科目。

（6）"待发国债结存"科目核算为弥补中央财政预算收支差额，中央财政预计发行国债与实际发行国债之间的差额。本科目期末应为借方余额，反映中央财政尚未使用的国债发行额度。年度终了，实际发行国债收入用于债务还本支出后，小于为弥补中央财政预算收支差额中央财政预计发行国债时，按照其差额，借记"资金结存——待发国债结存"科目，贷记"债务预算收入"科目；实际发行国债收入用于债务还本支出后，大于为弥补中央财政预算收支差额中央财政预计发行国债时，按照其差额，借记"债务预算收入"科目，贷记"资金结存——待发国债结存"科目。

（7）"零余额账户结存"科目核算政府财政国库支付执行机构在代理银行开设的财政零余额账户发生的支付和清算业务。财政国库支付执行机构未单设的地区不使用本科目。财政国库支付执行机构通过财政零余额账户支付款项时，借记有关预算支出科目，贷记"资金结存——零余额账户结存"科目。根据每日清算的金额，借记"资金结存——零余额账户结存"科目，贷记"资金结存——已结报支出"科目。

（8）"已结报支出"科目核算政府财政国库支付执行机构已清算的国库集中支付支出数额。财政国库支付执行机构未单设的地区不使用本科目。财政国库支付执行机构根据每日清算的金额，借记"资金结存——零余额账户结存"科目，贷记"资金结存——已结报支出"科目。财政国库支付执行机构按照国库集中支付制度有关规定办理资金支付时，借记相关预算支出科目，贷记"资金结存——已结报支出"科目。年终财政国库支付执行机构按照累计结清的预算支出金额，与有关方面核对一致后转账，借记"资金结存——已结报支出"科目，贷记有关预算支出科目。

（9）"待处理结存"科目核算结转下年度的待处理收入和待处理支出等。本科目期末余额反映尚未清理的以前年度待处理收支的金额。

年终转账时，将"待处理收入"科目贷方余额转入资金结存，借记"待处理收入"科目，贷记

"资金结存——待处理结存"科目。

年终转账时，将"待处理支出"科目借方余额转入资金结存，借记"资金结存——待处理结存"科目，贷记"待处理支出"科目。

将以前年度结转的待处理收入转列预算收入或退回时，借记"资金结存——待处理结存"科目，贷记有关预算收入科目、"资金结存——库款资金结存"科目。

将以前年度结转的待处理支出转列预算支出或收回时，借记有关预算支出科目、"资金结存——库款资金结存"等科目，贷记"资金结存——待处理结存"科目。

复习思考题

第九章 | 财政总会计报表

【学习目标】
1. 了解财政总会计报表的概念；
2. 熟悉财政总会计报表的种类；
3. 掌握财政财务会计报表的编制；
4. 掌握财政预算会计报表的编制；
5. 掌握财政总会计报表的审核和汇总。

第一节 | 财政总会计报表的概念和种类

财政总会计报表是各级财政总会计核算工作的重点。

一、财政总会计报表的概念

财政总会计报表是反映各级政府财政资金状况、预算收支执行情况及其结果的定期书面报告，是各级政府和上级财政部门了解财政收支情况、制定财政政策、指导预算执行工作的重要依据，也是编制下年度预算的基础。

各级财政总会计在日常会计核算中，通过填制和审核会计凭证、登记会计账簿等工作，可以全面地反映和监督财政资金的执行情况。但是，日常的会计核算所提供的会计资料比较零散，每个会计期末，为了详细了解一定时期财政资金状况和财政预算执行情况，就需要正确、完整、及时地把一定时期的日常核算资料，按规定的指标体系加以整理和汇总，反映在统一规定的表格上，并附以文字说明，这样就形成了财政总会计报表。

财政总会计报表集中、系统地反映了一定时期预算收支的执行情况，为各级政府了解财政状况、做出有关经济决策提供政府财政会计信息。

地方各级政府财政机关必须定期汇编财政总会计报表，地方各级财政部门要定期向同级人民政府和上级财政部门报告本行政区域预算执行情况。财政部要定期向国务院、全国人民代表大会及其常务委员会报告中央财政资金状况、预算收支执行情况。

二、财政总会计报表的种类

财政总会计报表可以分为财务会计报表和预算会计报表。

财务会计报表包括资产负债表、收入费用表、现金流量表、本年预算结余与本期盈余调节表等会计报表和附注。资产负债表是反映政府财政在某一特定日期财务状况的报表。收入费用表是反映政府财政在一定会计期间运行情况的报表。现金流量表是反映政府财政在一定会计期间现金流入和流出情况的报表。本年预算结余与本期盈余调节表是反映政府财政在某一会计年度内预算结余与本期盈余差异调整情况的报表。附注是指对在会计报表中列示项目的文字描述或明细资料，以及对未能在会计报表中列示项目的说明。

预算会计报表包括预算收入支出表、一般公共预算执行情况表、政府性基金预算执行情况表、国有资本经营预算执行情况表、财政专户管理资金收支情况表、专用基金收支情况表等会计报表和附注。预算收入支出表是反映政府财政在某一会计期间各类财政资金收支余情况的报表。预算收入支出表根据资金性质按照收入、支出、结转结余的构成分类、分项列示。一般公共预算执行情况表是反映政府财政在某一会计期间一般公共预算收支执行结果的报表，按照《政府收支分类科目》中一般公共预算收支科目列示。政府性基金预算执行情况表是反映政府财政在某一会计期间政府性基金预算收支执行结果的报表，按照《政府收支分类科目》中政府性基金预算收支科目列示。国有资本经营预算执行情况表是反映政府财政在某一会计期间国有资本经营预算收支执行结果的报表，按照《政府收支分类科目》中国有资本经营预算收支科目列示。财政专户管理资金收支情况表是反映政府财政在某一会计期间纳入财政专户管理的资金收支情况的报表，按照相关政府收支分类科目列示。专用基金收支情况表是反映政府财政在某一会计期间专用基金收支情况的报表，按照专用基金类型分别列示。附注是指对在会计报表中列示项目的文字描述或明细资料，以及对未能在会计报表中列示项目的说明。

第二节 财政总会计报表的编制

财政总会计报表的编制要满足规定的编制要求和编制流程。

一、财政总会计报表的编制要求

财政总会计报表编制的总体要求是数字正确、报送及时、内容完整，具体如下。

（一）数字正确

财政总会计报表的数字，必须根据核对无误的账户记录汇总，切实做到账表相符，有根有据；不能估列代编，更不能弄虚作假。

（二）报送及时

各级财政总会计要加强日常会计核算工作。督促有关单位及时记账、结账。所有会计单位都应在规定的期限内报出报表，以便主管部门和财政部门及时汇总。

（三）内容完整

财政总会计报表要严格按照统一规定的种类、格式、内容、计算方法和编制口径填制，以保证全国统一汇总和分析。汇总报表的单位，要把所属单位的报表汇集齐全，防止漏报。

二、财政总会计报表的编制流程

（一）年终清理

各级财政总会计，在会计年度结束前，应当全面进行年终清理。年终清理的主要内容如下。

1. 核对年度预算

年终前，财政总会计应配合预算管理部门将本级政府财政全年预算指标与上、下级政府财政转移性收支预算和本级各部门预算进行核对，及时办理预算调整和转移支付事项。本年预算调整和下达对下级政府财政转移支付预算指标一般截至 11 月 30 日；各项预算拨款，一般截至 12 月 25 日。

2. 清理本年收入

财政总会计应认真清理本年收入，与非税收入征收部门核对年末应收非税收入情况，并组织收入征收部门和国家金库进行年度对账，督促收入征收部门和国家金库年终前及时将本年税收收入和非税收入缴入国库或指定财政专户，确保准确核算本年收入。

3. 清理本年支出和费用

财政总会计应在本年支领列报的款项，非特殊原因，应在年终前办理完毕。总会计对本级各单位的支出和费用应与单位的相应收入核对无误。属于应收回的拨款，应及时收回，并按收回数相应冲减支出和费用。

4. 核实股权、债权和债务

财政部门内部有关资产、债务管理部门应在有关业务发生时及时向财政总会计提供与股权、债权、债务等核算和反映有关的资料，确保财务会计资产负债信息确认的及时性。各级财政债务管理部门需定期提供上下级财政核对确认的本地区债权债务利息有关资料。财政部门内部涉及股权投资的相关管理部门应提供股权投资对应的股权证明材料及变动情况资料。年末，财政总会计对股权投资、借出款项、应收股利、应收地方政府债券转贷款、应收主权外债转贷款、借入款项、应付短期政府债券、应付长期政府债券、应付地方政府债券转贷款、应付主权外债转贷款、应付利息、其他负债等余额应与相关管理部门进行核对，记录不一致的要及时查明原因，按规定调整账务，相关管理部门要及时提供有关资料，确保账实相符，账账相符。

5. 清理往来款项

政府财政要认真清理其他应收款、其他应付款等各种往来款项，在年度终了前予以收回或归还。对于应转作收入或支出、费用的各项款项，预算会计与财务会计要及时处理。

（二）年终结算

财政总会计对年终报告清理期内发生的会计事项，应当划清会计年度，及时进行结账。属于清理上年度的会计事项，记入上年度会计账；属于新年度的会计事项，记入新年度会计账，防止错记漏记。通常记入上年度的会计事项主要有以下几个。

1. 依据年终财政结算进行核算

财政预算管理部门要在年终清理的基础上，于次年元月底前结清上下级政府财政的转移性收支和往来款项。财政总会计要按照财政管理体制的规定和专项需要，根据预算结算单，与年度预算执行过程中已补助和已上解数额进行比较，结合往来款和借垫款情况，计算出全年最后应补或应退数额，填制"年终财政决算结算单"，经核对无误后，作为年终财政结算凭证。预算会计和财务会计据以入账。

2. 依据企业决算数据进行核算

财政部门内部涉及股权投资的相关管理部门应及时取得纳入财政总会计核算范围的被投资主体经审计后的决算报表，并据此向财政总会计提供股权投资核算所需资料。财务会计对股权投资变动情况进行核算。

3. 依据人民代表大会审议意见进行核算

对本级人民代表大会常务委员会（或人民代表大会）在审查意见中提出的需更正原报告有关事项，财政总会计应根据审查意见相应调整有关账目。

（三）年终结账

财政总会计应对预算会计和财务会计分别办理年终结账。年终结账工作一般分为年终转账、结清旧账和记入新账三个步骤。

1. 年终转账

年终转账即计算出预算会计和财务会计各科目 12 月份合计数和全年累计数，结出年末余额。预算会计将预算收入和预算支出分别转入"一般公共预算结转结余""政府性基金预算结转结余""国有资本经营预算结转结余""财政专户管理资金结余""专用基金结余"等科目冲销。财务会计将收入和费用分别转入相应的本期盈余科目冲销；再将本期盈余科目余额转入相应的累计盈余科目冲销。

2. 结清旧账

结清旧账即将各收入、支出和费用科目的借方、贷方结出全年总计数。对年终有余额的科目，在"摘要"栏内注明"结转下年"字样，表示转入新账。

3. 记入新账

记入新账即根据年终转账后的总账和明细账余额，编制年终"资产负债表"和有关明细表（不需填制记账凭证）。预算会计和财务会计将表列各科目余额分别记入新年度有关总账和明细账年初余额栏内，并在"摘要"栏注明"上年结转"字样，以区别新年度发生数。

三、财务会计报表的编制

（一）资产负债表的编制

编制该表时，应该先根据年末转账的会计分录登记相关的总账和明细账，并结出各账户的年末余额，然后根据各账户的余额编制结账后资产负债表。资产负债表提供某一特定日期各级政府所控制的资产、承担的负债以及拥有的净资产情况。资产负债表以"资产=负债+净资产"平衡公式为依据，左方反映资产总额，右方反映负债及净资产总额。资产负债表只要求编制和汇总月报和年报。

期末时，应将各收入类和费用类账户的当期余额分别转入相应的本期盈余账户，因此，资产负债表应反映各类资产、负债和净资产项目的余额，该余额表示期末各类项目的余额数。

财政总会计应先编出本级财政的资产负债表，然后与经审核无误的所属下级财政总会计汇总的资产负债表汇总，编成本地区财政汇总的资产负债表。在汇编中，应将本级财政的"与下级往来"和下级财政的"与上级往来"核对无误后互相冲销，以免重复汇总。年终结账后的资产负债表的格式如表9-1所示。

表 9-1 资产负债表 总会财01表

编制单位： 年 月 日 单位：元

资产	年初余额	期末余额	负债和净资产	年初余额	期末余额
流动资产：			流动负债：		
国库存款			应付短期政府债券		
其他财政存款			应付国库集中支付结余		
国库现金管理资产			与上级往来		
有价证券			其他应付款		
应收非税收入			应付代管资金		
应收股利			应付利息		
借出款项			一年内到期的非流动负债		
与下级往来			流动负债合计		
预拨经费			非流动负债：		
在途款			应付长期政府债券		
其他应收款			借入款项		
应收利息			应付地方政府债券转贷款		
一年内到期的非流动资产			应付主权外债转贷款		
流动资产合计			其他负债		
非流动资产：			非流动负债合计		
应收地方政府债券转贷款			负债合计		
应收主权外债转贷款			净资产：		
股权投资			累计盈余		
非流动资产合计			预算稳定调节基金		
			预算周转金		
			权益法调整		
			净资产合计		
资产总计			负债和净资产总计		

资产负债表应当至少按年度编制。

资产负债表的编制要求如下。

1. 本表"年初余额"栏的填列方法

本表"年初余额"栏内各项数字，应当根据上年年末资产负债表"期末余额"栏内数字填列。如果本年度资产负债表规定的各个项目的名称和内容同上年度不一致，应对上年年末资产负债表各项目的名称和数字按照本年度的规定进行调整，填入本表"年初余额"栏内。

2. 本表"期末余额"栏各项目的内容和填列方法

（1）资产类项目

"国库存款"项目，反映政府财政期末存放在国库单一账户的款项金额。本项目应当根据"国库存款"科目的期末余额填列。

"其他财政存款"项目，反映政府财政期末持有的其他财政存款金额。本项目应当根据"其他财政存款"科目的期末余额填列。

"国库现金管理资产"项目，反映政府财政期末实行国库现金管理业务等持有的资产金额。本项目应当根据"国库现金管理资产"科目的期末余额填列。

"有价证券"项目，反映政府财政期末持有的有价证券金额。本项目应当根据"有价证券"科目的期末余额填列。

"应收非税收入"项目，反映政府财政期末向缴款人收取但尚未缴入国库的非税收入。本项目应当根据"应收非税收入"科目的期末余额填列。

"应收股利"项目，反映政府财政期末尚未收回的现金股利或利润金额。本项目应当根据"应收股利"科目的期末余额填列。

"借出款项"项目，反映政府财政期末借给预算单位尚未收回的款项金额。本项目应当根据"借出款项"科目的期末余额填列。

"与下级往来"项目，正数反映下级政府财政欠本级政府财政的款项金额；负数反映本级政府财政欠下级政府财政的款项金额。本项目应当根据"与下级往来"科目的期末余额填列，期末余额如为借方，则以正数填列，如为贷方，则以负数填列。

"预拨经费"项目，反映政府财政期末尚未转列支出或尚待收回的预拨经费金额。本项目应当根据"预拨经费"科目的期末余额填列。

"在途款"项目，反映政府财政期末持有的在途款金额。本项目应当根据"在途款"科目的期末余额填列。

"其他应收款"项目，反映政府财政期末尚未收回的其他应收款的金额。本项目应当根据"其他应收款"科目的期末余额填列。

"应收利息"项目，反映政府财政期末应收未收的转贷款利息金额。本项目应当根据"应收地方政府债券转贷款""应收主权外债转贷款"科目下的"应收利息"明细科目期末余额填列。

"一年内到期的非流动资产"项目，反映政府财政期末非流动资产项目中距离偿还本金日期一年以内（含一年）的转贷款本金。本项目应当根据"应收地方政府债券转贷款""应收主权外债转贷款"科目下的"应收本金"明细科目期末余额及债务管理部门提供的资料分析填列。

"流动资产合计"项目，反映政府财政期末流动资产的合计数。本项目应当根据本表中"国库存款""其他财政存款""国库现金管理资产""有价证券""应收非税收入""应收股利""借出款项""与下级往来""预拨经费""在途款""其他应收款""应收利息""一年内到期的非流动资产"项目金额的合计数填列。

"应收地方政府债券转贷款"项目，反映政府财政期末尚未收回的距离偿还本金日期超过 1 年的地方政府债券转贷款的本金金额。本项目应当根据"应收地方政府债券转贷款"科目下的"应收本金"明细科目期末余额及债务管理部门提供的资料分析填列。

"应收主权外债转贷款"项目，反映政府财政期末尚未收回的距离偿还本金日期超过 1 年的主权外债转贷款的本金金额。本项目应当根据"应收主权外债转贷款"科目下的"应收本金"明细科目期末余额及债务管理部门提供的资料分析填列。

"股权投资"项目，反映政府财政期末持有股权投资的金额。本项目应当根据"股权投资"科目的期末余额填列。

"非流动资产合计"项目，反映政府财政期末非流动资产的合计数。本项目应当根据本表中"应收地方政府债券转贷款""应收主权外债转贷款""股权投资"项目金额的合计数填列。

"资产总计"项目，反映政府财政期末资产的合计数。本项目应当根据本表中"流动资产合计""非流动资产合计"项目金额的合计数填列。

（2）负债类项目

"应付短期政府债券"项目，反映政府财政期末尚未偿还的发行期不超过一年（含一年）的国债和地方政府债券本金金额。本项目应当根据"应付短期政府债券"科目的期末余额填列。

"应付国库集中支付结余"项目，反映政府财政期末尚未支付的国库集中支付结余金额。本项目应当根据"应付国库集中支付结余"科目的期末余额填列。

"与上级往来"项目，正数反映本级政府财政期末欠上级政府财政的款项金额；负数反映上级政府财政欠本级政府财政的款项金额。本项目应当根据"与上级往来"科目的期末余额填列，期末余额如为贷方，则以正数填列，如为借方，则以负数填列。

"其他应付款"项目，反映政府财政期末尚未支付的其他应付款的金额。本项目应当根据"其他应付款"科目的期末余额填列。

"应付代管资金"项目，反映政府财政期末尚未支付的代管资金金额。本项目应当根据"应付代管资金"科目的期末余额填列。

"应付利息"项目，反映政府财政期末尚未支付的利息金额。省级以上（含省级）政府财政应当根据"应付利息"科目期末余额填列；市县政府财政应当根据"应付地方政府债券转贷款""应付主权外债转贷款"科目下的"应付利息"明细科目期末余额填列。

"一年内到期的非流动负债"项目，反映政府财政期末承担的距离偿还本金日期一年以内（含一年）的非流动负债。省级以上（含省级）政府财政应当根据"应付长期政府债券""借入款项"科目余额填列，市县政府财政应当根据"应付地方政府债券转贷款""应付主权外债转贷款"科目下的"应付本金"明细科目期末余额及债务管理部门提供的资料分析填列。

"流动负债合计"项目，反映政府财政期末流动负债合计数。本项目应当根据本表"应付短期政府债券""应付国库集中支付结余""与上级往来""其他应付款""应付代管资金""应付利息""一年内到期的非流动负债"项目金额的合计数填列。

"应付长期政府债券"项目，反映政府财政期末承担的距离偿还本金日期超过 1 年的国债和地方政府债券本金金额。本项目应当根据"应付长期政府债券"科目期末余额及债务管理部门提供的资料分析填列。

"借入款项"项目，反映政府财政期末承担的距离偿还本金日期超过 1 年的借入款项的本金金额。省级以上（含省级）政府财政应当根据"借入款项"科目的期末余额及债务管理部门提供的资料分析填列。

"应付地方政府债券转贷款"项目，反映政府财政期末承担的距离偿还本金日期超过 1 年的地方政府债券转贷款的本金金额。本项目应当根据"应付地方政府债券转贷款"科目下的"应付本金"明细科目期末余额及债务管理部门提供的资料分析填列。

"应付主权外债转贷款"项目，反映政府财政期末承担的距离偿还本金日期超过 1 年的主权外债转贷款的本金金额。本项目应当根据"应付主权外债转贷款"科目下的"应付本金"明细科目期末余额及债务管理部门提供的资料分析填列。

"其他负债"项目，反映中央政府财政期末承担的其他负债金额。本项目应当根据"其他负债"科目的期末余额填列。

"非流动负债合计"项目，反映政府财政期末非流动负债合计数。本项目应当根据本表中"应付长期政府债券""借入款项""应付地方政府债券转贷款""应付主权外债转贷款""其他负债"项目金额的合计数填列。

"负债合计"项目，反映政府财政期末负债的合计数。本项目应当根据本表中"流动负债合计""非流动负债合计"项目金额的合计数填列。

（3）净资产类项目

"累计盈余"项目，反映政府财政纳入一般公共预算、政府性基金预算、国有资本经营预算管理的预算资金，财政专户管理资金、专用基金历年实现的盈余滚存的金额。本项目应当根据"预算管理资金累计盈余""财政专户管理资金累计盈余""专用基金累计盈余"科目的期末余额填列。

"预算稳定调节基金"项目，反映政府财政期末预算稳定调节基金的余额。本项目应当根据"预算稳定调节基金"科目的期末余额填列。

"预算周转金"项目，反映政府财政期末预算周转金的余额。本项目应当根据"预算周转金"科目的期末余额填列。

"权益法调整"项目，反映政府财政按照持股比例计算应享有的被投资主体除净损益和利润分配以外的其他权益变动的份额。本项目根据"权益法调整"科目的期末余额填列。

"净资产合计"项目，反映政府财政期末净资产合计数。本项目应当根据本表中"累计盈余""预算稳定调节基金""预算周转金""权益法调整"项目金额的合计数填列。

"负债和净资产总计"项目，应当根据本表中"负债合计""净资产合计"项目金额的合计数填列。

（二）收入费用表

收入费用表应当按月度和年度编制，如表9-2所示。

表9-2 　　　　　　　　　　　　　收入费用表 　　　　　　　　　　　　总会财02表

编制单位： 　　　　　　　　　　　　年　月　日 　　　　　　　　　　　　单位：元

项目	预算管理资金		财政专户管理资金		专用基金	
	本月数	本年累计数	本月数	本年累计数	本月数	本年累计数
收入合计						
税收收入			–	–	–	–
非税收入			–	–	–	–
投资收益			–	–	–	–
补助收入			–	–	–	–
上解收入			–	–	–	–
地区间援助收入			–	–	–	–
其他收入			–	–	–	–
财政专户管理资金收入	–	–			–	–
专用基金收入	–	–	–	–		
费用合计						
政府机关商品和服务拨款费用			–	–	–	–
政府机关工资福利拨款费用			–	–	–	–
对事业单位补助拨款费用			–	–	–	–
对企业补助拨款费用			–	–	–	–
对个人和家庭补助拨款费用			–	–	–	–
对社会保障基金补助拨款费用			–	–	–	–
资本性拨款费用			–	–	–	–
其他拨款费用			–	–	–	–
财务费用			–	–	–	–
补助费用			–	–	–	–

续表

项目	预算管理资金		财政专户管理资金		专用基金	
	本月数	本年累计数	本月数	本年累计数	本月数	本年累计数
上解费用			–	–	–	–
地区间援助费用			–	–	–	–
其他费用			–	–	–	–
财政专户管理资金支出	–	–			–	–
专用基金支出	–	–	–	–		
本期盈余（本年收入与费用的差额）						

收入费用表的编制要求如下。

（1）本表"本月数"栏反映各项目的本月实际发生数。在编制年度收入费用表时，应将本栏改为"上年数"栏，反映上年度各项目的实际发生数；如果本年度收入费用表规定的各个项目的名称和内容同上年度不一致，应对上年度收入费用表各项目的名称和数字按照本年度的规定进行调整，填入本年度收入费用表的"上年数"栏。

（2）本表"本年累计数"栏反映各项目自年初起至报告期末止的累计实际发生数。编制年度收入费用表时，应当将本栏改为"本年数"。

（3）本表"本月数"栏各项目的内容和填列方法。

"收入合计"项目，反映政府财政本期取得的各项收入合计金额。其中，预算管理资金的"收入合计"应当根据属于预算管理资金的"税收收入""非税收入""投资收益""补助收入""上解收入""地区间援助收入""其他收入"项目金额的合计数填列；财政专户管理资金的"收入合计"应当根据"财政专户管理资金收入"项目的金额填列；专用基金的"收入合计"应当根据"专用基金收入"项目的金额填列。

"税收收入"项目，反映政府财政本期取得的税收收入金额。本项目根据"税收收入"科目本期发生额填列。

"非税收入"项目，反映政府财政本期取得的各项非税收入金额。本项目根据"非税收入"科目本期发生额填列。

"投资收益"项目，反映政府财政本期取得的各项投资收益金额。本项目根据"投资收益"科目本期发生额填列。

"补助收入"项目，反映政府财政本期取得的各类资金的补助收入金额。本项目根据"补助收入"科目本期发生额填列。

"上解收入"项目，反映政府财政本期取得的各类资金的上解收入金额。本项目根据"上解收入"科目本期发生额填列。

"地区间援助收入"项目，反映政府财政本期取得的地区间援助收入金额。本项目应当根据"地区间援助收入"科目的本期发生额填列。

"其他收入"项目，反映政府财政本期取得的除"税收收入""非税收入""投资收益""补助收入""上解收入""地区间援助收入""财政专户管理资金收入""专用基金收入"以外的收入金额。本项目应当根据"其他收入"科目本期发生额填列。

"财政专户管理资金收入"项目，反映政府财政本期取得的教育收费等资金收入金额。本项目根据"财政专户管理资金收入"科目本期发生额填列。

"专用基金收入"项目，反映政府财政本期取得的粮食风险基金等资金收入金额。本项目根据"专用基金收入"科目本期发生额填列。

"费用合计"项目，反映政府财政本期发生的各类费用合计金额。其中，预算管理资金的"费用合计"应当根据属于预算管理资金的"政府机关商品和服务拨款费用""政府机关工资福利拨款费用""对事业单位补助拨款费用""对企业补助拨款费用""对个人和家庭补助拨款费用""对社会保障基金补助拨款费用""资本性拨款费用""其他拨款费用""财务费用""补助费用""上解费用""地区间援助费用""其他费用"项目金额的合计数填列；财政专户管理资金的"费用合计"应当根据"财政专户管理资金支出"项目的金额填列；专用基金的"费用合计"应当根据"专用基金支出"项目的金额填列。

"政府机关商品和服务拨款费用"项目，反映政府财政本期发生的购买商品和服务的各类费用金额。本项目根据"政府机关商品和服务拨款费用"科目本期发生额填列。

"政府机关工资福利拨款费用"项目，反映政府财政本期发生的支付给职工和长期聘用人员的各类劳动报酬及为上述人员缴纳的各项社会保险费等费用。本项目根据"政府机关工资福利拨款费用"科目本期发生额填列。

"对事业单位补助拨款费用"项目，反映政府财政本期发生的对事业单位的经常性补助费用金额。本项目根据"对事业单位补助拨款费用"科目本期发生额填列。

"对企业补助拨款费用"项目，反映政府财政本期发生的对企业补助拨款费用金额。本项目根据"对企业补助拨款费用"科目本期发生额填列。

"对个人和家庭补助拨款费用"项目，反映政府财政本期发生的对个人和家庭补助拨款费用金额。本项目根据"对个人和家庭补助拨款费用"科目本期发生额填列。

"对社会保障基金补助拨款费用"项目，反映政府财政本期发生的对社会保险基金的补助拨款以及补充全国社会保障基金费用的拨款金额。本项目根据"对社会保障基金补助拨款费用"科目本期发生额填列。

"资本性拨款费用"项目，反映政府财政本期发生的对行政事业单位的房屋建筑物购建、基础设施建设、公务用车购置、设备购置、物资储备等方面资本性拨款费用金额。本项目根据"资本性拨款费用"科目本期发生额填列。

"其他拨款费用"项目，反映政府财政未列入以上拨款费用项目的财政拨款费用金额。本项目根据"其他拨款费用"科目本期发生额填列。

"财务费用"项目，反映政府财政本期发生的偿还政府债务利息及支付政府债务发行、兑付、登记相关费用及汇兑损益金额。本项目根据"财务费用"科目本期发生额填列。

"补助费用"项目，反映政府财政本期发生的各类资金的补助费用金额。本项目根据"补助费用"科目本期发生额填列。

"上解费用"项目，反映政府财政本期发生的上缴上级各类资金产生的费用金额。本项目根据"上解费用"科目本期发生额填列。

"地区间援助费用"项目，反映政府财政本期发生的地区间援助费用金额。本项目根据"地区间援助费用"科目的本期发生额填列。

"其他费用"项目，反映政府财政本期股权划出、其他负债变动形成的费用金额。本项目根据"其他费用"科目的本期发生额填列。

"财政专户管理资金支出"项目，反映政府财政本期使用纳入财政专户管理的教育收费等资金产生的费用金额。本项目根据"财政专户管理资金支出"科目本期发生额填列。

"专用基金支出"项目，反映政府财政本期使用专用基金产生的费用金额。本项目根据"专用基金支出"科目本期发生额填列。

"本期盈余"项目，反映政府财政本年收入与费用的差额。本项目根据本表"收入合计"减去"费用合计"的差额填列。

（三）现金流量表

现金流量表如表 9-3 所示。

表 9-3　　　　　　　　　　　　　　现金流量表　　　　　　　　　　　　总会财 03 表

编制单位：　　　　　　　　　　　　年　月　日　　　　　　　　　　　　单位：元

项目	本年金额	上年金额
一、日常活动产生的现金流量		
组织税收收入收到的现金		
组织非税收入收到的现金		
组织财政专户管理资金收入收到的现金		
组织专用基金收入收到的现金		
上下级政府财政资金往来收到的现金		
收回暂付性款项相关的现金		
其他日常活动所收到的现金		
现金流入小计		
政府机关商品和服务拨款所支付的现金		
政府机关工资福利拨款所支付的现金		
对事业单位补助拨款所支付的现金		
对企业补助拨款所支付的现金		
对个人和家庭补助拨款所支付的现金		
对社会保障基金补助拨款所支付的现金		
财政专户管理资金支出所支付的现金		
专用基金支出所支付的现金		
上下级政府财政资金往来所支付的现金		
资本性拨款所支付的现金		
暂付性款项所支付的现金		
其他日常活动所支付的现金		
现金流出小计		
日常活动产生的现金流量净额		
二、投资活动产生的现金流量		
收回股权投资所收到的现金		
取得股权投资收益收到的现金		
收到其他与投资活动有关的现金		
现金流入小计		
取得股权投资所支出的现金		
支付其他与投资活动有关的现金		
现金流出小计		
投资活动产生的现金流量净额		
三、筹资活动产生的现金流量		
发行政府债券收到的现金		
借入款项收到的现金		
取得政府债券转贷款收到的现金		
取得主权外债转贷款收到的现金		
收回转贷款本金收到的现金		
收到下级上缴转贷款利息相关的现金		
其他筹资活动收到的现金		
现金流入小计		
转贷地方政府债券所支付的现金		
转贷主权外债所支付的现金		
支付债务本金相关的现金		
支付债务利息相关的现金		
其他筹资活动支付的现金		
现金流出小计		
筹资活动产生的现金流量净额		
四、汇率变动对现金的影响额		
五、现金净增加额		

现金流量表应当至少按年度编制。

现金流量表的编制说明如下。

（1）本表中的现金，是指政府财政的国库存款、其他财政存款及国库现金管理资产中的商业银行定期存款。本表中的现金流量，是指现金的流入和流出。

（2）本表应当按照日常活动、投资活动、筹资活动的现金流量分别反映。

（3）本表"本年金额"栏反映各项目的本年实际发生数。本表"上年金额"栏反映各项目的上年实际发生数，应当根据上年现金流量表中"本年金额"栏内所列数字填列。

（4）本表"本年金额"栏各项目的填列方法。

① 日常活动产生的现金流量

现金流入项目

"组织税收收入收到的现金"项目，反映政府财政本年取得税收收入收到的现金。本项目应当根据会计账簿中"税收收入""在途款"科目发生额分析填列。

"组织非税收入收到的现金"项目，反映政府财政本年取得非税收入收到的现金。本项目应当根据会计账簿中"非税收入""应收非税收入""在途款"科目发生额分析填列。

"组织财政专户管理资金收入收到的现金"项目，反映政府财政本年取得财政专户管理资金收入收到的现金。本项目根据会计账簿中"财政专户管理资金收入"科目发生额分析填列。

"组织专用基金收入收到的现金"项目，反映政府财政本年取得专用基金收入收到的现金。本项目根据会计账簿中"专用基金收入"科目发生额分析填列。

"上下级政府财政资金往来收到的现金"项目，反映政府财政本年收到上下级政府财政转移支付、清算欠款、临时调度款等相关的现金。本项目根据会计账簿中"补助收入""上解收入""与下级往来""与上级往来"科目贷方发生额分析填列。

"收回暂付性款项相关的现金"项目，反映政府财政本年收回暂付性款项相关的现金。本项目根据会计账簿中"预拨经费""借出款项""其他应收款"科目贷方发生额分析填列。

"其他日常活动所收到的现金"项目，反映政府财政收到的除以上项目外与日常活动相关的现金。本项目根据会计账簿中"地区间援助收入""其他收入""其他应付款""应付代管资金""在途款""以前年度盈余调整"等科目贷方发生额分析填列。

现金流出项目

"政府机关商品和服务拨款所支付的现金"项目，反映政府财政本年在日常活动中用于购买商品、接受劳务支付的现金。本项目根据会计账簿中"政府机关商品和服务拨款费用"科目和"应付国库集中支付结余"科目借方发生额分析填列。

"政府机关工资福利拨款所支付的现金"项目，反映政府财政本年承担职工劳务报酬及社会保险费等支付的现金。本项目根据会计账簿中"政府机关工资福利拨款费用"科目和"应付国库集中支付结余"科目借方发生额分析填列。

"对事业单位补助拨款所支付的现金"项目，反映政府财政本年对事业单位经常性补助所支付的现金。本项目根据会计账簿中"对事业单位补助拨款费用"科目和"应付国库集中支付结余"科目借方发生额分析填列。

"对企业补助拨款所支付的现金"项目，反映政府财政本年对企业资本性投资外的其他补助所支付的现金。本项目根据会计账簿中"对企业补助拨款费用"科目和"应付国库集中支付结余"科目借方发生额分析填列。

"对个人和家庭补助拨款所支付的现金"项目，反映政府财政本年对个人和家庭的补助所支付的现金。本项目根据会计账簿中"对个人和家庭补助拨款费用"科目和"应付国库集中支付结余"科目借方发生额分析填列。

"对社会保障基金补助拨款所支付的现金"项目，反映政府财政本年对社会保险基金的补助，以及补充全国社会保障基金所支付的现金。本项目根据会计账簿中"对社会保障基金补助拨款费用"科目和"应付国库集中支付结余"科目借方发生额分析填列。

"财政专户管理资金支出所支付的现金"项目，反映政府财政本年从财政专户管理资金中安排各项支出所支付的现金。本项目根据会计账簿中"财政专户管理资金支出"科目借方发生额分析填列。

"专用基金支出所支付的现金"项目，反映政府财政用专用基金收入安排的支出所支付的现金。本项目根据会计账簿中"专用基金支出"科目借方发生额分析填列。

"上下级政府财政资金往来所支付的现金"项目，反映政府财政本年支付上下级政府财政转移支付、清算欠款、临时调度款等相关的现金。本项目根据会计账簿中"补助费用""上解费用""与下级往来""与上级往来"科目借方发生额分析填列。

"资本性拨款所支付的现金"项目，反映政府财政本年支付行政事业单位和企业用于房屋建筑物构建、基础设施建设、公务用车购置、设备购置、物资储备等相关的现金。本项目根据会计账簿中"资本性拨款费用"科目和"应付国库集中支付结余"科目借方发生额分析填列。

"暂付性款项所支付的现金"项目，反映政府财政本年安排暂付性款项所支付的现金。本项目根据会计账簿中"预拨经费""借出款项""其他应收款"科目借方发生额分析填列。

"其他日常活动所支付的现金"项目，反映政府财政本年支付除以上项目外与日常活动相关的现金。本项目根据会计账簿中"其他拨款费用""地区间援助费用""其他应付款""应付代管资金""应付国库集中支付结余""在途款""以前年度盈余调整"等科目借方发生额分析填列。

② 投资活动产生的现金流量

现金流入项目

"收回股权投资所收到的现金"项目，反映政府财政本年出售、转让、处置股权等收回投资而收到的现金。本项目根据会计账簿中"股权投资"科目下"投资成本""损益调整"明细科目贷方发生额分析填列。

"取得股权投资收益收到的现金"项目，反映政府财政本年因被投资单位分配股利、利润或处置股权、企业破产清算等产生收益而收到的现金。本项目根据会计账簿中"应收股利""投资收益"科目贷方发生额分析填列。

"收到其他与投资活动有关的现金"项目，反映政府财政本年收到除以上项目外与投资活动相关的现金。本项目根据会计账簿中"有价证券""应收股利"等科目贷方发生额分析填列。

现金流出项目

"取得股权投资所支出的现金"项目，反映政府财政本年为取得股权投资而支付的现金。本项目根据会计账簿中"股权投资"科目借方发生额分析填列。

"支付其他与投资活动有关的现金"项目，反映政府财政本年支付除以上项目外与投资活动相关的现金。本项目根据会计账簿中"有价证券"等科目借方发生额分析填列。

"投资活动产生的现金流量净额"项目，根据现金流入项目合计数与现金流出项目合计数的差额填列，差额小于零则以负数填列。

③ 筹资活动产生的现金流量

现金流入项目

"发行政府债券收到的现金"项目，反映政府财政本年发行国债和地方政府债券收到的现金。本项目根据会计账簿中"应付短期政府债券""应付长期政府债券"科目贷方发生额分析填列。

"借入款项收到的现金"项目，反映政府财政本年借入款项收到的现金。本项目根据会计账簿中"借入款项"科目贷方发生额分析填列。

"取得政府债券转贷款收到的现金"项目，反映政府财政本年取得政府债券转贷款收到的现金。本项目根据会计账簿中"应付地方政府债券转贷款"科目下"应付本金"明细科目贷方发生额分析填列。

"取得主权外债转贷款收到的现金"项目，反映政府财政本年取得主权外债转贷款收到的现金。本项目根据会计账簿中"应付主权外债转贷款"科目下"应付本金"明细科目贷方发生额分析填列。

"收回转贷款本金收到的现金"项目，反映政府财政本年收到下级政府财政归还政府债券转贷款及主权外债转贷款本金相关的现金。本项目根据会计账簿中"应收地方政府债券转贷款""应收主权外债转贷款"科目下"应收本金"明细科目贷方发生额分析填列。

"收到下级上缴转贷款利息相关的现金"项目，反映政府财政本年收到下级政府财政上缴政府债券转贷款及主权外债转贷款利息相关的现金。本项目根据会计账簿中"应收地方政府债券转贷款""应收主权外债转贷款"科目下"应收利息"明细科目贷方发生额分析填列。

"其他筹资活动收到的现金"项目，反映政府财政本年收到的其他与筹资活动相关的现金。本项目根据会计账簿中"其他应付款""其他应收款"等科目贷方发生额分析填列。

现金流出项目

"转贷地方政府债券所支付的现金"项目，反映政府财政本年对下级政府财政转贷地方政府债券所支付的现金。本项目根据会计账簿中"应收地方政府债券转贷款"科目下"应收本金"明细科目借方发生额分析填列。

"转贷主权外债所支付的现金"项目，反映政府财政本年对下级政府财政转贷主权外债所支付的现金。本项目根据会计账簿中"应收主权外债转贷款"科目下"应收本金"明细科目借方发生额分析填列。

"支付债务本金相关的现金"项目，反映政府财政本年偿还政府债务本金所支付的现金。省级以上（含省级）政府财政根据会计账簿中"应付短期政府债券""应付长期政府债券""借入款项"科目借方发生额分析填列；市县政府财政根据会计账簿中"应付地方政府债券转贷款""应付主权外债转贷款"科目下"应付本金"明细科目借方发生额分析填列。

"支付债务利息相关的现金"项目，反映政府财政本年支付政府债务利息相关的现金。省级以上（含省级）政府财政根据会计账簿中"应付利息"科目借方发生额分析填列；市县政府财政根据会计账簿中"应付地方政府债券转贷款""应付主权外债转贷款"科目下"应付利息"明细科目、"财务费用"科目借方发生额分析填列。

"其他筹资活动支付的现金"项目，反映政府财政本年支付的政府债券发行、兑付、登记费用等其他与筹资活动相关的现金。本项目根据会计账簿中"财务费用""其他应付款""其他应收款"等科目借方发生额分析填列。

"筹资活动产生的现金流量净额"项目，根据现金流入项目合计数与现金流出项目合计数的差额填列，差额小于零则以负数填列。

④ 汇率变动对现金的影响额

本项目反映政府财政外币现金流量折算为人民币时，所采用的即期汇率折算的人民币金额与期末汇率折算的人民币金额之间的差额。本项目根据"财务费用"科目下的"汇兑损益"明细科目发生额分析填列。

⑤ 现金净增加额

本项目反映政府财政本年现金变动的净额，根据本表中"日常活动产生的现金流量净额""投资活动产生的现金流量净额""筹资活动产生的现金流量净额""汇率变动对现金的影响额"项目金额的合计数填列，金额小于零则以负数填列。

（四）本年预算结余与本期盈余调节表

本年预算结余与本期盈余调节表如表 9-4 所示。

表 9-4　　　　　　　　　　　　　　本年预算结余与本期盈余调节表　　　　　　　　　　　　总会财 04 表

编制单位：　　　　　　　　　　　　　　年　　月　　日　　　　　　　　　　　　　　　　单位：元

项目	金额
本年预算结余（本年预算收入与支出差额）：	
日常活动产生的差异：	
加：1．当期确认为收入但没有确认为预算收入	
当期应收未缴库非税收入	
减：2．当期确认为预算收入但没有确认为收入	
当期收到上期应收未缴库非税收入	
3．当期确认为预算支出收回但没有确认为费用收回	
（1）当期收到退回以前年度已列支资金	
（2）当期将以前年度国库集中支付结余收回预算	
投资活动产生的差异：	
加：1．当期确认为收入但没有确认为预算收入	
（1）当期投资收益或损失	
（2）当期无偿划入股权投资	
2．当期确认为预算支出但没有确认为费用	
（1）当期股权投资增支	
（2）当期股权投资减支	
减：3．当期确认为预算收入但没有确认为收入	
（1）当期收到利润收入和股利股息收入	
（2）当期收到清算、处置股权投资的收入	
4．当期确认为费用但没有确认为预算支出	
当期无偿划出股权投资费用	
筹资活动产生的差异：	
加：1．当期确认为预算支出但没有确认为费用	
（1）当期转贷款支出	
（2）当期债务还本支出	
（3）拨付上年计提债务利息	
减：2．当期确认为预算收入但没有确认为收入	
（1）当期债务收入	
（2）当期转贷款收入	
3．当期确认为费用但没有确认为预算支出	
当期计提未拨付债务利息	
其他差异事项	
当期汇兑损益净额	
本期盈余（本年收入与费用的差额）	

本年预算结余与本期盈余调节表应当至少按年度编制。

本年预算结余与本期盈余调节表的编制说明如下。

1．**本年预算结余**

本项目根据本年预算收入与预算支出的差额填列。

2．**日常活动产生的差异**

（1）"当期确认为收入但没有确认为预算收入"项目

"当期确认为收入但没有确认为预算收入"项目主要为"当期应收未缴库非税收入"项目。"当期确认为收入但没有确认为预算收入"项目反映政府财政本年已确认非税收入但缴款人尚未缴入国库的各项非税款项。根据会计账簿中"应收非税收入"及"非税收入"科目发生额分析填列。

（2）"当期确认为预算收入但没有确认为收入"项目

"当期确认为预算收入但没有确认为收入"项目主要为"当期收到上期应收未缴库非税收入"项目。"当期确认为预算收入但没有确认为收入"项目反映政府财政本年收到的上年应收非税收入。根据会计账簿中"应收非税收入"科目贷方发生额以及"国库存款"科目借方发生额分析填列，不含以前年度盈余调整事项和新增确认的非税收入。

（3）"当期确认为预算支出收回但没有确认为费用收回"项目

"当期收到退回以前年度已列支资金"项目。本项目反映政府财政收到退回的以前年度已列支资金而冲减预算支出的事项。根据会计账簿中"国库存款""其他财政存款"科目借方发生额以及"以前年度盈余调整"科目贷方发生额分析填列。

"当期将以前年度国库集中支付结余收回预算"项目。本项目反映政府财政将以前年度应付国库集中支付结余资金收回预算而冲减预算支出的事项。根据会计账簿中"应付国库集中支付结余"科目借方发生额以及"以前年度盈余调整"科目贷方发生额分析填列。

3. 投资活动产生的差异

（1）"当期确认为收入但没有确认为预算收入"项目

"当期投资收益或损失"项目。本项目反映政府财政本年确认的股权投资收益。根据会计账簿中"投资收益"科目发生额分析填列。其中，投资损失以负数填列；不含清算、处置股权投资增加的收益。

"当期无偿划入股权投资"项目。本项目反映政府财政本年接受无偿划入的股权投资。根据会计账簿中"股权投资"科目下"投资成本"明细科目借方发生额、"其他收入"科目贷方发生额分析填列。

（2）"当期确认为预算支出但没有确认为费用"项目

"当期股权投资增支"项目。本项目反映政府财政本年新增股权投资增加的支出。根据会计账簿中"股权投资"科目下"投资成本"明细科目借方发生额以及"国库存款"科目贷方发生额分析填列，不含无偿划入或权益法调整增加的股权投资以及补记以前年度股权投资。

"当期股权投资减支"项目。本项目反映政府财政本年退出、清算、处置股权投资减少的支出。根据会计账簿中"股权投资"科目下"投资成本"明细科目贷方发生额以及"国库存款"科目借方发生额分析，以负数填列，不含无偿划出或权益法调整减少的股权投资额。

（3）"当期确认为预算收入但没有确认为收入"项目

"当期收到利润收入和股利股息收入"项目。本项目反映政府财政本年收到被投资主体上缴以前年度利润和股利股息。根据会计账簿中"资金结存——库款资金结存"科目借方发生额以及"一般公共预算收入——利润收入、股利股息收入""国有资本经营预算收入——利润收入、股利股息收入"贷方发生额分析填列，不含清算、处置股权投资增加的收益。

"当期收到清算、处置股权投资的收入"项目。本项目反映政府财政本年清算、处置股权投资发生的收入，需根据"投资收益""国库存款"科目借方发生额、"股权投资"等科目贷方发生额分析填列。

（4）"当期确认为费用但没有确认为预算支出"项目

"当期确认为费用但没有确认为预算支出"项目主要为"当期无偿划出股权投资费用"项目。"当期确认为费用但没有确认为预算支出"项目反映政府财政本年无偿划出的股权投资。根据会计账簿中"股权投资"科目下"投资成本"明细科目贷方发生额、"其他费用"科目借方发生额分析填列。

4. 筹资活动产生的差异

（1）"当期确认为预算支出但没有确认为费用"项目

"当期转贷款支出"项目。反映政府财政本年转贷下级政府财政的政府债券、主权外债资金。根据会计账簿中"债务转贷预算支出"科目借方发生额分析填列。

"当期债务还本支出"项目。反映本级政府财政本年偿还的债务本金。根据会计账簿中"债务还本预算支出"科目借方发生额分析填列。

"拨付上年计提债务利息"项目。反映政府财政本年偿还上年已计提的债务利息。根据会计账簿中"应付利息"科目年初贷方余额填列；市县政府财政根据会计账簿中"应付地方政府债券转贷款"和"应付主权外债转贷款"科目下"应付利息"明细科目年初贷方余额填列。

（2）"当期确认为预算收入但没有确认为收入"项目

"当期债务收入"项目。反映省级以上（含省级）政府财政本年发行政府债券、借入主权外债的收入。根据会计账簿中"债务预算收入"科目贷方发生额分析填列。

"当期转贷款收入"项目。反映市县政府财政本年收到的地方政府债券、主权外债转贷款收入。根据会计账簿中"债务转贷预算收入"贷方发生额分析填列。

（3）"当期确认为费用但没有确认为预算支出"项目

"当期确认为费用但没有确认为预算支出"项目主要为"当期计提未拨付债务利息"项目。"当期确认为费用但没有确认为预算支出"项目反映政府财政本年已计提需在下一年度支付的利息。省级以上（含省级）政府财政根据会计账簿中"应付利息"科目年末贷方余额填列；市县政府财政根据会计账簿中"应付地方政府债券转贷款——应付利息"及"应付主权外债转贷款——应付利息"科目年末贷方余额填列。

5. 其他差异事项

本项目反映政府财政其他活动事项产生的差异。其中，减少预算结余和增加本期盈余事项以正数反映，增加预算结余和减少本期盈余事项以负数反映。中央财政计提其他负债产生的费用也在本项目中反映。

6. 当期汇兑损益净额

本项目根据"财务费用——汇兑损益"发生额分析填列，汇兑损失以负数反映，汇兑收益以正数反映。

7. 本期盈余（本年收入与费用的差额）

本项目根据本表"本年预算结余""投资活动产生的差异""日常活动产生的差异""筹资活动产生的差异""其他差异事项""当期汇兑损益净额"金额汇总填列。本项目与"收入费用表"中的本期盈余合计数一致。

（五）附注

附注应当至少披露下列内容：遵循《财政总会计制度》的声明；本级政府财政财务状况的说明；会计报表中列示的重要项目的进一步说明，包括其主要构成、增减变动情况等；政府财政承担担保责任负债情况的说明；有助于理解和分析会计报表的其他需要说明的事项。

四、预算会计报表的编制

（一）预算收入支出表的编制

预算收入支出表如表9-5所示。

表9-5　　　　　　　　　　　预算收入支出表　　　　　　　　　　　总会预01表

编制单位：　　　　　　　　　　　　年　月　日　　　　　　　　　　　　　单位：元

项目	一般公共预算		政府性基金预算		国有资本经营预算		财政专户管理资金		专用基金	
	本月数	本年累计数	本月数	本年累计数	本月数	本年累计数	本月数	本年累计数	本月数	本年累计数
年初结转结余										
收入合计										
本级收入										
其中：来自预算安排的收入	–	–	–	–	–	–				
补助预算收入							–			
上解预算收入							–			
地区间援助预算收入							–			
债务预算收入										

续表

项目	一般公共预算		政府性基金预算		国有资本经营预算		财政专户管理资金		专用基金	
	本月数	本年累计数	本月数	本年累计数	本月数	本年累计数	本月数	本年累计数	本月数	本年累计数
债务转贷预算收入					–	–	–	–	–	–
动用预算稳定调节基金					–	–	–	–	–	–
调入预算资金							–	–	–	–
支出合计										
本级支出										
其中：权责发生制列支										
预算安排专用基金的支出			–	–	–	–	–	–	–	–
补助预算支出										
上解预算支出										
地区间援助预算支出			–	–	–	–	–	–	–	–
债务还本预算支出					–	–	–	–	–	–
债务转贷预算支出					–	–	–	–	–	–
安排预算稳定调节基金					–	–	–	–	–	–
调出预算资金										
结余转出			–	–	–	–	–	–	–	–
其中：增设预算周转金			–	–	–	–	–	–	–	–
年末结转结余										

注：表中有"–"的部分不必填列。

预算收入支出表应当按月度和年度编制。

预算收入支出表的编制说明如下。

（1）本表"本月数"栏反映各项目的本月实际发生数。在编制年度预算收入支出表时，应将本栏改为"上年数"栏，反映上年度各项目的实际发生数；如果本年度预算收入支出表规定的各个项目的名称和内容同上年度不一致，应对上年度预算收入支出表各项目的名称和数字按照本年度的规定进行调整，填入本年度预算收入支出表的"上年数"栏。

本表"本年累计数"栏反映各项目当年初起至报告期末止的累计实际发生数。编制年度预算收入支出表时，应当将本栏改为"本年数"。

（2）本表"本月数"栏各项目的内容和填列方法。

"年初结转结余"项目，反映政府财政本年初各类资金结转结余金额。其中，一般公共预算的"年初结转结余"应当根据"一般公共预算结转结余"科目的年初余额填列；政府性基金预算的"年初结转结余"应当根据"政府性基金预算结转结余"科目的年初余额填列；国有资本经营预算的"年初结转结余"应当根据"国有资本经营预算结转结余"科目的年初余额填列；财政专户管理资金的"年初结转结余"应当根据"财政专户管理资金结余"科目的年初余额填列；专用基金的"年初结转结余"应当根据"专用基金结余"科目的年初余额填列。

"收入合计"项目，反映政府财政本期取得的各类资金的收入合计金额。其中，一般公共预算的"收入合计"应当根据属于一般公共预算的"本级收入""补助预算收入""上解预算收入""地区间援助预算收入""债务预算收入""债务转贷预算收入""动用预算稳定调节基金"和"调入预算资金"各行项目金额的合计填列；政府性基金预算的"收入合计"应当根据属于政府性基金预算的"本级收入""补助预算收入""上解预算收入""债务预算收入""债务转贷预算收入"和"调入预算资金"各行项目金额的合计填列；国有资本经营预算的"收入合计"应当根据属于国有资本经营预算的"本级收入""补助预算收入""上解预算收入"项目的金额填列；财政专户管理资金的"收入合计"应当根据属于财政专户管理资金的"本级收入"项目的金额填列；专用基金的"收入合计"应当根据属于专用基金的"本级收入"项目的金额填列。

"本级收入"项目，反映政府财政本期取得的各类资金的本级收入金额。其中，一般公共预算的"本级收入"应当根据"一般公共预算收入"科目的本期发生额填列；政府性基金预算的"本级收入"应当根据"政府性基金预算收入"科目的本期发生额填列；国有资本经营预算的"本级收入"应当根据"国有资本经营预算收入"科目的本期发生额填列；财政专户管理资金的"本级收入"应当根据"财政专户管理资金收入"科目的本期发生额填列；专用基金的"本级收入"应当根据"专用基金收入"科目的本期发生额填列。

"来自预算安排的收入"项目，反映政府财政本期通过预算安排取得专用基金收入的金额。本项目应当根据"专用基金收入"科目的本期发生额分析填列。

"补助预算收入"项目，反映政府财政本期取得的各类资金的补助收入金额。其中，一般公共预算的"补助预算收入"应当根据"补助预算收入"科目下的"一般公共预算补助预算收入"明细科目的本期发生额填列；政府性基金预算的"补助预算收入"应当根据"补助预算收入"科目下的"政府性基金预算补助收入"明细科目的本期发生额填列；国有资本经营预算的"补助预算收入"应当根据"补助预算收入"科目下的"国有资本经营预算补助收入"明细科目的本期发生额填列。

"上解预算收入"项目，反映政府财政本期取得的各类资金的上解预算收入金额。其中，一般公共预算的"上解预算收入"应当根据"上解预算收入"科目下的"一般公共预算上解收入"明细科目的本期发生额填列；政府性基金预算的"上解预算收入"应当根据"上解收入"科目下的"政府性基金预算上解收入"明细科目的本期发生额填列；国有资本经营预算的"上解预算收入"应当根据"上解预算收入"科目下的"国有资本经营预算上解收入"明细科目的本期发生额填列。

"地区间援助预算收入"项目，反映政府财政本期取得的地区间援助预算收入金额。本项目应当根据"地区间援助预算收入"科目的本期发生额填列。

"债务预算收入"项目，反映政府财政本期取得的债务预算收入金额。其中，一般公共预算的"债务预算收入"应当根据"债务预算收入"科目下除"专项债务收入"以外的其他明细科目的本期发生额填列；政府性基金预算的"债务预算收入"应当根据"债务预算收入"科目下的"专项债务收入"明细科目的本期发生额填列。

"债务转贷预算收入"项目，反映政府财政本期取得的债务转贷预算收入金额。其中，一般公共预算的"债务转贷预算收入"应当根据"债务转贷预算收入"科目下"一般债务转贷收入"明细科目的本期发生额填列；政府性基金预算的"债务转贷预算收入"应当根据"债务转贷预算收入"科目下的"专项债务转贷收入"明细科目的本期发生额填列。

"动用预算稳定调节基金"项目，反映政府财政本期动用的预算稳定调节基金金额。本项目应当根据"动用预算稳定调节基金"科目的本期发生额填列。

"调入预算资金"项目，反映政府财政本期取得的调入预算资金金额。其中，一般公共预算的"调入预算资金"应当根据"调入预算资金"科目下"一般公共预算调入资金"明细科目的本期发生额填列；政府性基金预算的"调入预算资金"应当根据"调入预算资金"科目下"政府性基金预算调入资金"明细科目的本期发生额填列。

"支出合计"项目，反映政府财政本期发生的各类资金的支出合计金额，其中，一般公共预算的"支出合计"应当根据属于一般公共预算的"本级支出""补助预算支出""上解预算支出""地区间援助预算支出""债务还本预算支出""债务转贷预算支出""安排预算稳定调节基金"和"调出预算资金"各项目金额的合计填列；政府性基金预算的"支出合计"应当根据属于政府性基金预算的"本级支出""债务转贷预算支出"和"调出预算资金"各项目金额的合计填列；国有资本经营预算的"支出合计"应当根据属于国有资本经营预算的"本级支出""补助预算支出""上解预算支出"和"调出预算资金"项目金额的合计填列；财政专户管理资金的"支出合计"应当根据属于财政专户管理资金的"本级支出"项目的金额填列；专用基金的"支出合计"应当根据属于专用基金的"本级支出"项目的金额填列。

"本级支出"项目，反映政府财政本期发生的各类资金的本级支出金额，其中，一般公共预算的"本级支出"应当根据"一般公共预算支出"科目的本期发生额填列；政府性基金预算的"本级支出"应当根据"政府性基金预算支出"科目的本期发生额填列；国有资本经营预算的"本级支出"应当根据"国有资本经营预算支出"科目的本期发生额填列；财政专户管理资金的"本级支出"应当根据"财政专户管理资金支出"科目的本期发生额填列；专用基金的"本级支出"应当根据"专用基金支出"科目的本期发生额填列。

"权责发生制列支"项目，反映省级以上（含省级）政府财政国库集中支付中，应列为当年费用，但年末尚未支付需结转下一年度支付的款项。其中，一般公共预算的"权责发生制列支"应当根据"一般公共预算支出"科目的本期发生额分析填列；政府性基金预算的"权责发生制列支"应当根据"政府性基金预算支出"科目的本期发生额分析填列；国有资本经营预算的"权责发生制列支"应当根据"国有资本经营预算支出"科目的本期发生额分析填列。

"预算安排专用基金的支出"项目，反映政府财政本期通过预算安排取得专用基金收入的金额。本项目应当根据"一般公共预算支出"科目的本期发生额分析填列。

"补助预算支出"项目，反映政府财政本期发生的各类资金的补助预算支出金额。其中，一般公共预算的"补助预算支出"应当根据"补助预算支出"科目下的"一般公共预算补助支出"明细科目的本期发生额填列；政府性基金预算的"补助预算支出"应当根据"补助预算支出"科目下的"政府性基金预算补助支出"明细科目的本期发生额填列；国有资本经营预算的"补助预算支出"应当根据"补助预算支出"科目下的"国有资本经营预算补助支出"明细科目的本期发生额填列。

"上解预算支出"项目，反映政府财政本期发生的各类资金的上解预算支出金额，其中，一般公共预算的"上解预算支出"应当根据"上解预算支出"科目下的"一般公共预算上解支出"明细科目的本期发生额填列；政府性基金预算的"上解预算支出"应当根据"上解预算支出"科目下的"政府性基金预算上解支出"明细科目的本期发生额填列；国有资本经营预算的"上解预算支出"应当根据"上解预算支出"科目下的"国有资本经营预算上解支出"明细科目的本期发生额填列。

"地区间援助预算支出"项目，反映政府财政本期发生的地区间援助预算支出金额，本项目应当根据"地区间援助预算支出"科目的本期发生额填列。

"债务还本预算支出"项目，反映政府财政本期发生的债务还本预算支出金额。其中，一般公共预算的"债务还本预算支出"应当根据"债务还本预算支出"科目下除"专项债务还本支出"以外的其他明细科目的本期发生额填列；政府性基金预算的"债务还本预算支出"应当根据"债务还本预算支出"科目下的"专项债务还本支出"明细科目的本期发生额填列。

"债务转贷预算支出"项目，反映政府财政本期发生的债务转贷预算支出金额。其中，一般公共预算的"债务转贷预算支出"应当根据"债务转贷预算支出"科目下"一般债务转贷支出"明细科目的本期发生额填列；政府性基金预算的"债务转贷预算支出"应当根据"债务转贷预算支出"科目下的"专项债务转贷支出"明细科目的本期发生额填列。

"安排预算稳定调节基金"项目，反映政府财政本期安排的预算稳定调节基金金额。本项目根据"安排预算稳定调节基金"科目的本期发生额填列。

"调出预算资金"项目，反映政府财政本期发生的各类资金的调出资金金额。其中，一般公共预算的"调出预算资金"应当根据"调出预算资金"科目下"一般公共预算调出资金"明细科目的本期发生额填列；政府性基金预算的"调出预算资金"应当根据"调出预算资金"科目下"政府性基金预算调出资金"明细科目的本期发生额填列；国有资本经营预算的"调出预算资金"应当根据"调出预算资金"科目下"国有资本经营预算调出资金"明细科目的本期发生额填列。

"增设预算周转金"项目，反映政府财政本期设置或补充预算周转金的金额。本项目应当根据"预算周转金"科目的本期贷方发生额填列。

"年末结转结余"项目,反映政府财政本年年末的各类资金的结转结余金额。其中,一般公共预算的"年末结转结余"应当根据"一般公共预算结转结余"科目的年末余额填列;政府性基金预算的"年末结转结余"应当根据"政府性基金预算结转结余"科目的年末余额填列;国有资本经营预算的"年末结转结余"应当根据"国有资本经营预算结转结余"科目的年末余额填列;财政专户管理资金的"年末结转结余"应当根据"财政专户管理资金结余"科目的年末余额填列;专用基金的"年末结转结余"应当根据"专用基金结余"科目的年末余额填列。

(二)一般公共预算执行情况表的编制

一般公共预算执行情况表的格式如表 9-6 所示。

表 9-6　　　　　　　　　　　　　一般公共预算执行情况表　　　　　　　　　　总会预 02-1 表

编制单位:　　　　　　　　　　　　　　年　月　旬　　　　　　　　　　　　　　单位:元

项目	本月(旬)数	本年(月)累计数
一般公共预算收入		
101　税收收入		
10101 增值税		
1010101 国内增值税		
……		
一般公共预算支出		
201　一般公共服务支出		
20101 人大事务		
2010101 行政运行		
……		

一般公共预算执行情况表应当按旬、月度和年度编制。

一般公共预算执行情况表的编制说明如下。

(1)"一般公共预算收入"项目及所属各明细项目,应当根据"一般公共预算收入"科目及所属各明细科目的本期发生额填列。

(2)"一般公共预算支出"项目及所属各明细项目,应当根据"一般公共预算支出"科目及所属各明细科目的本期发生额填列。

(三)政府性基金预算执行情况表的编制

政府性基金预算执行情况表的格式如表 9-7 所示。

表 9-7　　　　　　　　　　　　　政府性基金预算执行情况表　　　　　　　　　总会预 02-2 表

编制单位:　　　　　　　　　　　　　　年　月　旬　　　　　　　　　　　　　　单位:元

项目	本月(旬)数	本年(月)累计数
政府性基金预算本级收入		
10301 政府性基金收入		
1030102 农网还贷资金收入		
103010201 中央农网还贷资金收入		
……		
政府性基金预算本级支出		
206 科学技术支出		
20610 核电站乏燃料处理处置基金支出		
2061001 乏燃料运输		
……		

政府性基金预算执行情况表应当按旬、月度和年度编制。

政府性基金预算执行情况表的编制说明如下。

(1)"政府性基金预算本级收入"项目及所属各明细项目,应当根据"政府性基金预算收入"科目及所属各明细科目的本期发生额填列。

（2）"政府性基金预算本级支出"项目及所属各明细项目，应当根据"政府性基金预算支出"科目及所属各明细科目的本期发生额填列。

（四）国有资本经营预算执行情况表的编制

国有资本经营预算执行情况表如表 9-8 所示。

表 9-8　　　　　　　　　　　国有资本经营预算执行情况表　　　　　　　　　　　总会预 02-3 表

编制单位：　　　　　　　　　　　　　　　年　月　旬　　　　　　　　　　　　　　　单位：元

项目	本月（旬）数	本年（月）累计数
国有资本经营预算收入		
10306 国有资本经营收入		
1030601 利润收入		
103060103 烟草企业利润收入		
……		
国有资本经营预算支出		
208 社会保障和就业支出		
20804 补充全国社会保障基金		
2080451 国有资本经营预算补充社保基金支出		
……		

国有资本经营预算执行情况表应当按旬、月度和年度编制。

国有资本经营预算执行情况表编制要求如下。

（1）"国有资本经营预算收入"项目及所属各明细项目，应当根据"国有资本经营预算收入"科目及所属各明细科目的本期发生额填列。

（2）"国有资本经营预算支出"项目及所属各明细项目，应当根据"国有资本经营预算支出"科目及所属各明细科目的本期发生额填列。

（五）财政专户管理资金收支情况表的编制

财政专户管理资金收支情况表的格式如表 9-9 所示。

表 9-9　　　　　　　　　　　财政专户管理资金收支情况表　　　　　　　　　　　总会预 03 表

编制单位：　　　　　　　　　　　　　　　年　月　　　　　　　　　　　　　　　单位：元

项目	本月数	本年累计数
财政专户管理资金收入		
……		
……		
……		
……		
财政专户管理资金支出		
……		
……		
……		
……		

财政专户管理资金收支情况表应当按月度和年度编制。

财政专户管理资金收支情况表编制要求如下。

（1）"财政专户管理资金收入"项目及所属各明细项目，应当根据"财政专户管理资金收入"科目及所属各明细科目的本期发生额填列。

（2）"财政专户管理资金支出"项目及所属各明细项目，应当根据"财政专户管理资金支出"科目及所属各明细科目的本期发生额填列。

（六）专用基金收支情况表的编制

专用基金收支情况表的一般格式如表 9-10 所示。

表 9-10　　　　　　　　　　　　专用基金收支情况表　　　　　　　　　　总会预 04 表

编表单位：　　　　　　　　　　　　　　　年　　月　　　　　　　　　　　　金额单位：元

项目	本月数	本年累计数
专用基金收入		
粮食风险基金		
……		
专用基金支出		
粮食风险基金		
……		

专用基金收支情况表应当按月度和年度编制。

专用基金收支情况表编制要求如下。

"专用基金收入"项目及所属各明细项目，应当根据"专用基金收入"科目及所属各明细科目的本期发生额填列。

"专用基金支出"项目及所属各明细项目，应当根据"专用基金支出"科目及所属各明细科目的本期发生额填列。

（七）附注

附注应当至少披露下列内容：遵循《财政总会计制度》的声明；本级政府财政预算执行情况的说明；会计报表中列示的重要项目的进一步说明，包括其主要构成、增减变动情况等；有助于理解和分析会计报表的其他需要说明的事项。

第三节　财政总会计报表的审核和汇总

各部门对于已编制的会计报表应认真审核，然后才能上报。主管部门对所属单位上报的会计报表应在认真审核后再汇总。

一、财政总会计报表的审核

会计报表审核的内容包括两个方面：一是政策性审核，二是技术性审核。

（一）财政总会计报表的政策性审核

1. 预算收入的审核

（1）审核是否及时缴库。审核本年的全部预算收入，是否按照国家政策、预算管理体制和有关缴款办法的规定，是否及时、足额地缴入各级国库，是否有无故拖欠、截留、挪用预算收入的情况，有无将应缴的收入以暂存款挂在往来账上的现象。

（2）审核预算级次。审核各级总预算之间的收入划分是否正确，应上解上级财政的款项是否按规定及时足额地进行报解。

（3）审核收入类别。审核一般公共预算收入、政府性基金预算收入、国有资本经营预算收入、财政专户管理资金收入、专用基金收入是否划分清楚，地方附加收入是否挤占正税，征收项目及其比例是否超过国家规定。

（4）审核收入退库。审核预算收入的退库是否按国家规定办理，有无越权减免税款、违反规定的退库现象。

（5）审核预算收入的年终决算。审核年终决算的收入数与12月会计报表中的累计收入数是否一致。如不一致，应查明具体原因，属于违反财经纪律、转移资金的情况必须及时纠正。

2. 预算支出的审核

（1）审核预算支出的列报口径。审核预算支出数是否违反有关制度，是否符合政府预算支出列报口径的规定，有无不合理的以拨作支现象，预算支出数中是否列入了预拨的下年度经费。

（2）审核预算支出的开支标准。审核预算支出数是否超过了批准的预算，有无任意扩大支出范围、提高开支标准、铺张浪费、损公肥私等违反财经纪律的现象。

（3）审核预算支出的界限。审核一般公共预算支出、政府性基金预算支出、专用基金支出等支出的界限是否划分清楚，有无相互混淆的情况。

（4）审核预算支出的完整性。审核预算支出数是否列报齐全，有无漏报的现象。

（5）审核预算支出的年终决算。审核年终决算支出数与12月会计报表所列的全年支出累计数是否一致；未实行经费包干管理的单位和项目有无年终突击花钱的现象。

（二）财政总会计报表的技术性审核

对财政总会计报表的技术性审核主要包括以下内容。

例如，资产负债表中有关收支数字与收支明细表的有关数字是否一致，年终决算总表的数字与有关明细表的数字是否一致。

审核上下年度有关数字是否一致。例如，审核基本数字表的本年年初数同上年年末数是否一致，资产负债表的年初数同上年决算数是否一致。

审核上下级财政之间上解、拨补等数字是否一致。例如，本级报表的下级上解收入数与所属下级报表的上解支出合计数是否一致，本级报表的补助支出数与所属下级报表的补助收入的合计数是否一致。

审核财政会计报表的数字和其他有关部门的数字是否一致。例如，决算总表中税收收入与税务机关报表中的有关数字是否一致，基本数字表中的数字与有关业务部门的统计数字是否一致。

审核会计报表的正确性与完整性，即从会计报表的数字关系、数字计算的准确程度等方面，对会计报表反映的各项预算收支情况进行审核。

二、财政总会计报表的汇总

汇总会计报表的种类、内容、格式和基层单位的会计报表相同。汇总编制时应将相同项目的金额加计总额后填列，但上下级单位由于汇总合计项目造成重复计算的金额应当进行抵销。同时，上下级单位之间汇总资产负债表时，也有些项目合计数出现重复，对于这些内容，也应当进行抵销。

复习思考题

第三篇

行政事业单位会计

第十章 行政事业单位会计概述

【学习目标】
1. 了解行政事业单位会计的概念及特点；
2. 熟悉行政事业单位会计的基本方法；
3. 掌握行政事业单位会计科目。

第一节 行政事业单位会计的概念及特点

一、行政事业单位的概念

（一）行政单位的概念

行政单位是指进行国家行政管理、组织经济建设和文化建设、维护社会公共秩序的单位。主要包括国家权力机关，即全国人民代表大会和地方各级人民代表大会及其常务委员会；国家行政机关，即国务院和地方各级人民政府及其工作机构；各级审判机关和检察机关；党派组织和人民团体，即中国共产党以及各民主党派、工会、共青团、妇联等组织。有些单位虽未列为行政编制，但完全行使行政管理职能，也视同行政单位。行政单位是非物质生产部门，不从事物质产品生产、商品交换及物资流通等生产经营活动，所以，行政任务所需要的资金，主要依靠政府的财政拨款来满足。行政单位的人员列入国家行政编制，所需经费全部由国家财政供给。

（二）事业单位的概念

事业单位是指国家或国有单位出资成立的、以提供社会公共利益为目的的组织，包括文化、教育、科研、文艺、医疗卫生、体育、出版、传媒、广播电视等科学文化事业单位，以及气象、水利、地震、环保、社会福利等公益事业单位。

事业单位是我国特有的称谓，在国外，称为公立非营利组织。在我国，事业单位的资金来源渠道非常广泛，有来自政府的财政资金、事业单位自筹的资金，也有来源于国有资产等的资金。

二、行政事业单位会计及其特点

行政事业单位会计是适用于各级各类行政事业单位财务活动的一门专业会计。行政事业单位会计核算应当具备财务会计与预算会计双重功能，实现财务会计与预算会计适度分离并相互衔接，全面、清晰反映行政事业单位财务信息和预算执行信息。行政事业单位财务会计核算实行权责发生制；行政事业单位预算会计实行收付实现制，国务院另有规定的，依照其规定。

（一）行政事业单位会计的主体是各级各类行政事业单位

行政事业单位应当对其自身发生的经济业务或者事项进行会计核算。行政事业单位自身发生的经济业务或事项与同级财政总预算发生的经济业务或事项之间，既有重叠的地方，也有相互独立的地方。例如，同级财政为行政单位支付日常办公经费，同级财政形成支出，行政单位也形成支出。但如果同级财政为行政单位支付购置设备的款项，同级财政形成支出，行政单位在形成支出的同时，还形成固定资产。行政事业单位对设备计提折旧，同级财政没有相应的经济业务或事项，但行政事业单位需要记录相应的经济业务或事项。

（二）行政事业单位会计需要详细反映行政事业单位预算执行情况

行政事业单位会计在反映行政事业单位预算执行情况时采用的会计核算方法需要与相应的预算编制方法一致，只有这样，预算数与会计核算决算数才具有可比性，会计核算的结果才能反映预算执行情况。例如，行政事业单位按照预算安排购置一台办公设备，支付的相应价款属于预算支出的内容，为如实反映预算执行情况，行政事业单位会计需要确认相应的实际支出，并将实际支出与预算支出进行比较。由于行政事业单位预算区分基本支出预算和项目支出预算，基本支出预算又区分人员经费预算和日常公用经费预算，各种预算又分别安排财政拨款收入和其他相关收入，因此，行政事业单位会计需要按照预算管理的相应要求，分别为各种预算组织会计核算，以分别反映各种预算的执行情况。

（三）行政事业单位会计需要反映行政事业单位财务状况

行政事业单位的资产、负债和净资产三个会计要素可反映行政事业单位财务状况。行政事业单位的资产不仅包括库存现金、银行存款、零余额账户用款额度、应收账款等货币性资产，还包括存货、固定资产、在建工程、无形资产等非货币性资产。有些行政单位的资产还包括政府储备物资、公共基础设施等特殊种类的资产。有些事业单位的资产还包括短期投资、长期投资等。这与财政总预算会计的资产种类有很大的不同。行政事业单位的净资产不仅包括累计盈余，其中的事业单位还包括专用基金、权益法调整。总体来说，行政事业单位的资产主要来源于财政拨款，除此之外，事业单位还有事业收入和其他收入等。但财政拨款和事业收入等具有年度性，使用后即预算已经执行，由此形成的资产尤其是固定资产、无形资产等的管理具有长期性。

（四）事业单位有些业务核算具有企业会计核算的特点

对事业单位而言，有些事业单位有经营收入和经营支出的核算内容，如公共博物馆经销旅游纪念品、自营咖啡馆等；有些事业单位有长期股权投资的核算内容，如事业单位投资入股企业；事业单位一般都有专用基金的核算内容，如职工福利基金等；有些事业单位有上级补助收入、附属单位上缴收入、上缴上级支出、对附属单位补助支出等核算内容；还有些事业单位有短期借款和长期借款的核算内容等。总体来讲，事业单位会计的大多数核算方法与行政单位会计相似，有一部分核算方法与企业会计相似，还有一部分核算方法为事业单位会计所特有。

第二节 行政事业单位会计的基本方法

一、行政事业单位会计的记账方法

记账方法是指运用一定的记账符号、记账规则来编制会计分录和登记账簿的方法。改革后的政府会计准则要求政府会计核算应当采用借贷记账法记账。

（一）借贷记账法的特点

借贷记账法是以"借""贷"两个字作为记账符号，记录会计要素增减变动情况的一种复式记账法，即在经济业务引起资金变化的双方账户中，将其以方向相反、金额相等的方式进行登记的复式记账法。

（二）记账符号和账户结构

借贷记账法以"借""贷"作为记账符号。每个账户都分为"借方"和"贷方"，用来反映各会计要素的增减变动情况。"借方"在账户的左方，"贷方"在账户的右方。

1. 财务会计要素账户

资产类账户，期初余额列在账户的借方，即左方，与在资产负债表中排列的方向一致。增加记在借方，即同余额相同的方向；减少记在贷方，即同余额相反的方向；期末余额在借方。负债类账户，期初余额列在账户的贷方，即右方，与在资产负债表中排列的方向一致。增加记在贷方，即同余额相同的方向；减少记在借方，即同余额相反的方向；期末余额在贷方。此外，行政事业单位还使用一种双重性质的账户，即兼有资产类和负债类性质的账户，通常用于结算往来业务。

净资产类账户的结构类似负债类账户。

收入类账户，增加记在贷方，减少记在借方；期末将余额转入净资产类科目——本年盈余。

费用类账户，增加记在借方，减少记在贷方；期末将余额转入净资产类科目——本年盈余。

2. 预算会计要素账户

预算收入类账户，与收入类账户类似，增加记在贷方，减少记在借方；期末将余额转入预算结余类科目。预算支出类账户，增加记在借方，减少记在贷方；期末将余额转入预算结余类科目。预算结余类账户则较为复杂，其中"资金结存"科目增加在借方，减少在贷方。其他的预算结余类账户则与净资产类账户类似，期初余额通常列在账户的贷方，即右方。增加记在贷方，即同余额相同的方向；减少记在借方，即同余额相反的方向；期末余额在贷方。

（三）记账规则

1. 财务会计的记账规则

政府会计主体所发生的各种经济业务引起的资产和负债的增减变动有四种类型。因此，借贷记账法下的记账有以下四种情况。

（1）资产增加、资产减少的业务，分别记入资产类账户借方、资产类账户贷方；

（2）负债增加、负债减少的业务，分别记入负债类账户贷方、负债类账户借方；

（3）资产和负债同时增加的业务，分别记入资产类账户借方、负债类账户贷方；

（4）资产和负债同时减少的业务，分别记入资产类账户贷方、负债类账户借方。

2. 预算会计的记账规则

按照政府会计制度，行政事业单位需要在同一会计核算系统中实现财务会计和预算会计双重功能，因此政府会计主体所发生的各种经济业务，除了从资产和负债的增减变动的角度进行核算外，还需要从预算收入、预算支出以及预算结余的增减变动角度进行核算。

二、行政事业单位会计的会计凭证

（一）原始凭证

原始凭证又称"单据"，是在经济业务发生或完成时取得的，用以证明经济业务已经发生或完成的最初书面证明文件，是会计核算的原始资料和编制记账凭证的依据。

1. 原始凭证的分类

（1）按取得来源分类

原始凭证按取得的来源可分为自制原始凭证和外来原始凭证。

（2）按填制手续分类

原始凭证按填制手续可分为一次凭证、累计凭证和汇总凭证。

（3）按所起作用分类

原始凭证按所起作用可分为通知凭证、执行凭证和计算凭证。

（4）按经济业务分类

按经济业务的不同，政府会计主体的原始凭证可分为以下六类：支出凭证、收款凭证、往来结算凭证、银行结算凭证、缴拨款凭证、财产物资收付凭证。

2. 原始凭证的填制和审核

（1）自制原始凭证

对于不真实、不合法、不合理的自制原始凭证，会计人员有权拒绝接受，不办理会计核算手续；问题严重的，应及时向单位负责人报告。属于填写不符合要求的，如手续不完整、项目有遗漏、数字计算不准确、文字说明不完整的，应当退回，要求其按照规定进行更正、补充。

（2）外来原始凭证

根据《中华人民共和国会计法》第十四条的规定，对有问题的外来原始凭证应做如下处理。①对于不真实、不合法的外来原始凭证，会计人员有权不予接受，并向单位负责人报告。②对于记载不准确、不完整的外来原始凭证，会计人员有权予以退回，要求其按照国家统一的会计制度的规定，进行更正、补充。对于有错误的外来原始凭证，退回出具单位重开或者更正，更正处应该加盖出具单位印章。其中，对于金额有错误的外来原始凭证，应当由出具单位重开，不得在原始凭证上更正。

（二）记账凭证

记账凭证是根据审核无误的原始凭证，按照账务核算要求，分类整理后编制的会计凭证，它是确定会计分录、登记账簿报表的依据。

记账凭证分为通用记账凭证和专用记账凭证。

记账凭证一般根据每项经济业务的原始凭证编制。当天发生的同类会计事项可以适当归并后编制。会计人员对于不同会计事项的原始凭证，不得合并编制一张记账证，也不得把几天的会计事项合并在一起做一张记账凭证。

三、行政事业单位会计的会计账簿

会计账簿以会计凭证为依据，由具有一定格式、互相联系的账页组成，用来序时地、分类地记录和反映各项经济业务。设置和登记会计账簿是会计核算的中心环节。

（一）会计账簿的分类与使用

1. 会计账簿按用途分类

会计账簿按其用途可以分为日记账、分类账和备查簿三种。

2. 会计账簿按其外表形式分类

会计账簿按其外表形式可以分为订本式账簿、活页式账簿和卡片式账簿三种。

（二）会计账簿的使用

由于会计账簿是政府会计主体经济业务的具体记录，因此，其使用要求十分严格。除财政总预算会计中按放款期限设置的财政周转金放款明细账跨年度使用之外，其他会计账簿的使用以每一会计年度为限。对于账簿的启用，相关人员应该填写"经管人员一览表"和"账簿目录"，并将其附于账簿扉页。

四、行政事业单位会计的会计报表

行政事业单位会计主体应当至少按照年度编制财务会计报表和预算会计报表。

（一）行政事业单位财务会计报表

行政事业单位的财务会计报表由会计报表及其附注构成。会计报表一般包括资产负债表、收入费用表和净资产变动表。行政事业单位可根据实际情况自行选择编制现金流量表。财务会计报表的编制主要以权责发生制为基础，以单位财务会计核算生成的数据为准。

另外，根据编报的时间，行政事业单位的财务会计报表也可分为月报和年报；按编制范围，又可分为本级报表和汇总报表。

（二）行政事业单位预算会计报表

预算会计报表至少包括预算收入支出表、预算结转结余变动表和财政拨款预算收入支出表。预算会计报表的编制主要以收付实现制为基础，以单位预算会计核算生成的数据为准。

第三节 行政事业单位会计科目

一、行政事业单位会计科目表

设置行政事业单位会计科目是对行政事业单位会计要素做进一步分类的一种方法。它是行政事业单位会计设置账户、核算和归集经济业务的依据，也是汇总和检查行政事业单位资金活动情况及其结果的依据。行政事业单位会计要素包括财务会计要素和预算会计要素。财务会计要素包括资产、负债、净资产、收入和费用。预算会计要素包括预算收入、预算支出和预算结余。按照行政事业单位会计要素的类别，行政事业单位会计科目可分为财务会计科目和预算会计科目。各级各类单位统一适用的财务会计科目表和预算会计科目表分别如表 10-1 和表 10-2 所示。

表 10-1　　　　　　　　　　　　　　　财务会计科目表

序号	科目编号	科目名称	序号	科目编号	科目名称
		一、资产类	18	1501	长期股权投资
1	1001	库存现金	19	1502	长期债券投资
2	1002	银行存款	20	1601	固定资产
3	1011	零余额账户用款额度	21	1602	固定资产累计折旧
4	1021	其他货币资金	22	1611	工程物资
5	1101	短期投资	23	1613	在建工程
6	1201	财政应返还额度	24	1701	无形资产
7	1211	应收票据	25	1702	无形资产累计摊销
8	1212	应收账款	26	1703	研发支出
9	1214	预付账款	27	1801	公共基础设施
10	1215	应收股利	28	1802	公共基础设施累计折旧（摊销）
11	1216	应收利息	29	1811	政府储备物资
12	1218	其他应收款	30	1821	文物文化资产
13	1219	坏账准备	31	1831	保障性住房
14	1301	在途物品	32	1832	保障性住房累计折旧
15	1302	库存物品	33	1891	受托代理资产
16	1303	加工物品	34	1901	长期待摊费用
17	1401	待摊费用	35	1902	待处理财产损溢

续表

序号	科目编号	科目名称	序号	科目编号	科目名称
		二、负债类	57	3401	无偿调拨净资产
36	2001	短期借款	58	3501	以前年度盈余调整
37	2101	应交增值税			四、收入类
38	2102	其他应交税费	59	4001	财政拨款收入
39	2103	应缴财政款	60	4101	事业收入
40	2201	应付职工薪酬	61	4201	上级补助收入
41	2301	应付票据	62	4301	附属单位上缴收入
42	2302	应付账款	63	4401	经营收入
43	2303	应付政府补贴款	64	4601	非同级财政拨款收入
44	2304	应付利息	65	4602	投资收益
45	2305	预收账款	66	4603	捐赠收入
46	2307	其他应付款	67	4604	利息收入
47	2401	预提费用	68	4605	租金收入
48	2501	长期借款	69	4609	其他收入
49	2502	长期应付款			五、费用类
50	2601	预计负债	70	5001	业务活动费用
51	2901	受托代理负债	71	5101	单位管理费用
		三、净资产类	72	5201	经营费用
52	3001	累计盈余	73	5301	资产处置费用
53	3101	专用基金	74	5401	上缴上级费用
54	3201	权益法调整	75	5501	对附属单位补助费用
55	3301	本期盈余	76	5801	所得税费用
56	3302	本年盈余分配	77	5901	其他费用

表 10-2　　　　　　　　　　预算会计科目表

序号	科目编号	科目名称	序号	科目编号	科目名称
		一、预算收入类	14	7501	对附属单位补助支出
1	6001	财政拨款预算收入	15	7601	投资支出
2	6101	事业预算收入	16	7701	债务还本支出
3	6201	上级补助预算收入	17	7901	其他支出
4	6301	附属单位上缴预算收入			三、预算结余类
5	6401	经营预算收入	18	8001	资金结存
6	6501	债务预算收入	19	8101	财政拨款结转
7	6601	非同级财政拨款预算收入	20	8102	财政拨款结余
8	6602	投资预算收益	21	8201	非财政拨款结转
9	6609	其他预算收入	22	8202	非财政拨款结余
		二、预算支出类	23	8301	专用结余
10	7101	行政支出	24	8401	经营结余
11	7201	事业支出	25	8501	其他结余
12	7301	经营支出	26	8701	非财政拨款结余分配
13	7401	上缴上级支出			

二、"平行记账"方法下科目之间的对应关系

（一）平行记账方法

行政事业单位对于纳入部门预算管理的现金收支业务，在采用财务会计核算的同时应当进行预算会计核算；对于其他业务，仅需进行财务会计核算。为实现行政事业单位会计的双重目标，即同时反映行政事业单位财务状况和预算执行情况，行政事业单位会计对同时涉及财务状况变化和预算执行情况变化的业务，采用"平行记账"的方法进行核算。

（二）收入类科目的对应关系

财务会计收入类科目与预算会计预算收入类科目的对应关系如表 10-3 所示。

表 10-3　　　　　　　财务会计收入类科目与预算会计预算收入类科目之间的对应关系

财务会计	预算会计
财政拨款收入	财政拨款预算收入
事业收入	事业预算收入
上级补助收入	上级补助预算收入
附属单位上缴收入	附属单位上缴预算收入
经营收入	经营预算收入
非同级财政拨款收入	非同级财政拨款预算收入
投资收益	投资预算收益
捐赠收入	其他预算收入
利息收入	
租金收入	
其他收入	
短期借款、长期借款	债务预算收入

（三）费用类和预算支出类科目的对应关系

财务会计费用类科目与预算会计预算支出类科目的对应关系如表 10-4 所示。

表 10-4　　　　　　　财务会计费用类科目与预算会计预算支出类科目的对应关系

财务会计	预算会计
业务活动费用	行政支出/事业支出
单位管理费用	事业支出
经营费用	经营支出
上缴上级费用	上缴上级支出
对附属单位补助费用	对附属单位补助支出
所得税费用	非财政拨款结余——累计结余
其他费用	其他支出
短期投资、长期股权投资、长期债券投资	投资支出
短期借款、长期借款	债务还本支出

（四）货币资金类科目对应关系

财务会计货币资金类科目与预算会计货币资金类科目的对应关系如表 10-5 所示。

表 10-5 财务会计货币资金类科目与预算会计货币资金类科目的对应关系

财务会计	预算会计
库存现金	
银行存款	资金结存——货币资金
其他货币资金	
零余额账户用款额度	资金结存——零余额账户用款额度
财政应返还额度	资金结存——财政应返还额度

从表 10-5 中可以看出，财务会计设置"库存现金""银行存款""其他货币资金""零余额账户用款额度"和"财政应返还额度"等货币资金类科目。预算会计在核算相关预算收入和预算支出时，也应当有相应的货币资金类科目来对应。预算会计设置了"资金结存"这一货币资金科目来对应，并在"资金结存"科目下分别设置"货币资金""零余额账户用款额度"及"财政应返还额度"三个明细科目。预算会计这样设置货币资金类科目，与行政事业单位会计应清晰反映预算资金管理模式的做法一致，同时也与财务会计账套相关货币资金类科目相呼应。

复习思考题

第十一章 | 行政事业单位资产的核算

【学习目标】
1. 掌握行政事业单位流动资产的核算;
2. 掌握行政事业单位非流动资产的核算;
3. 掌握行政事业单位其他资产的核算。

第一节 | 货币资金的核算

行政事业单位的货币资金包括库存现金、银行存款、零余额账户用款额度和其他货币资金。

一、库存现金

库存现金是指单位存放在财务部门的货币资金,简称现金。行政事业单位(以下简称"单位")应当严格按照国家有关现金管理的规定收支现金,并按规定核算现金的各项收支业务。

为核算现金业务,单位应设置"库存现金"科目。该科目应当设置"受托代理资产"明细科目,核算单位受托代理、代管的现金。该科目期末借方余额,反映单位实际持有的库存现金。库存现金的主要账务处理如下。

(一)从银行等金融机构提存现金

单位从银行等金融机构提取现金,按照实际提取的金额,借记"库存现金"科目,贷记"银行存款"科目;将现金存入银行等金融机构,按照实际存入金额,借记"银行存款"科目,贷记"库存现金"科目。

根据规定从单位零余额账户提取现金,按照实际提取的金额,借记"库存现金"科目,贷记"零余额账户用款额度"科目;将现金退回单位零余额账户,按照实际退回的金额,借记"零余额账户用款额度"科目,贷记"库存现金"科目。

(二)因单位职工出差等原因借出现金

因单位职工出差等原因借出现金时,按照实际借出的现金金额,借记"其他应收款"科目,贷记"库存现金"科目。出差人员报销差旅费时,按照实际报销的金额,借记"业务活动费用""单位管理费用"等科目,按照实际借出的现金金额,贷记"其他应收款"科目,按照其差额,借记或贷记"库存现金"科目。

(三)提供服务、物品或者其他事项收到现金

单位因提供服务、物品或者其他事项收到现金时,按照实际收到的金额,借记"库存现金"科目,贷记"事业收入""应收账款"等相关科目。涉及增值税业务的,相关账务处理参见"应交增值税"科目。

(四)因购买服务、物品或者其他事项支付现金

单位因购买服务、物品或者其他事项支付现金时,按照实际支付的金额,借记"业务活动费用""单位管理费用""库存物品"等相关科目,贷记"库存现金"科目。涉及增值税业务的,相关账务处理参见"应交增值税"科目。

（五）对外捐赠现金

单位以库存现金对外捐赠，按照实际捐出的金额，借记"其他费用"科目，贷记"库存现金"科目。

（六）收到受托代理、代管的现金

单位收到受托代理、代管的现金，按照实际收到的金额，借记"库存现金"科目（受托代理资产），贷记"受托代理负债"科目；支付受托代理、代管的现金，按照实际支付的金额，借记"受托代理负债"科目，贷记"库存现金"科目（受托代理资产）。

单位应当设置"现金日记账"，由出纳人员根据收付款凭证，按照业务发生顺序逐笔登记。每日终了，应当计算当日的现金收入合计数、现金支出合计数和结余数，并将结余数与实际库存数核对，做到账款相符。每日终了结算现金收支、核对库存现金时发现的有待查明原因的现金短缺或溢余，应通过"待处理财产损溢"科目核算。

【例11-1】某事业单位20××年3月发生如下现金收支业务，据以编制会计分录。

（1）3月1日，开出现金支票从银行提取现金5 000元作为备用金。

借：库存现金　　　　　　　　　　　　　　　　　　　　5 000
　　贷：银行存款　　　　　　　　　　　　　　　　　　　5 000

（2）3月5日，本单位工作人员李某因公出差预支现金4 000元。

借：其他应收款——李某　　　　　　　　　　　　　　　4 000
　　贷：库存现金　　　　　　　　　　　　　　　　　　　4 000

（3）3月6日，用库存现金120元购买办公用品。

编制的财务会计分录如下。

借：业务活动费用　　　　　　　　　　　　　　　　　　120
　　贷：库存现金　　　　　　　　　　　　　　　　　　　120

编制的预算会计分录如下。

借：事业支出　　　　　　　　　　　　　　　　　　　　120
　　贷：资金结存——货币资金　　　　　　　　　　　　　120

（4）3月10日，李某报销差旅费3 700元，退回现金300元。

编制的财务会计分录如下。

借：业务活动费用　　　　　　　　　　　　　　　　　　3 700
　　库存现金　　　　　　　　　　　　　　　　　　　　300
　　贷：其他应收款——李某　　　　　　　　　　　　　　4 000

编制的预算会计分录如下。

借：事业支出　　　　　　　　　　　　　　　　　　　　3 700
　　贷：资金结存——货币资金　　　　　　　　　　　　　3 700

（5）3月20日，将本日超库存现金2 600元送交银行。

借：银行存款　　　　　　　　　　　　　　　　　　　　2 600
　　贷：库存现金　　　　　　　　　　　　　　　　　　　2 600

（6）3月25日，收到A公司委托代理货币8 000元，专用于资助贵州某村贫困学生上学。

借：库存现金——受托代理资产　　　　　　　　　　　　8 000
　　贷：受托代理负债　　　　　　　　　　　　　　　　　8 000

二、银行存款

银行存款是单位存放在开户银行或其他金融机构的各种存款。单位应当严格按照国家有关支付结算办法的规定办理银行存款收支业务，并按单位会计制度的规定核算银行存款的各项收支业务。随着财政国库集中收付制度的推行，单位的财政资金收付业务都直接通过财政国库单一账户体系办理，单位银行存款的业务越来越少。

为核算银行存款业务，单位应设置"银行存款"科目。该科目应当设置"受托代理资产"明细科目，核算单位受托代理、代管的银行存款。该科目期末借方余额，反映单位实际存放在银行或其他金融机构的款项。银行存款的主要账务处理如下。

（一）将款项存入银行或者其他金融机构

单位将款项存入银行或者其他金融机构时，按照实际存入的金额，借记"银行存款"科目，贷记"库存现金""应收账款""事业收入""经营收入""其他收入"等相关科目。涉及增值税业务的，相关账务处理参见"应交增值税"科目。

（二）收到银行存款利息

单位收到银行存款利息，按照实际收到的金额，借记"银行存款"科目，贷记"利息收入"科目。

（三）从银行等金融机构提取现金

从银行等金融机构提取现金，按照实际提取的金额，借记"库存现金"科目，贷记"银行存款"科目。

（四）以银行存款支付相关费用

以银行存款支付相关费用，按照实际支付的金额，借记"业务活动费用""单位管理费用""其他费用"等相关科目，贷记"银行存款"科目。涉及增值税业务的，相关账务处理参见"应交增值税"科目。

（五）以银行存款对外捐赠

以银行存款对外捐赠时，按照实际捐出的金额，借记"其他费用"科目，贷记"银行存款"科目。

（六）收到受托代理、代管的银行存款

单位收到受托代理、代管的银行存款时，按照实际收到的金额，借记"银行存款"科目（受托代理资产），贷记"受托代理负债"科目；支付受托代理、代管的银行存款时，按照实际支付的金额，借记"受托代理负债"科目，贷记"银行存款"科目（受托代理资产）。

单位应当按照开户银行或其他金融机构、存款种类及币种等，分别设置"银行存款日记账"，由出纳人员根据收付款凭证，按照业务的发生顺序逐笔登记，每日终了应结出余额。"银行存款日记账"应定期与"银行对账单"核对，至少每月核对一次。月度终了，若单位银行存款日记账账面余额与银行对账单余额之间有差额，出纳人员应当逐笔查明原因并进行处理，按月编制"银行存款余额调节表"，调节相符。

【例 11-2】某事业单位 20××年 3 月发生以下银行存款收支业务，据以编制会计分录。

（1）收到上级拨入事业经费 50 000 元。

编制的财务会计分录如下。

借：银行存款   50 000

  贷：上级补助收入   50 000

编制的预算会计分录如下。

借：资金结存——货币资金   50 000

  贷：上级补助预算收入   50 000

（2）非独立核算经营活动销售产品收到销货款 10 000 元，增值税税额 600 元。

编制的财务会计分录如下。

借：银行存款   10 600

  贷：经营收入   10 000

    应交增值税（销项税额）   600

编制的预算会计分录如下。

借：资金结存——货币资金   10 600

    贷：经营预算收入   10 600

（3）收回应收账款 10 000 元，款项存入银行。

编制的财务会计分录如下。

借：银行存款   10 000

    贷：应收账款   10 000

编制的预算会计分录如下。

借：资金结存——货币资金   10 000

    贷：经营预算收入   10 000

（4）开出转账支票 1 张，支付非独立核算经营活动采购材料所欠货款 8 800 元。

编制的财务会计分录如下。

借：应付账款   8 800

    贷：银行存款   8 800

编制的预算会计分录如下。

借：经营支出   8 800

    贷：资金结存——货币资金   8 800

（5）开出转账支票支付购买办公用品款 2 700 元并验收入库。

编制的财务会计分录如下。

借：库存物品   2 700

    贷：银行存款   2 700

编制的预算会计分录如下。

借：事业支出   2 700

    贷：资金结存——货币资金   2 700

【例 11-3】某行政单位 20×× 年 4 月发生以下业务，据以编制会计分录。

（1）4 月 5 日以普通支票转账方式购置办公用品共计 3 300 元并验收入库。

编制的财务会计分录如下。

借：库存物品   3 300

    贷：银行存款   3 300

编制的预算会计分录如下。

借：行政支出   3 300

    贷：资金结存——货币资金   3 300

（2）4 月 6 日收到银行存款利息共计 2 800 元。

编制的财务会计分录如下。

借：银行存款   2 800

    贷：利息收入   2 800

编制的预算会计分录如下。

借：资金结存——货币资金   2 800

    贷：其他预算收入——利息预算收入   2 800

（3）4 月 10 日因办理询证业务支付银行手续费 300 元。

编制的财务会计分录如下。

借：业务活动费用   300

    贷：银行存款   300

编制的预算会计分录如下。

借：行政支出   300

  贷：资金结存——货币资金   300

三、零余额账户用款额度

零余额账户用款额度是指实行财政国库集中支付的单位根据财政部门批复的用款计划收到和支用的零余额账户用款额度。

财政部门为单位在商业银行开设单位零余额账户，用于财政部门授权支付。财政部门向某单位零余额账户的代理银行下达零余额账户用款额度时，该单位的零余额账户用款额度增加；单位可以根据经批准的单位预算和用款计划，自行向单位零余额账户的代理银行开具支付令，从单位零余额账户向收款人支付款项，或从单位零余额账户提取现金，这时该单位的零余额账户用款额度减少。代理银行在将单位开具的支付令与单位的单位预算和用款计划进行核对，并向收款人支付款项后，于当日通过单位的零余额账户与财政国库单一账户进行资金清算。资金清算后，单位零余额账户的余额为零，因此，该账户称为零余额账户。

为了核算零余额账户用款额度业务，单位应设置"零余额账户用款额度"科目。该科目期末借方余额，反映单位尚未支用的零余额账户用款额度。年度终了，注销单位零余额账户用款额度后，该科目应无余额。

（一）收到额度

单位收到"财政授权支付到账通知书"时，根据通知书所列金额，借记"零余额账户用款额度"科目，贷记"财政拨款收入"科目。

（二）支用额度

（1）支付日常活动费用时，按照支付的金额，借记"业务活动费用""单位管理费用"等科目，贷记"零余额账户用款额度"科目。

（2）购买库存物品或购建固定资产时，按照实际发生的成本，借记"库存物品""固定资产""在建工程"等科目，按照实际支付或应付的金额，贷记"零余额账户用款额度""应付账款"等科目。涉及增值税业务的，相关账务处理参见"应交增值税"科目。

（3）从零余额账户提取现金时，按照实际提取的金额，借记"库存现金"科目，贷记"零余额账户用款额度"科目。

（三）因购货退回等发生的额度退回

因购货退回等发生财政授权支付额度退回的，按照退回的金额，借记"零余额账户用款额度"科目，贷记"库存物品"等科目。

（四）年末注销额度

年末，根据代理银行提供的对账单做注销额度的相关账务处理，借记"财政应返还额度——财政授权支付"科目，贷记"零余额账户用款额度"科目。

【例11-4】某市城管局20××年5月发生以下业务，据以编制会计分录。

（1）5月1日收到财政授权支付额度到账通知书，收到财政拨款300 000元。

编制的财务会计分录如下。

借：零余额账户用款额度   300 000

  贷：财政拨款收入   300 000

编制的预算会计分录如下。

借：资金结存——零余额账户用款额度   300 000
    贷：财政拨款预算收入   300 000

（2）5月5日使用零余额账户用款额度7 000元购进一批存货。

编制的财务会计分录如下。

借：库存物品   7 000
    贷：零余额账户用款额度   7 000

编制的预算会计分录如下。

借：行政支出   7 000
    贷：资金结存——零余额账户用款额度   7 000

【例11-5】某市卫生局年终本年度财政授权支付预算指标数为700 000元，本年度授权支付实际支出数为677 000元，单位零余额账户代理银行收到零余额账户用款额度680 000元。卫生局存在尚未使用的财政授权支付预算额度3 000元（680 000-677 000），存在尚未收到的财政授权支付预算指标20 000元（700 000-680 000）。

（1）年末，根据代理银行提供的对账单，注销尚未使用的零余额账户用款额度3 000元。

编制的财务会计分录如下。

借：财政应返还额度——财政授权支付   3 000
    贷：零余额账户用款额度   3 000

编制的预算会计分录如下。

借：资金结存——财政应返还额度   3 000
    贷：资金结存——零余额账户用款额度   3 000

（2）年末，根据未下达的用款额度20 000元，做如下会计分录。

编制的财务会计分录如下。

借：财政应返还额度——财政授权支付   20 000
    贷：财政拨款收入   20 000

编制的预算会计分录如下。

借：资金结存——财政应返还额度   20 000
    贷：财政拨款预算收入   20 000

（3）次年年初，收到代理银行提供的额度恢复到账通知书，恢复财政授权支付额度3 000元。

编制的财务会计分录如下。

借：零余额账户用款额度   3 000
    贷：财政应返还额度——财政授权支付   3 000

编制的预算会计分录如下。

借：资金结存——零余额账户用款额度   3 000
    贷：资金结存——财政应返还额度   3 000

（4）次年年初，收到财政部门批复的上年年末未下达的单位零余额账户用款额度20 000元。

编制的财务会计分录如下。

借：零余额账户用款额度   20 000
    贷：财政应返还额度——财政授权支付   20 000

编制的预算会计分录如下。

借：资金结存——零余额账户用款额度   20 000
    贷：资金结存——财政应返还额度   20 000

四、其他货币资金

其他货币资金是指单位的外埠存款、银行本票存款、银行汇票存款、信用卡存款等各种形式的货币资金。单位应当加强对其他货币资金的管理，及时办理结算，对于逾期尚未办理结算的银行汇票、银行本票等，应当按照规定及时转回，并按照规定进行相应账务处理，为了核算其他货币资金业务，单位应设置"其他货币资金"科目。该科目应当设置"外埠存款""银行本票存款""银行汇票存款""信用卡存款"等明细科目，进行明细核算。该科目期末借方余额，反映单位实际持有的其他货币资金。

第二节 短期投资的核算

一、短期投资的含义

投资是指事业单位按规定以货币资金、实物资产、无形资产等方式形成的债权或股权投资。按照投资性质不同，投资分为债权性投资和权益性投资；按照目的不同，投资分为短期投资和长期投资。短期投资是指事业单位按照规定取得的，持有时间不超过一年（含一年）的投资。投资对象主要是国债，不得从事股票、期货、基金、企业债券等投资。

二、短期投资的特征

短期投资相对于长期债券投资和长期股权投资，通常具有以下两个特征。

（1）投资目的很明确。是事业单位为了提高暂时闲置资金的使用效率和效益而进行的对外投资，也包括赚取差价。

（2）投资时间短。事业单位为了能够实现及时变现的目的，通常投资于二级市场上公开交易的股票、债券、基金等，这些资产在市场上极易变现。这些资产既可能是债权性的，也可能是股权性的。

三、短期投资的账务处理

为了核算短期投资业务，事业单位应设置"短期投资"科目。该科目应当按照投资的种类等进行明细核算。该科目期末借方余额反映事业单位持有短期投资的成本。

（一）取得短期投资

事业单位取得短期投资时，按照确定的投资成本，借记"短期投资"科目，贷记"银行存款"等科目。收到取得投资时实际支付价款中包含的已到付息期但尚未领取的利息，按照实际收到的金额，借记"银行存款"科目，贷记"短期投资"科目。

（二）收到短期投资持有期间的利息

事业单位收到短期投资持有期间的利息，按照实际收到的金额，借记"银行存款"科目，贷记"投资收益"科目。

（三）出售短期投资或到期收回短期投资本息

事业单位出售短期投资或到期收回短期投资本息，按照实际收到的金额，借记"银行存款"科目，按照出售或收回短期投资的账面余额，贷记"短期投资"科目，按照其差额，借记或贷记"投资收益"科目。涉及增值税业务的，相关账务处理参见"应交增值税"科目。

【例 11-6】某事业单位 20××年发生以下业务，据以编制会计分录。

（1）2 月 1 日，该单位以银行存款购买 80 000 元的有价债券，准备 6 个月之内出售。

编制的财务会计分录如下。

借：短期投资   80 000
 贷：银行存款   80 000

编制的预算会计分录如下。

借：投资支出   80 000
 贷：资金结存——货币资金   80 000

（2）3 月 1 日该单位收到持有该债券利息 600 元

编制的财务会计分录如下。

借：银行存款   600
 贷：投资收益   600

编制的预算会计分录如下。

借：资金结存——货币资金   600
 贷：投资预算收益   600

（3）8 月 1 日该单位出售该债券，收到 81 000 元，并收到持有期间的其他利息 2 500 元。

编制的财务会计分录如下。

借：银行存款   83 500
 贷：短期投资   80 000
   投资收益   3 500

编制的预算会计分录如下。

借：资金结存——货币资金   83 500
 贷：投资支出   80 000
   投资预算收益   3 500

第三节　应收及预付款项的核算

应收及预付款项包括财政应返还额度、应收票据、应收账款、预付账款、其他应收款等，本书着重介绍财政应返还额度、应收票据、应收账款的核算。

一、财政应返还额度

（一）财政应返还额度的概念与内容

财政应返还额度是指实行国库集中支付的单位应收财政返还的资金额度。在财政国库单一账户制度下，年度终了，当单位通过财政零余额账户发生的实际财政直接支付数小于财政直接支付用款额度数时，单位就存在尚未使用的财政直接支付用款额度。同样，当单位通过单位零余额账户发生的实际财政授权支付数小于财政授权支付额度数时，单位也就存在尚未使用的财政授权支付用款额度。财政部门对单位尚未使用的财政直接支付用款额度和财政授权支付用款额度，采用先注销后恢复的管理办法。即年度终了，财政部门对单位尚未使用的用款额度先进行注销，次年年初，财政部门再对单位尚未使用的用款额度予以恢复，供单位使用。由此，当年尚未使用的用款额度，即构成单位的财政应返还额度。

（二）财政应返还额度的核算

为核算财政应返还额度，单位应设置"财政应返还额度"科目，并设置"财政直接支付""财政授权支付"两个明细科目进行明细核算。该科目期末借方余额，反映单位财政应返还的资金额度。

财政直接支付方式下，年末，单位根据本年度财政直接支付预算指标数与当年财政直接支付实际支出数的差额，借记"财政应返还额度——财政直接支付"科目，贷记"财政拨款收入"科目。次年年初，财政部门恢复财政直接支付额度时，单位不做会计处理。次年度，单位实际使用以前年度财政直接支付额度发生支出时，借记"业务活动费用""单位管理费用"等科目，贷记"财政应返还额度——财政直接支付"科目。

财政授权支付方式下，年末，根据代理银行提供的对账单做注销额度的相关账务处理，借记"财政应返还额度——财政授权支付"科目，贷记"零余额账户用款额度"科目。年末，单位本年度财政授权支付预算指标数大于零余额账户用款额度下达数的，根据未下达的用款额度，借记"财政应返还额度——财政授权支付"科目，贷记"财政拨款收入"科目。下年年初，单位根据代理银行提供的上年度注销额度恢复到账通知书做恢复额度的相关账务处理，借记"零余额账户用款额度"科目，贷记"财政应返还额度——财政授权支付"科目。单位收到财政部门批复的上年未下达零余额账户用款额度，借记"零余额账户用款额度"科目，贷记"财政应返还额度"科目（财政授权支付）。

【例 11-7】某行政单位 20×× 年度财政直接支付的预算指标数为 800 万元，当年财政直接支付实际支出数为 780 万元。据以编制会计分录。

编制的财务会计分录如下。

借：财政应返还额度——财政直接支付　　　　　　　　　　　200 000
　　贷：财政拨款收入　　　　　　　　　　　　　　　　　　　200 000

编制的预算会计分录如下。

借：资金结存——财政应返还额度　　　　　　　　　　　　　200 000
　　贷：财政拨款预算收入　　　　　　　　　　　　　　　　　200 000

下一年该行政单位使用以前年度财政直接支付额度 3 000 元购买办公用品。

编制的财务会计分录如下。

借：库存物品　　　　　　　　　　　　　　　　　　　　　　3 000
　　贷：财政应返还额度——财政直接支付　　　　　　　　　　3 000

编制的预算会计分录如下。

借：行政支出　　　　　　　　　　　　　　　　　　　　　　3 000
　　贷：资金结存——财政应返还额度　　　　　　　　　　　　3 000

二、应收票据

（一）应收票据的含义

应收票据是指事业单位因开展经营活动销售产品、提供有偿服务等收到的商业汇票。商业汇票是由出票人签发的、指定付款人在一定日期支付一定金额给收款人或持票人的票据。商业汇票按其承兑人不同，分为商业承兑汇票和银行承兑汇票。商业承兑汇票是由付款人承兑的汇票，它可以由收款人签发，也可以由付款人签发，但必须由付款人承兑；银行承兑汇票是由收款人或承兑申请人签发，并由承兑申请人向银行申请，银行审查同意承兑的票据。

（二）应收票据的核算

1. 收到票据

为了核算应收票据业务，事业单位应设置"应收票据"科目。该科目应按开出、承兑商业汇票的单位等进行明细核算。期末余额在借方，反映事业单位持有的商业汇票票面金额。

因销售产品、提供服务等收到商业汇票，按照商业汇票的票面金额，借记"应收票据"科目，按照确认的收入金额，贷记"经营收入"等科目。涉及增值税业务的，相关账务处理参见"应交增值税"科目。

2. 票据贴现

事业单位持有的应收票据，在到期前可以用背书形式转让给银行。银行同意接受时，要预扣自贴现日至到期日的利息，将其余额即贴现净值支付给事业单位。这种利用票据向银行融资的做法，被称为应收票据贴现。在贴现业务中，银行所预扣的利息，称为贴现利息（简称"贴现息"）。银行计算贴现息使用的利率，称为贴现率。贴现单位从银行获得的票据到期值中扣除贴现息后的货币资金称为贴现所得。相关计算公式如下：

贴现息＝票据到期值×贴现率×贴现期

贴现期＝票据期限－票据已持有期限

贴现所得＝票据到期值－贴现息

事业单位持有的未到期的商业汇票向银行贴现，按照实际收到的金额（即票据到期值减去贴现息后的净额），借记"银行存款（实际收到金额）"科目，按照贴现息，借记"经营费用（贴现息）"等科目，按照商业汇票的票面金额，贷记"应收票据（票面金额）"科目（无追索权）或"短期借款"科目（有追索权）。附追索权的商业汇票到期未发生追索事项的，按照商业汇票的票面金额，借记"短期借款"科目，贷记"应收票据"科目。

3. 商业汇票到期

商业汇票到期时，应当分别以下情况处理：收回票款时，按照实际收到的商业汇票票面金额，借记"银行存款"科目，贷记"应收票据"科目；因付款人无力支付票款，收到银行退回的商业承兑汇票、委托收款凭证、未付票款通知书或拒付款证明等，按照商业汇票的票面金额，借记"应收账款"科目，贷记"应收票据"科目。

【例 11-8】某事业单位非独立核算经营活动发生以下业务，据以编制会计分录。

（1）销售 A 产品一批给甲公司，货已发出，价款 4 000 元，增值税额为 520 元。按合同约定 3 个月后付款，甲公司交给该事业单位一张 3 个月到期的商业承兑汇票，面值为 4 520 元。

借：应收票据   4 520

    贷：经营收入   4 000

      应交增值税（销项税额）   520

（2）票据在 3 个月后到期，收回款项 4 520 元，存入银行。

编制的财务会计分录如下。

借：银行存款   4 520

    贷：应收票据   4 520

编制的预算会计分录如下。

借：资金结存——货币资金   4 520

    贷：经营预算收入   4 520

【例 11-9】某事业单位销售 B 产品一批给乙公司，货已发出，货款 20 000 元，增值税额 2 600 元。按合同约定 90 天付款，乙公司交给该事业单位一张 90 天到期商业承兑无息汇票，面值为 22 600 元。该事业单位 60 天后持此票据到银行贴现，贴现率为 10%，无追索权。据以编制会计分录。

该事业单位收到票据时：

借：应收票据   22 600

  贷：经营收入   20 000

    应交增值税（销项税额）   2 600

该事业单位办理贴现时：

    贴现息=22 600×10%×（30÷360）=188（元）

    扣除贴现息后的净额=22 600-188=22 412（元）

编制的财务会计分录如下。

借：银行存款   22 412

  经营费用   188

  贷：应收票据   22 600

编制的预算会计分录如下。

借：资金结存——货币资金   22 412

  贷：经营预算收入   22 412

三、应收账款

（一）应收账款的含义

应收账款是指事业单位因提供劳务、开展有偿服务以及销售产品等业务形成的应向客户收取的款项以及行政事业单位出租资产、出售物资等应当收取而尚未收取的款项。不包括借出款、备用金、应向职工收取的各种垫付款项等。

（二）应收账款的会计核算

事业单位应当设置"应收账款"科目，对因销售产品、商品、提供劳务、开展有偿服务等业务而应收取的款项以及行政事业单位出租资产、出售物资等应当收取的款项进行核算。本科目应当按照债务单位（或个人）进行明细核算。"应收账款"科目借方反映当期单位应收账款的增加；贷方反映当期单位应收账款的减少；本科目期末借方余额，反映单位尚未收回的应收账款。

1. 应收账款收回后不需上缴财政

事业单位发生应收账款时，按照应收未收金额，借记本科目，贷记"事业收入""经营收入""租金收入""其他收入"等科目。涉及增值税业务的，相关账务处理参见"应交增值税"科目。收回应收账款时，按照实际收到的金额，借记"银行存款"等科目，贷记本科目。

2. 应收账款收回后需上缴财政

事业单位出租资产、出售物资发生应收未收款项时，按照应收未收金额，借记本科目，贷记"应缴财政款"科目。

收回应收账款时，按照实际收到的金额，借记"银行存款"等科目，贷记本科目。涉及增值税业务的，相关账务处理参见"应交增值税"科目。

3. 应收账款的核销

事业单位应当于每年年末，对收回后应当上缴财政的应收账款进行全面检查。对于账龄超过规定年限、确认无法收回的应收账款，按照规定报经批准后予以核销。按照核销金额，借记"应缴财政款"科目，贷记本科目。核销的应收账款应当在备查簿中保留登记。已核销的应收账款在以后期间又收回的，按照实际收回金额，借记"银行存款"等科目，贷记"应缴财政款"科目。

4. 事业单位坏账准备的会计处理

事业单位应当设置"坏账准备"科目。事业单位应当于每年年末，对收回后不需上缴财政的应收账款进行全面检查，如发生不能收回的迹象，应当计提坏账准备。"坏账准备"科目应当分应收账款和其他应收款进行明细核算。"坏账准备"科目的贷方登记当期计提的坏账准备金额，借方登记实际发生的坏账损失金额和冲减的坏账准备金额，期末余额一般在贷方，反映已计提但尚未转销的坏账准备。

（1）坏账准备的计提

事业单位应当于每年年末，对收回后不需上缴财政的应收账款和其他应收款进行全面检查，分析其可收回性，对预计可能产生的坏账损失计提坏账准备，确认坏账损失。

事业单位可以采用应收款项余额百分比法、账龄分析法、个别认定法等方法计提坏账准备。坏账准备计提方法一经确定，不得随意变更。如需变更，应当按照规定报经批准，并在财务报表附注中予以说明。当期应补提或冲减的坏账准备金额的计算公式如下：

$$\text{当期应补提或冲减的坏账准备} = \text{按照期末应收账款和其他应收款计算应计提的坏账准备金额} - \text{"坏账准备"科目期末贷方余额} \left(\text{或} + \text{"坏账准备"科目期末借方余额}\right)$$

期末按应收账款和其他应收款计算的应计提的坏账准备金额大于"坏账准备"科目期末贷方余额时，当期计提坏账准备，借记"其他费用"科目，贷记"坏账准备"科目。期末按应收账款和其他应收款计算的应计提的坏账准备金额小于"坏账准备"科目期末贷方余额时，当期冲减坏账准备，借记"坏账准备"科目，贷记"其他费用"科目。

（2）坏账损失实际发生

对于账龄超过规定年限并确认无法收回的应收账款、其他应收款，应当按照有关规定报经批准后，按照无法收回的金额，借记"坏账准备"科目，贷记"应收账款""其他应收款"科目。核销的应收款项应在备查簿中保留登记。

（3）已核销的应收账款在以后期间又收回

已核销的应收账款在以后期间又收回的，按照实际收回金额，借记"应收账款"科目，贷记"坏账准备"科目；同时，借记"银行存款"等科目，贷记"应收账款"。

【例 11-10】某事业单位经批准将暂时闲置房屋出租，每年租金 21 000 元，年末收取。计算确认第一年的租金 21 000 元（含税），款项尚未收到。按规定款项收到后应上缴财政。该事业单位财务会计应编制的会计分录如下。

    应交增值税=21 000÷（1+5%）×5%=1 000（元）

    应缴财政款=21 000-1 000=20 000（元）

  借：应收账款   21 000

    贷：应缴财政款   20 000

      应交增值税   1 000

  收到上述租金时：

  借：银行存款   21 000

    贷：应收账款   21 000

【例 11-11】某事业单位对收回后不需上缴财政的应收账款按其期末余额的 1%提取坏账准备。2021 年年末收回后不需上缴财政的应收账款的余额为 100 000 元，2022 年 4 月 7 日，甲单位应收账款发生了坏账损失 2 500 元，2022 年年末应收账款为 120 000 元。据以编制会计分录。假定 2021 年年末开始计提坏账准备。

（1）2021 年提取坏账准备。

    坏账准备余额=100 000×1%=1 000（元）

  借：其他费用——计提的坏账准备   1 000

    贷：坏账准备   1 000

（2）2022 年 4 月 7 日，冲销坏账。

借：坏账准备　　　　　　　　　　　　　　　　　　　　　　　　2 500

　　贷：应收账款——甲单位　　　　　　　　　　　　　　　　　　　　　2 500

2022 年年末按应收账款的余额计算提取坏账准备。

　　坏账准备余额=120 000×1%=1 200（元）

　　应计提的坏账准备=1 200+1 500=2 700（元）

借：其他费用——计提的坏账准备　　　　　　　　　　　　　　　2 700

　　贷：坏账准备　　　　　　　　　　　　　　　　　　　　　　　　　2 700

第四节　存货的核算

一、存货的概念

根据《政府会计准则第 1 号——存货》的规定，存货是指政府会计主体在开展业务活动及其他活动中为耗用或出售而储存的资产，如材料、产品、包装物和低值易耗品等，以及未达到固定资产标准的用具、装具、动植物等。行政事业单位的存货具体包括以下内容。

（1）在途物品：单位在采购材料等物资时，货款已付或已开出商业汇票但尚未验收入库的在途物品。

（2）库存物品：单位在开展业务活动及其他活动中，为耗用或出售而储存的各种材料、产品、包装物、低值易耗品，以及达不到固定资产标准的用具、装具、动植物等。已完成的测绘、地质勘查、设计成果等也属于库存物品的范围。

（3）加工物品：指单位自制或委托外单位加工的各种物品，未完成的测绘、地质勘查、设计成果也属于加工物品的范围。

二、存货的确认和初始计量

存货在取得时，应当按照其实际成本初始计量。

（1）购入的存货，其成本包括购买价款、相关税费、运输费、装卸费、保险费以及其他使存货达到目前场所和状态所发生的支出。

（2）自行加工的存货，其成本包括耗用的直接材料费用、发生的直接人工费用和按照规定方法分配的与存货加工有关的间接费用。

（3）委托加工的存货，其成本包括委托加工前存货成本、委托加工的成本（如委托加工费以及按照规定应计入委托加工存货成本的相关税费等）以及使存货达到目前场所和状态所发生的归属于存货成本的其他支出。

（4）置换换入的存货，其成本按照换出资产的评估价值，加上支付的补价或减去收到的补价，加上为换入存货支付的其他支出（运输费等）确定。

（5）接受捐赠的存货，其成本按照有关凭据注明的金额加上相关税费、运输费等确定。

（6）无偿调入的存货，其成本按照调出方账面价值加上相关税费、运输费等确定。

（7）盘盈的存货，其成本按照有关凭据注明的金额确定；没有相关凭据，但按照规定经过资产评估的，其成本按照资产评估价值确定；没有相关凭据，也未经过资产评估的，其成本按照重置成本确定。

三、存货的核算

（一）在途物品的核算

为了核算在途物品的采购成本，单位应设置"在途物品"科目。该科目可按照供应单位和物品种类进行明细核算。该科目期末借方余额反映单位在途物品的采购成本。

单位购入材料等物品，按照确定的物品采购成本的金额，借记"在途物品"科目，按照实际支付的金额，贷记"财政拨款收入""零余额账户用款额度""银行存款"等科目。涉及增值税业务的，相关账务处理参见"应交增值税"科目。

所购材料等物品到达企业且验收入库的，按照确定的库存物品成本金额，借记"库存物品"科目，按照物品采购成本金额，贷记"在途物品"科目，按照使入库物品达到目前场所和状态所发生的其他支出，贷记"银行存款"等科目。

【例 11-12】某行政单位发生如下业务，据以编制会计分录。

（1）采用直接支付方式购入一批维修材料，买价 1 600 元，运费 200 元，材料尚未验收入库。

编制的财务会计分录如下。

借：在途物品   1 800
    贷：财政拨款收入   1 800

编制的预算会计分录如下。

借：行政支出   1 800
    贷：财政拨款预算收入   1 800

（2）上述材料验收入库，用现金支付 100 元挑选整理费。

编制的财务会计分录如下。

借：库存物品   1 900
    贷：在途物品   1 800
        库存现金   100

编制的预算会计分录如下。

借：行政支出   100
    贷：资金结存——货币资金   100

（二）库存物品的核算

为了核算库存物品的成本，单位应设置"库存物品"科目。该科目应当按照库存物品的种类、规格、保管地点等进行明细核算。单位储存低值易耗品、包装物较多的，可以在该科目（低值易耗品、包装物）下按照"在库""在用"和"摊销"等进行明细核算。

1. 外购库存物品

单位外购的库存物品已验收入库，应按照确定的成本，借记"库存物品"科目，贷记"财政拨款收入""零余额账户用款额度""银行存款""应付账款"等科目。涉及增值税业务的，相关账务处理参见"应交增值税"科目。

【例 11-13】某行政单位购入一批库存物品，其成本为 5 800 元，款项通过财政授权支付方式支付，库存物品已验收入库。据以编制会计分录。

编制的财务会计分录如下。

借：库存物品   5 800
    贷：零余额账户用款额度   5 800

编制的预算会计分录如下。

借：行政支出   5 800
　　贷：资金结存——零余额账户用款额度   5 800

2. 自制的库存物品

自制的库存物品加工完成并验收入库，按照确定的成本，借记"库存物品"科目，贷记"加工物品——自制物品"科目。

3. 委托外单位加工的库存物品

委托外单位加工收回的库存物品验收入库，按照确定的成本，借记"库存物品"科目，贷记"加工物品——委托加工物品"等科目。

4. 接受捐赠的库存物品

接受捐赠的库存物品验收入库，按照确定的成本，借记"库存物品"科目，按照发生的相关税费、运输费等，贷记"银行存款"等科目，按照其差额，贷记"捐赠收入"科目。接受捐赠的库存物品按照名义金额入账的，按照名义金额，借记"库存物品"科目，贷记"捐赠收入"科目，同时，按照发生的相关税费、运输费等，借记"其他费用"科目，贷记"银行存款"等科目。

（三）加工物品的核算

为了核算加工物品的实际成本，单位应设置"加工物品"科目。未完成的测绘、地质勘查、设计成果的实际成本，也通过该科目核算。该科目应当设置"自制物品""委托加工物品"两个一级明细科目，并按照物品类别、品种、项目等设置明细账，进行明细核算。

1. 自制物品

（1）领用材料。为自制物品领用材料等，按照材料成本，借记"加工物品"科目（自制物品——材料），贷记"库存物品"科目。

（2）直接人工费用。专门从事物品制造的人员发生的直接人工费用，按照实际发生的金额，借记"加工物品"科目（自制物品——直接人工），贷记"应付职工薪酬"科目。

（3）其他直接费用。为自制物品发生的其他直接费用，按照实际发生的金额，借记"加工物品"科目（自制物品——其他直接费用），贷记"零余额账户用款额度""银行存款"等。

（4）间接费用。为自制物品发生的间接费用，按照实际发生的金额，借记"加工物品"科目（自制物品——间接费用），贷记"零余额账户用款额度""银行存款""应付职工薪酬""固定资产累计折旧""无形资产累计摊销"等科目。

（5）验收入库。已经制造完成并验收入库的物品，按照所发生的实际成本（包括耗用的直接材料费用、直接人工费用、其他直接费用和分配的间接费用），借记"库存物品"科目，贷记"加工物品"科目（自制物品）。

2. 委托加工物品

（1）发出加工的材料。发给外单位加工的材料等，按照其实际成本，借记"加工物品"科目（委托加工物品），贷记"库存物品"科目。

（2）支付加工费、运输费。支付加工费、运输费等费用，按照实际支付的金额，借记"加工物品"科目（委托加工物品），贷记"零余额账户用款额度""银行存款"等科目。涉及增值税业务的，相关账务处理参见"应交增值税"科目。

（3）验收入库。委托加工完成的材料等验收入库，按照加工前发出材料的成本和加工、运输成本等，借记"库存物品"等科目，贷记"加工物品"科目（委托加工物品）。

（四）存货发出的核算

存货发出时，应当根据实际情况采用先进先出法、加权平均法或者个别计价法确定发出存货的实际成本。计价方法一经确定，不得随意变更。

1. 领用、自主出售或加工发出

单位开展业务活动等领用、按照规定自主出售发出或加工发出库存物品，按照领用、出售等发出物品的实际成本，借记"业务活动费用""单位管理费用""经营费用""加工物品"等科目，贷记"库存物品"科目。

【例11-14】某行政单位的内部业务部门从存货仓库领用一批库存物品，用于开展日常业务活动，该批物品的实际成本为1 120元。据以编制会计分录。

借：业务活动费用　　　　　　　　　　　　　　　　1 120
　　贷：库存物品　　　　　　　　　　　　　　　　　　　　1 120

【例11-15】某事业单位的后勤管理部门从存货仓库领用一批低值易耗品，用于日常后勤管理活动，该批低值易耗品的实际成本为2 400元，采用五五摊销法摊销其成本。据以编制会计分录。（后勤管理部门领用低值易耗品摊销其成本的50%。）

借：单位管理费用　　　　　　　　　　　　　　　　1 200
　　贷：库存物品——低值易耗品　　　　　　　　　　　　　　1 200

（该批低值易耗品报废时，再摊销其成本的50%，会计分录同上。）

2. 经批准对外出售

经批准对外出售的库存物品（不含可自主出售的库存物品）发出时，按照库存物品的账面余额，借记"资产处置费用"科目，贷记"库存物品"科目；同时，按照收到的价款，借记"银行存款"等科目，按照处置过程中发生的相关费用，贷记"银行存款"等科目，按照其差额，贷记"应缴财政款"科目。

3. 经批准对外捐赠

经批准对外捐赠的库存物品发出时，按照库存物品的账面余额和对外捐赠过程中发生的归属于捐出方的相关费用合计数，借记"资产处置费用"科目，按照库存物品账面余额，贷记"库存物品"科目，按照对外捐赠过程中发生的归属于捐出方的相关费用，贷记"银行存款"等科目。

4. 经批准无偿调出

经批准无偿调出的库存物品发出时，按照库存物品的账面余额，借记"无偿调拨净资产"科目，贷记"库存物品"科目；同时，按照无偿调出过程中发生的归属于调出方的相关费用，借记"资产处置费用"科目，贷记"银行存款"等科目。

（五）存货清查盘点

单位应当定期对库存物品进行清查盘点，每年至少盘点一次。对于发生的库存物品盘盈、盘亏或者报废毁损，应当先记入"待处理财产损溢"科目，按照规定报经批准后及时进行后续账务处理。

（1）盘盈的库存物品，按照确定的入账成本，借记"库存物品"科目，贷记"待处理财产损溢"科目。

（2）盘亏或者毁损、报废的库存物品，按照待处理库存物品的账面余额，借记"待处理财产损溢"科目，贷记"库存物品"科目。

第五节　长期投资的核算

长期投资是指事业单位取得的除短期投资以外的债权和股权性质的投资。长期投资按性质不同分为长期股权投资和长期债权投资。

一、长期股权投资

（一）长期股权投资的概念

长期股权投资是指事业单位按照规定取得的，持有时间超过一年（不含一年）的股权性质的投资。根据现行《事业单位财务规则》的规定，事业单位不得使用财政拨款及其结余进行对外投资，不得从事股票、期货、基金、企业债券等投资，国家另有规定的除外。可见，事业单位的长期股权投资一般是指直接投资。为了核算长期股权投资业务，事业单位应设置"长期股权投资"科目。该科目应当按照被投资单位和长期股权投资取得方式等进行明细核算。

（二）长期股权投资的核算

1. 长期股权投资的取得

长期股权投资有以下几种取得方式，在取得时，应当按照其实际成本作为初始投资成本。

（1）以现金取得

以现金取得的长期股权投资，按照确定的投资成本，借记"长期股权投资"科目（成本），按照支付的价款中包含的已宣告但尚未发放的现金股利，借记"应收股利"科目，按照实际支付的全部价款，贷记"银行存款"等科目。实际收到取得投资时所支付价款中包含的已宣告但尚未发放的现金股利时，借记"银行存款"科目，贷记"应收股利"科目。

【例 11-16】某事业单位20××年用银行存款300万元购入乙单位10%的股权。据以编制会计分录。

编制的财务会计分录如下。

借：长期股权投资   3 000 000

    贷：银行存款   3 000 000

编制的预算会计分录如下。

借：投资支出   3 000 000

    贷：资金结存——货币资金   3 000 000

（2）以现金以外的其他资产置换

以现金以外的其他资产置换取得的长期股权投资，参照"库存物品"科目中置换取得库存物品的相关规定进行处理。

【例 11-17】某事业单位以一项固定资产对外进行长期投资。该项固定资产的评估价值为 160 000元，该项固定资产的账面价值200 000 元，已计提累计折旧为 50 000 元。据以编制会计分录。

借：长期股权投资   160 000

    固定资产累计折旧   50 000

    贷：固定资产   200 000

       其他收入   10 000

（3）以未入账的无形资产取得

以未入账的无形资产取得的长期股权投资，按照评估价值加相关税费作为投资成本，借记"长期股权投资"科目，按照发生的相关税费，贷记"银行存款""其他应交税费"等科目，按其差额，贷记"其他收入"科目。

2. 长期股权投资的后续计量

（1）长期股权投资的成本法

成本法是指投资按照成本计量的方法。事业单位无权决定被投资单位的财务和经营政策或无权参与被投资单位的财务和经营政策决策的，应当采用成本法进行核算。核算方法如下。

① 初始投资或追加投资时，按照初始投资或追加投资时的成本，增加长期股权投资的账面价值。

② 被投资单位宣告发放现金股利或利润时，按照应收的金额，借记"应收股利"科目，贷记"投资收益"科目。收到现金股利或利润时，按照实际收到的金额，借记"银行存款"等科目，贷记"应收股利"科目。按照预算会计项目，借记"资金结存——货币资金"科目，贷记"投资预算收益"科目。

【例 11-18】某事业单位的长期股权投资无权参与被投资单位的财务和经营决策，采用成本法进行核算。20××年 5 月 3 日，收到被投资单位宣告并发放的现金股利 70 000 元，款项存入银行账户。据以编制会计分录。

编制的财务会计分录如下。

借：银行存款   70 000

    贷：投资收益   70 000

编制的预算会计分录如下。

借：资金结存——货币资金   70 000

    贷：投资预算收益   70 000

（2）长期股权投资的权益法

事业单位自主决定被投资单位的财务和经营政策或参与被投资单位的财务和经营政策决策的，应当采用权益法进行核算。长期股权投资采用权益法核算的，还应当按照"成本""损益调整""其他权益变动"设置明细科目，进行明细核算。

① 被投资单位实现净利润，按照应享有的份额，借记本科目（损益调整），贷记"投资收益"科目。被投资单位发生净亏损的，按照应分担的份额，借记"投资收益"科目，贷记本科目（损益调整），但以本科目的账面余额减记至零为限。

② 被投资单位宣告分派现金股利或利润，按照应享有的份额，借记"应收股利"科目，贷记本科目（损益调整）。

③ 被投资单位发生除净损益和利润分配以外的所有者权益变动，按照应享有或应分担的份额，借记或贷记"权益法调整"科目，贷记或借记本科目（其他权益变动）。

【例 11-19】某事业单位的长期股权投资占被投资单位 60%的股权，参与被投资单位的财务和经营决策，采用权益法进行核算。2021 年 12 月 31 日，被投资单位实现利润 500 000 元，除净损益和利润分配以外的所有者权益变动金额为 90 000 元。据以编制会计分录。

（1）按照对被投资单位实现净利润享有的份额：500 000×60%=300 000（元）

借：长期股权投资——损益调整   300 000

    贷：投资收益   300 000

（2）按照对被投资单位除净损益和利润分配以外的所有者权益变动享有的份额：90 000×60%=54 000（元）

借：长期股权投资——其他权益变动   54 000

    贷：权益法调整   54 000

2022 年 2 月 1 日，被投资单位宣告发放现金股利 100 000 元。

按照对被投资单位分配股利享有的份额：100 000×60%=60 000（元）

借：应收股利   60 000

    贷：长期股权投资——损益调整   60 000

二、长期债券投资

（一）长期债券投资的概念

长期债券投资是指事业单位按照规定取得的，持有时间超过 1 年（不含 1 年）的债券投资。为了核算长期债券投资业务，事业单位应设置"长期债券投资"科目。该科目应当设置"成本"和"应计利息"明细科目，并按照债券投资的种类进行明细核算。该科目期末借方余额反映事业单位持有的长期债券投资的价值。

（二）长期债券投资的核算

1. 长期债券投资的取得

长期债券投资在取得时，应当按照其实际成本作为投资成本。事业单位取得的长期债券投资，按照确定的投资成本，借记"长期债券投资"科目（成本），按照支付的价款中包含的已到付息期但尚未领取的利息，借记"应收利息"科目，按照实际支付的金额，贷记"银行存款"等科目。

实际收到取得债券时所支付价款中包含的已到付息期但尚未领取的利息时，借记"银行存款"科目，贷记"应收利息"科目。

【例 11-20】某事业单位20××年1月1日以货币资金500 000元取得一项长期债券投资，年利率为4%，到期一次还本付息。不考虑其他税费。据以编制会计分录。

编制的财务会计分录如下。

借：长期债券投资——成本　　　　　　　　　　　　　　　　500 000
　　贷：银行存款　　　　　　　　　　　　　　　　　　　　　　500 000

编制的预算会计分录如下。

借：投资支出　　　　　　　　　　　　　　　　　　　　　　500 000
　　贷：资金结存——货币资金　　　　　　　　　　　　　　　　500 000

2. 长期债券投资的持有

事业单位在长期债券投资持有期间，按期以债券票面金额与票面利率计算确认利息收入时，如为到期一次还本付息的债券投资，借记"长期债券投资"科目（应计利息），贷记"投资收益"科目；如为分期付息、到期一次还本的债券投资，借记"应收利息"科目，贷记"投资收益"科目。收到分期支付的利息时，按照实际收到的金额，借记"银行存款"等科目，贷记"应收利息"科目。

3. 长期债券投资的到期收回

事业单位到期收回长期债券投资时，按照实际收到的金额，借记"银行存款"科目，按照长期债券投资的账面余额，贷记"长期债券投资"科目，按照相关应收利息金额，贷记"应收利息"科目，按照其差额，贷记"投资收益"科目。

【例 11-21】某事业单位发生以下业务，据以编制会计分录。

（1）20××年该单位取得长期债券投资，支付对价120 000元。

编制的财务会计分录如下。

借：长期债券投资——成本　　　　　　　　　　　　　　　　120 000
　　贷：银行存款　　　　　　　　　　　　　　　　　　　　　　120 000

编制的预算会计分录如下。

借：投资支出　　　　　　　　　　　　　　　　　　　　　　120 000
　　贷：资金结存——货币资金　　　　　　　　　　　　　　　　120 000

（2）20××年12月31日，收到债券利息6 000元，款项存入银行账户。

编制的财务会计分录如下。

借：银行存款　　　　　　　　　　　　　　　　　　　　　　6 000
　　贷：投资收益　　　　　　　　　　　　　　　　　　　　　　6 000

编制的预算会计分录如下。

借：资金结存——货币资金　　　　　　　　　　　　　　　　6 000
　　贷：投资预算收益　　　　　　　　　　　　　　　　　　　　6 000

（3）下一年2月1日，该事业单位向外转让该长期债券投资，转让价格为125 000元。

编制的财务会计分录如下。

借：银行存款   125 000

  贷：长期债券投资——成本   120 000

    投资收益   5 000

编制的预算会计分录如下。

借：资金结存——货币资金   125 000

  贷：其他结余   120 000

    投资预算收益   5 000

第六节 固定资产的核算

一、固定资产概述

（一）固定资产的概念

固定资产是指使用期限超过一年（不含一年），单位价值在规定标准以上（1 000元以上，其中专用设备单位价值在1 500元以上），并在使用过程中基本保持原有物质形态的资产。单位价值虽未达到规定标准，但是耐用时间超过一年（不含一年）的大批同类物资，应当作为固定资产核算。

（二）固定资产的分类

由于政府单位的固定资产种类较多，规格不一，为了加强对固定资产的管理，便于组织会计核算，我们有必要对其进行科学、合理的分类。固定资产一般分为六类：房屋和构筑物；专用设备；通用设备；文物和陈列品；图书、档案；家具、用具、装具等。

（1）房屋和构筑物是指单位拥有占有权或者使用权的房屋、建筑物及其附属设施。

（2）专用设备是指单位根据业务工作的实际需要购置的各种具有专门性能和专门用途的设备。

（3）通用设备是指单位拥有、占有或者使用的各类交通工具；各种办公用设备等。

（4）文物和陈列品是指博物馆、展览馆、纪念馆等文化单位的各种文物或陈列品。

（5）图书、档案是指专业图书馆、文化馆贮藏的书籍，以及单位贮藏的统一管理使用的业务用书，如单位图书馆（室）阅览室的图书等。

（6）家具、用具、装具是指单位办公用的家具及在业务活动中使用的工具、包装物等。

二、固定资产的确认与计量

（一）固定资产的确认

固定资产同时满足下列条件的，应当予以确认：与该固定资产相关的服务潜力很可能实现或者经济利益很可能流入政府会计主体；该固定资产的成本或者价值能够可靠地计量。

（二）固定资产的计量

固定资产在取得时应当按照成本进行初始计量。

（1）外购的固定资产，其成本包括购买价款、相关税费以及固定资产交付使用前所发生的安装费和专业人员服务费等。

（2）自行建造的固定资产，其成本包括该项资产至交付使用前所发生的全部必要支出。

（3）通过置换取得的固定资产，其成本按照换出资产的评估价值加上支付的补价或减去收到的补价，加上换入固定资产发生的其他相关支出确定。

（4）接受捐赠的固定资产，其成本按照有关凭据注明的金额加上相关税费、运输费等确定。

（5）无偿调入的固定资产，其成本按照调出方账面价值加上相关税费、运输费等确定。

（6）盘盈的固定资产，其成本按照有关凭据注明的金额确定；没有相关凭据，按照规定经过资产评估的，其成本按照评估价值确定；没有相关凭据，也未经过评估的，其成本按照重置成本确定。

（7）融资租赁取得的固定资产，其成本按照租赁协议或者合同确定的租赁价款、相关税费以及固定资产交付使用前所发生的可归属于该项资产的运输费、途中保险费、安装调试费等确定。

三、固定资产取得的核算

为了核算固定资产业务，单位应设置"固定资产"科目。该科目期末借方余额，反映单位固定资产的原价。该科目应当按照固定资产类别和项目进行明细核算。

（一）购入固定资产

购入不需安装的固定资产验收合格时，按照确定的固定资产成本，借记"固定资产"科目，贷记"财政拨款收入""零余额账户用款额度""应付账款""银行存款"等科目。按照预算会计项目，借记"行政支出""事业支出""经营支出"科目，贷记"财政拨款预算收入""资金结存"科目。

【例 11-22】某事业单位通过财政直接支付方式购买 10 台复印机，支付款项 38 000 元，货已验收。据以编制会计分录。

编制的财务会计分录如下。

借：固定资产 38 000
　　贷：财政拨款收入 38 000

编制的预算会计分录如下。

借：事业支出 38 000
　　贷：财政拨款预算收入 38 000

购入需要安装的固定资产，在安装完毕交付使用前通过"在建工程"科目核算，安装完毕，使用时，再转入"固定资产"科目。

购入固定资产扣留质量保证金的，应当在取得固定资产时，按照确定的固定资产成本，借记"固定资产"科目（不需安装）或"在建工程"科目（需要安装），按照实际支付或应付的金额，贷记"财政拨款收入""零余额账户用款额度""应付账款"（不含质量保证金）"银行存款"等科目，按照扣留的质量保证金数额，贷记"其他应付款"（扣留期在一年以内）或"长期应付款"（扣留期超过一年）科目。质保期满支付质量保证金时，借记"其他应付款""长期应付款"科目，贷记"财政拨款收入""零余额账户用款额度""银行存款"等科目。

【例 11-23】某行政单位购入需要安装的一部电梯，电梯价格为 600 000 元，运输及保险费 150 000 元，扣留质量保证金 40 000 元，约定如无质量问题，6 个月后退还全部价款，使用财政直接支付方式进行支付。据以编制会计分录。

（1）购入电梯时

编制的财务会计分录如下。

借：在建工程 750 000
　　贷：财政拨款收入 710 000
　　　　其他应付款 40 000

编制的预算会计分录如下。

借：行政支出   710 000

  贷：财政拨款预算收入   710 000

（2）电梯安装完成时

借：固定资产   750 000

  贷：在建工程   750 000

（3）支付质量保证金时

编制的财务会计分录如下。

借：其他应付款   40 000

  贷：财政拨款收入   40 000

编制的预算会计分录如下。

借：行政支出   40 000

  贷：财政拨款预算收入   40 000

（二）自行建造的固定资产

固定资产交付使用时，按照在建工程成本，借记"固定资产"科目，贷记"在建工程"科目。已交付使用但尚未办理竣工决算手续的固定资产，按照估计价值入账，待办理竣工决算后再按照实际成本调整原来的暂估价值。

（三）融资租入的固定资产

融资租入的固定资产，按照确定的成本，借记"固定资产"科目（不需安装）或"在建工程"科目（需安装），按照租赁协议或者合同确定的租赁付款额，贷记"长期应付款"科目，按照支付的运输费、途中保险费、安装调试费等金额，贷记"财政拨款收入""零余额账户用款额度""银行存款"等科目。定期支付租金时，按照实际支付金额，借记"长期应付款"科目，贷记"财政拨款收入""零余额账户用款额度""银行存款"等科目。

【例 11-24】某医院以融资租赁方式租入一台医疗设备，租赁协议的价款为 3 000 000 元，合同签订过程中通过直接支付方式发生相关税费 5 000 元，融资租赁期为 10 年，假定每年年初支付租金 300 000 元。该设备已经验收，并投入使用。据以编制会计分录。

（1）融资租入固定资产时

编制的财务会计分录如下。

借：固定资产——融资租入固定资产   3 005 000

  贷：长期应付款——应付融资租入固定资产   3 000 000

    财政拨款收入   5 000

编制的预算会计分录如下。

借：事业支出   5 000

  贷：财政拨款预算收入   5 000

（2）每年年初通过财政直接支付方式支付租金时

编制的财务会计分录如下。

借：长期应付款——应付融资租入固定资产   300 000

  贷：财政拨款收入   300 000

编制的预算会计分录如下。

借：事业支出   300 000

  贷：财政拨款预算收入   300 000

（四）接受捐赠的固定资产

接受捐赠的固定资产，按照确定的固定资产成本，借记"固定资产"科目（不需安装）或"在建工程"科目（需安装），按照发生的相关税费、运输费等，贷记"零余额账户用款额度""银行存款"等科目，按照其差额，贷记"捐赠收入"科目。接受捐赠的固定资产按照名义金额入账的，按照名义金额，借记"固定资产"科目，贷记"捐赠收入"科目；按照发生的相关税费、运输费等，借记"其他费用"科目，贷记"零余额账户用款额度""银行存款"等科目。

【例 11-25】 某学校接到国内某出版单位赠送的图书，价值 110 000 元，学校通过单位零余额账户支付运费 2 000 元。据以编制会计分录。

编制的财务会计分录如下。

借：固定资产 112 000
　　贷：零余额账户用款额度 2 000
　　　　捐赠收入 110 000

编制的预算会计分录如下。

借：其他支出 2 000
　　贷：资金结存——零余额账户用款额度 2 000

四、固定资产折旧

（一）固定资产折旧的含义与范围

固定资产折旧是指在固定资产预计使用寿命内，按照确定的方法对应折旧金额进行系统分摊。固定资产应计的折旧额为其成本，计提固定资产折旧时不考虑预计净残值。单位应按规定对固定资产计提折旧。但单位对下列固定资产不计提折旧：文物及陈列品；动植物；图书、档案；单独计价入账的土地；以名义金额入账的固定资产。单位应当对暂估入账的固定资产计提折旧，实际成本确定后不需调整原已计提的折旧额。

（二）固定资产折旧年限

单位根据固定资产的性质和实际使用情况，合理确定其折旧年限。单位在确定固定资产使用年限时，应当考虑下列因素：预计实现服务潜力或提供经济利益的期限；预计有形损耗和无形损耗；法律或者类似规定对资产使用的限制。固定资产的使用年限一经确定，不得随意变更。

（三）固定资产折旧方法

在确定固定资产的折旧方法时，单位应当考虑与固定资产相关的服务潜力或经济利益的预期实现方式。单位一般采用平均年限法计提固定资产折旧。固定资产折旧方法一经确定，不得随意变更。

（四）固定资产累计折旧的核算

为了核算固定资产折旧业务，单位应设置"固定资产累计折旧"科目。该科目应当按照所对应固定资产的明细分类进行明细核算。该科目期末贷方余额，反映单位计提的固定资产折旧累计数。

单位计提融资租入固定资产折旧时，应当采用与自有固定资产相一致的折旧政策。能合理确定租赁期届满时将会取得租入固定资产所有权的，应当在租入固定资产尚可使用年限内计提折旧；无法合理确定租赁期届满时能够取得租入固定资产所有权的，应当在租赁期与租入固定资产尚可使用年限两者中较短的期间内计提折旧。单位按月计提固定资产折旧时，按照应计提折旧金额，借记"业务活动费用""单位管理费用""经营费用""加工物品""在建工程"等科目，贷记"固定资产累计折旧"科目。

【例 11-26】某行政单位购入的一部电梯，成本为 720 000 元，预计使用 10 年，每月计提折旧 6 000 元。据以编制会计分录。

借：业务活动费用	6 000
贷：固定资产累计折旧	6 000

五、固定资产的处置

（一）出售、转让固定资产

报经批准出售、转让的固定资产，按照被出售、转让固定资产的账面净值，借记"资产处置费用"科目，按照固定资产已计提的折旧，借记"固定资产累计折旧"科目，按照固定资产账面原始价值，贷记"固定资产"科目；同时，按照收到的价款扣除处置过程中发生的相关费用，借记"银行存款"等科目，贷记"应缴财政款"科目。

（二）对外捐赠

报经批准对外捐赠固定资产，按照固定资产已计提的折旧，借记"固定资产累计折旧"科目，按照被处置固定资产账面原始价值，贷记"固定资产"科目，按照捐赠过程中发生的归属于捐出方的相关费用，贷记"银行存款"等科目，按照其差额，借记"资产处置费用"科目。

【例 11-27】某高校向希望小学捐赠 10 台复印机，账面原值 40 000 元，已提折旧 10 000 元，捐赠过程中以银行存款支付运输费用 1 000 元。据以编制会计分录。

编制的财务会计分录如下。

借：资产处置费用	31 000
固定资产累计折旧	10 000
贷：固定资产	40 000
银行存款	1 000

编制的预算会计分录如下。

借：其他支出	1 000
贷：资金结存——货币资金	1 000

（三）无偿调出

报经批准无偿调出的固定资产，按照固定资产已计提的折旧，借记"固定资产累计折旧"科目，按照被处置固定资产账面原始价值，贷记"固定资产"科目，按照其差额，借记"无偿调拨净资产"科目。同时，按照无偿调出过程中发生的归属于调出方的相关费用，借记"资产处置费用"科目，贷记"银行存款"等科目。

（四）固定资产盘盈和盘亏

单位应当定期对固定资产进行清查盘点，每年至少盘点一次。对于发生的固定资产盘盈、盘亏或毁损、报废，应当先记入"待处理财产损溢"科目，按照规定报经批准后及时进行后续账务处理。盘盈的固定资产，按照确定的入账成本，借记"固定资产"科目，贷记"待处理财产损溢"科目；盘亏、毁损或报废的固定资产，按照待处理固定资产的账面净值，借记"待处理财产损溢"科目，按照已计提折旧，借记"固定资产累计折旧"科目，按照固定资产账面原始价值，贷记"固定资产"科目。

第七节 ｜ 工程物资与在建工程的核算

一、工程物资

（一）工程物资的概念

工程物资是指单位为在建工程准备的各种物资，包括工程用材料、设备等。

（二）工程物资的核算

为了核算工程物资业务，单位应该设置"工程物资"科目。该科目核算工程物资的成本。该科目可按照"库存材料""库存设备"等工程物资类别进行明细核算。购入为工程准备的物资，按照确定的物资成本，借记"工程物资"科目，贷记"财政拨款收入""零余额账户用款额度""银行存款""应付账款"等科目。领用工程物资，按照领用的物资成本，借记"在建工程"科目，贷记"工程物资"科目。工程完工后将领出的剩余物资退库时做相反的会计分录。

二、在建工程

（一）在建工程的概念

在建工程是指单位已经发生必要支出，但尚未完工交付使用的各种建筑（包括新建、改建、扩建、修缮等）工程、设备安装工程和信息系统建设工程。

（二）在建工程的核算

为了核算在建工程业务，单位应设置"在建工程"科目。该科目核算单位在建的建设项目工程的实际成本。单位在建的信息系统项目工程、公共基础设施项目工程、保障性住房项目工程的实际成本，也通过该科目核算。该科目应当设置"建筑安装工程投资""设备投资""待摊投资""其他投资""待核销基建支出""基建转出投资"等明细科目，并按照具体项目进行明细核算。

1. 建筑安装工程投资

（1）将固定资产等资产转入改建、扩建时，按照固定资产等资产的账面价值，借记"在建工程"科目（建筑安装工程投资），按照已计提的折旧或摊销，借记"固定资产累计折旧"等科目，按照固定资产等资产的原值，贷记"固定资产"等科目。固定资产等资产改建、扩建过程中涉及替换（或拆除）原资产的某些组成部分的，按照被替换（或拆除）部分的账面价值，借记"待处理财产损溢"科目，贷记"在建工程"科目（建筑安装工程投资）。

（2）单位对于发包建筑安装工程，根据建筑安装工程价款结算账单与施工企业结算工程价款，按照应承付的工程价款，借记"在建工程"科目（建筑安装工程投资），按照预付工程款余额，贷记"预付账款"科目，按照其差额，贷记"财政拨款收入""零余额账户用款额度""银行存款""应付账款"等科目。

（3）单位自行施工的小型建筑安装工程，按照发生的各项支出金额，借记"在建工程"科目（建筑安装工程投资），贷记"工程物资""零余额账户用款额度""银行存款""应付职工薪酬"等科目。

（4）工程竣工，办妥竣工验收交接手续交付使用时，按照建筑安装工程成本（含应分摊的待摊投资），借记"固定资产"等科目，贷记"在建工程"科目（建筑安装工程投资）。

【例11-28】某高校实验室使用多年，转入修缮，发生以下业务，据以编制会计分录。

（1）该实验室原价8 000 000元，已提折旧5 500 000元。

借：在建工程——建筑安装工程投资 2 500 000

　　固定资产累计折旧——实验室 5 500 000

　　贷：固定资产——实验室 8 000 000

（2）拆除部分设备，其价值占整个实验室价值的1/10，故该部分价值为250 000元。

借：待处理财产损溢 250 000

　　贷：在建工程——建筑安装工程投资 250 000

（3）通过财政授权支付给工程公司工程款700 000元。

编制的财务会计分录如下。

借：在建工程——建筑安装工程投资 700 000

　　贷：零余额账户用款额度 700 000

编制的预算会计分录如下。

借：事业支出 700 000

　　贷：资金结存——零余额账户用款额度 700 000

（4）维修完毕后转入固定资产。

借：固定资产——实验室 2 950 000

　　贷：在建工程——建筑安装工程投资 2 950 000

2．设备投资

（1）购入设备时，按照购入成本，借记"在建工程"科目（设备投资），贷记"财政拨款收入""零余额账户用款额度""银行存款"等科目；采用预付款方式购入设备的，有关预付款的账务处理参照"在建工程"科目有关"建筑安装工程投资"明细科目的规定。

（2）设备安装完毕，办妥竣工验收交接手续交付使用时，按照设备投资成本（含设备安装工程成本和分摊的待摊投资），借记"固定资产"等科目，贷记"在建工程"科目（设备投资、建筑安装工程投资——××安装工程）。

将不需要安装的设备和达不到固定资产标准的工具、器具交付使用时，按照相关设备、工具、器具的实际成本，借记"固定资产""库存物品"科目，贷记"在建工程"科目（设备投资）。

3．其他投资

（1）单位为建设工程发生的房屋购置支出，基本畜禽、林木等的购置、饲养、培育支出，办公生活用家具、器具购置支出，软件研发和不能计入设备投资的软件购置等支出，按照实际发生金额，借记"在建工程——其他投资"科目，贷记"财政拨款收入""零余额账户用款额度""银行存款"等科目。

（2）工程完成将形成的房屋、基本畜禽、林木等各种财产以及无形资产交付使用时，按照其实际成本，借记"固定资产""无形资产"等科目，贷记"在建工程——其他投资"科目。

【例11-29】某市水务局为建设某水利工程项目进行一项信息系统研发，发生以下相关业务，据以编制会计分录。

（1）以财政直接支付方式支付该系统开发建设支出总计700 000元。

编制的财务会计分录如下。

借：在建工程——其他投资（某项目软件开发） 700 000

　　贷：财政拨款收入 700 000

编制的预算会计分录如下。

借：行政支出　　　　　　　　　　　　　　　　　　　700 000
　　贷：财政拨款预算收入　　　　　　　　　　　　　　　　　700 000
（2）项目信息系统完工交付时，假设未发生其他费用。
借：固定资产——某项目　　　　　　　　　　　　　　700 000
　　贷：在建工程——其他投资（某项目软件研发）　　　　　　700 000

第八节　无形资产的核算

一、无形资产的概念

无形资产是指不具有实物形态而能为单位提供某种权利的非货币性资产，包括著作权、土地使用权、专利权、非专利技术等。

二、无形资产的确认

（一）无形资产的确认条件

无形资产同时满足下列条件的，应当予以确认。
（1）与该无形资产相关的服务潜力很可能实现或者经济利益很可能流入政府会计主体。
（2）该无形资产的成本或者价值能够可靠地计量。
在判断无形资产的服务潜力或经济利益是否很可能实现或流入时，应当对无形资产在预计使用年限内可能存在的各种社会、经济、科技因素做出合理估计，并且应当有确凿的证据支持。
单位购入的不构成相关硬件不可缺少组成部分的软件，应当确认为无形资产。

（二）无形资产实际成本的确定

（1）外购的无形资产，其成本包括购买价款、相关税费以及可归属于该项资产达到预定用途前所发生的其他支出。单位委托软件公司开发的软件，视同外购无形资产确定其成本。
（2）自行开发的无形资产，其成本包括自该项目进入开发阶段后至达到预定用途前所发生的支出总额。
（3）通过置换取得的无形资产，其成本按照换出资产的评估价值加上支付的补价或减去收到的补价，加上换入无形资产发生的其他相关支出确定。
（4）接受捐赠的无形资产，其成本按照有关凭据注明的金额加上相关税费确定，确定接受捐赠无形资产的初始入账成本时，应当考虑该项资产尚可为单位带来服务潜力或经济利益的能力。
（5）无偿调入的无形资产，其成本按照调出方账面价值加上相关税费确定。

三、无形资产取得的核算

为了核算各项无形资产业务，单位应设置"无形资产"科目。该科目应当按无形资产的类别、项目等进行明细核算。该科目期末借方余额，反映单位无形资产的成本。

（一）外购无形资产

外购的无形资产，按照确定的成本，借记"无形资产"科目，贷记"财政拨款收入""零余额账户用款额度""应付账款""银行存款"等科目。

【**例 11-30**】某科学事业单位外购一项专利权，实际成本为 400 000 元，款项以财政授权支付方式支付，购入的无形资产已达到预定用途，投入事业活动使用。据以编制会计分录。

编制的财务会计分录如下。

借：无形资产　　　　　　　　　　　　　　　　　　　　　　　　　400 000
　　贷：零余额账户用款额度　　　　　　　　　　　　　　　　　　　　　400 000

编制的预算会计分录如下。

借：事业支出　　　　　　　　　　　　　　　　　　　　　　　　　　400 000
　　贷：资金结存——零余额账户用款额度　　　　　　　　　　　　　　　400 000

（二）委托软件公司开发的软件

委托软件公司开发软件，视同外购无形资产进行处理。合同中约定预付开发费用的，按照预付金额，借记"预付账款"科目，贷记"财政拨款收入""零余额账户用款额度""银行存款"等科目。软件开发完成交付使用并支付剩余或全部软件开发费用时，按照软件开发费用总额，借记"无形资产"科目，按照相关预付账款金额，贷记"预付账款"科目，按照支付的剩余金额，贷记"财政拨款收入""零余额账户用款额度""银行存款"等科目。

【**例 11-31**】某行政单位与软件公司合作，委托其开发软件，价款 250 000 元。根据合同，该行政单位先预付 40%的开发费用，剩余费用完工交付后支付。所有款项使用银行存款方式支付。据以编制会计分录。

（1）预付开发费用时

编制的财务会计分录如下。

借：预付账款　　　　　　　　　　　　　　　　　　　　　　　　　　100 000
　　贷：银行存款　　　　　　　　　　　　　　　　　　　　　　　　　　100 000

编制的预算会计分录如下。

借：行政支出　　　　　　　　　　　　　　　　　　　　　　　　　　100 000
　　贷：资金结存——货币资金　　　　　　　　　　　　　　　　　　　　100 000

（2）完工交付时

编制的财务会计分录如下。

借：无形资产　　　　　　　　　　　　　　　　　　　　　　　　　　250 000
　　贷：预付账款　　　　　　　　　　　　　　　　　　　　　　　　　　100 000
　　　　银行存款　　　　　　　　　　　　　　　　　　　　　　　　　　150 000

编制的预算会计分录如下。

借：行政支出　　　　　　　　　　　　　　　　　　　　　　　　　　150 000
　　贷：资金结存——货币资金　　　　　　　　　　　　　　　　　　　　150 000

（三）自行开发的无形资产

为了核算单位自行研究开发项目研究阶段和开发阶段发生的各项支出，应设置"研发支出"科目。该科目应当按照自行研究开发项目，分别设置"研究支出""开发支出"等明细科目进行明细核算。该科目期末借方余额，反映单位预计能达到预定用途的研究开发项目在研究阶段和开发阶段发生的累计支出数。研发支出的主要账务处理如下。

（1）自行研究开发项目研究阶段的支出，按照从事研究及其辅助活动人员计提的薪酬，研究活动领用的库存物品，发生的与研究活动相关的管理费、间接费和其他各项费用，借记"研发支出"科目（研究支出），贷记"应付职工薪酬""库存物品""财政拨款收入""零余额账户用款额度""固定资产累计折旧""银行存款"等科目。期（月）末，应当将"研发支出"科目归集的研究阶段的支出金额转入当期费用，借记"业务活动费用"等科目，贷记"研发支出"科目（研究支出）。

（2）自行研究开发项目开发阶段的支出，按照从事开发及其辅助活动人员计提的薪酬，开发活动领用的库存物品，发生的与开发活动相关的管理费、间接费和其他各项费用，借记"研发支出"科目（开发支出），贷记"应付职工薪酬""库存物品""财政拨款收入""零余额账户用款额度""固定资产累计折旧""银行存款"等科目。自行研究开发项目完成，达到预定用途形成无形资产的，按照"研发支出"科目归集的开发阶段的支出金额，借记"无形资产"科目，贷记"研发支出"科目（开发支出）。

【例 11-32】某事业单位自行研究开发某项专利技术，研制期间发生的相关支出为：研制人员薪酬 30 000 元，消耗材料费 80 000 元，并通过财政授权方式支付其他各项费用 50 000 元。该研发确实无法区分研究阶段支出和开发阶段支出，但该专利技术按照法律程序已申请取得国家专利。通过财政直接支付方式支付申请专利时发生注册费、聘请律师费等费用共计 120 000 元。据以编制会计分录。

（1）支付研发期间的相关费用时

编制的财务会计分录如下。

借：研发支出　　　　　　　　　　　　　　　　　　　160 000
　　贷：应付职工薪酬　　　　　　　　　　　　　　　　　　30 000
　　　　库存物品　　　　　　　　　　　　　　　　　　　　80 000
　　　　零余额账户用款额度　　　　　　　　　　　　　　　50 000

编制的预算会计分录如下。

借：事业支出　　　　　　　　　　　　　　　　　　　　50 000
　　贷：资金结存——零余额账户用款额度　　　　　　　　　50 000

（2）通过财政直接支付方式支付申请专利发生的注册费、聘请律师费时

编制的财务会计分录如下。

借：研发支出　　　　　　　　　　　　　　　　　　　120 000
　　贷：财政拨款收入　　　　　　　　　　　　　　　　　120 000

编制的预算会计分录如下。

借：事业支出　　　　　　　　　　　　　　　　　　　120 000
　　贷：财政拨款预算收入　　　　　　　　　　　　　　　120 000

（3）将依法取得专利前所发生的研发支出结转业务活动费用时

借：业务活动费用　　　　　　　　　　　　　　　　　160 000
　　贷：研发支出　　　　　　　　　　　　　　　　　　　160 000

同时，将专利申请费用结转无形资产时

借：无形资产　　　　　　　　　　　　　　　　　　　120 000
　　贷：研发支出　　　　　　　　　　　　　　　　　　　120 000

四、无形资产摊销

无形资产摊销是指在无形资产使用年限内，按照确定的方法对应摊销金额进行系统分摊。

（一）无形资产摊销年限的确定

单位应当于取得或形成无形资产时合理确定其使用年限。无形资产的使用年限为有限的，应当

估计该使用年限。无法预见无形资产为单位提供服务潜力或者带来经济利益期限的，应当视为使用年限不确定的无形资产。使用年限不确定的无形资产不应摊销。

（二）无形资产摊销方法和应摊销金额的确定

单位应当采用年限平均法或者工作量法对无形资产进行摊销，应摊销金额为其成本，不考虑预计残值。单位应当自无形资产取得当月起，按月计提摊销；无形资产减少的当月，不再计提摊销。

（三）无形资产摊销的账务处理

单位应设置"无形资产累计摊销"科目，用来核算无形资产计提的累计摊销。该科目应当按照无形资产的类别、项目等进行明细核算。该科目期末贷方余额，反映单位计提的无形资产摊销累计数。

单位按月对无形资产进行摊销时，按照应摊销金额，借记"业务活动费用""单位管理费用""加工物品""在建工程"等科目，贷记"无形资产累计摊销"科目。

【例11-33】某科研事业单位购得一项专利权，通过财政直接支付方式支付购买价款360 000元，购入的专利权已投入事业活动。据以编制会计分录。

编制的财务会计分录如下。

借：无形资产　　　　　　　　　　　　　　　　　360 000
　　贷：财政拨款收入　　　　　　　　　　　　　　　　360 000

编制的预算会计分录如下。

借：事业支出　　　　　　　　　　　　　　　　　　360 000
　　贷：财政拨款预算收入　　　　　　　　　　　　　　360 000

假定按照合同约定该专利权的使用年限为5年，每月摊销额6 000元（360 000÷60）。

借：业务活动费用　　　　　　　　　　　　　　　　6 000
　　贷：无形资产累计摊销　　　　　　　　　　　　　　6 000

第九节　其他资产的核算

一、政府储备物资

（一）政府储备物资的概念

政府储备物资，是指政府会计主体为满足实施国家安全与发展战略、进行抗灾救灾、应对公共突发事件、实施宏观调控等特定公共需求而控制的物资，如战略原料、抢险救灾物资、主要农产品、医药器材、重要商品物资等。

（二）政府储备物资的确认和计量

政府储备物资同时满足下列条件的，应当予以确认。

（1）与该政府储备物资相关的服务潜力很可能实现或者经济利益很可能流入政府会计主体。

（2）该政府储备物资的成本或者价值能够可靠地计量。

对政府储备物资不负有行政管理责任但接受委托负责其存储、保管等工作的承储单位，应当将受托代储的政府储备物资作为受托代理资产核算。

（三）政府储备物资的会计核算

单位应当设置"政府储备物资"科目，核算单位控制的政府储备物资成本。对政府储备物资不负有行政管理职责但接受委托具体负责执行其存储保管等工作的单位，其受托代储的政府储备物资应当通过"受托代理资产"科目核算，不通过本科目核算。

1. 政府储备物资取得的会计处理

政府储备物资取得时，应当按照其成本入账。购入的政府储备物资验收入库，按照确定的成本，借记"政府储备物资"科目，贷记"财政拨款收入""零余额账户用款额度""银行存款"等科目。涉及委托加工政府储备物资业务的，相关账务处理参照"加工物品"科目。接受捐赠的政府储备物资验收入库，按照确定的成本，借记"政府储备物资"科目，按照单位承担的相关税费、运输费等，贷记"零余额账户用款额度""银行存款"等科目，按照其差额，贷记"捐赠收入"科目。接受无偿调入的政府储备物资验收入库，按照确定的成本，借记"政府储备物资"科目，按照单位承担的相关税费、运输费等，贷记"零余额账户用款额度""银行存款"等科目，按照其差额，贷记"无偿调拨净资产"科目。

2. 政府储备物资发出的会计处理

政府储备物资发出时，应当分情况核算。因动用而发出无须收回的政府储备物资的，按照发出物资的账面余额，借记"业务活动费用"科目，贷记"政府储备物资"科目。因动用而发出需要收回或者预期可能收回的政府储备物资，在发出物资时，按照发出物资的账面余额，借记"政府储备物资"（发出）科目，贷记"政府储备物资"（在库）科目；按规定的质量验收标准收回物资时，按照收回物资原账面余额，借记"政府储备物资"（在库）科目，按照未收回物资的原账面余额，借记"业务活动费用"科目，按照物资发出登记在本科目所属"发出"明细科目中的余额，贷记"政府储备物资"（发出）科目。经批准对外捐赠政府储备物资时，借记"资产处置费用"科目，贷记"政府储备物资"科目。

【例11-34】20××年3月16日，某行政单位购入一批抗震救灾政府储备物资，价款20 000元，相关税费3 200元，运费、保险费共计2 000元，使用财政直接支付方式进行结算。4月17日，该行政单位经批准将这批政府储备物资向灾区捐赠，运输费用3 000元，使用银行存款支付。据以编制会计分录。

（1）购入政府储备物资时

编制的财务会计分录如下。

借：政府储备物资   25 200

    贷：财政拨款收入   25 200

编制的预算会计分录如下。

借：行政支出   25 200

    贷：财政拨款预算收入   25 200

（2）经批准对外捐赠时

编制的财务会计分录如下。

借：资产处置费用   28 200

    贷：政府储备物资   25 200

           银行存款   3 000

编制的预算会计分录如下。

借：行政支出   3 000

    贷：资金结存——货币资金   3 000

二、公共基础设施

（一）公共基础设施的概念

公共基础设施是指行政事业单位占有并直接负责维护管理、供社会公众使用的工程性公共基础设施资产，包括城市交通设施、公共照明设施、环保设施、防灾设施、健身设施、广场及公共构筑物等其他公共设施。

（二）公共基础设施的初始计量

公共基础设施在取得时应当按照成本进行初始计量。

（1）自行建造的公共基础设施，其成本包括完成批准的建设内容所发生的全部必要支出，包括建筑安装工程投资支出、设备投资支出、待摊投资支出和其他投资支出。

（2）在原有公共基础设施基础上进行改建、扩建等建造活动后的公共基础设施，其成本按照原公共基础设施账面价值加上改建、扩建等建造活动发生的支出，再扣除公共基础设施替换部分的账面价值后的金额确定。

（3）接受其他会计主体无偿调入的公共基础设施，其成本按照该项公共基础设施在调出方的账面价值加上归属于调入方的相关费用确定。

（4）接受捐赠的公共基础设施，其成本按照有关凭据注明的金额加上相关费用确定。

（5）外购的公共基础设施，其成本包括购买价款、相关税费以及公共基础设施交付使用前所发生的可归属于该项资产的运输费、装卸费、安装费和专业人员服务费等。

（三）公共基础设施的核算

为了核算公共基础设施业务，单位应当设置"公共基础设施"科目，并按照公共基础设施的类别和项目进行明细核算。公共基础设施应当在对其取得占有权利时确认。该科目期末借方余额，反映单位管理的公共基础设施的实际成本。单位应当结合本单位的具体情况，制订适合本单位管理的公共基础设施目录、分类方法，作为进行公共基础设施核算的依据。

1. 外购

外购的公共基础设施，按照确定的成本，借记"公共基础设施"科目，贷记"财政拨款收入""零余额账户用款额度""银行存款"等科目。按照预算会计项目，借记"行政支出""事业支出"等科目，贷记"财政拨款预算收入""资金结存"等科目。

2. 自行建造

自行建造的公共基础设施完工交付使用时，按照在建工程的成本，借记"公共基础设施"科目，贷记"在建工程"科目。

【例 11-35】某单位根据市政规划自行建造市民广场，该项公共基础设施至交付使用前所完成的全部必要支出是 280 000 元。据以编制会计分录。

借：公共基础设施　　　　　　　　　　　　　　　　　　280 000
　　贷：在建工程　　　　　　　　　　　　　　　　　　280 000

3. 接受其他单位无偿调入

接受其他单位无偿调入的公共基础设施，按照确定的成本，借记"公共基础设施"科目，按照发生的归属于调入方的相关费用，贷记"财政拨款收入""零余额账户用款额度""银行存款"等科目，按照其差额，贷记"无偿调拨净资产"科目。

无偿调入的公共基础设施成本无法可靠取得的，按照发生的相关税费、运输费等金额，借记"其他费用"科目，贷记"财政拨款收入""零余额账户用款额度""银行存款"等科目。

三、文物文化资产

（一）文物文化资产账户的设置

为了核算文物文化资产业务，单位应设置"文物文化资产"科目。该科目用来核算单位为满足社会公共需求而控制的文物文化资产的成本。该科目应当按照文物文化资产的类别、项目等进行明细核算。该科目期末借方余额，反映文物文化资产的成本。单位为满足自身开展业务活动或其他活动需要而控制的文物和陈列品，应当通过"固定资产"科目核算，不通过该科目核算。

（二）文物文化资产的核算

1. 外购

外购的文物文化资产，其成本包括购买价款、相关税费以及可归属于该项资产达到预定用途前所发生的其他支出（如运输费、安装费、装卸费等）。外购的文物文化资产，按照确定的成本，借记"文物文化资产"科目，贷记"财政拨款收入""零余额账户用款额度""银行存款"等科目。按照预算会计项目，借记"行政支出""事业支出"等科目，贷记"财政拨款预算收入""资金结存"科目。

2. 无偿调入

接受其他单位无偿调入的文物文化资产，其成本按照该项资产在调出方的账面价值加上归属于调入方的相关费用确定。调入的文物文化资产，按照确定的成本，借记"文物文化资产"科目，按照发生的归属于调入方的相关费用，贷记"零余额账户用款额度""银行存款"等科目，按照其差额，贷记"无偿调拨净资产"科目。无偿调入的文物文化资产成本无法可靠取得的，按照发生的归属于调入方的相关费用，借记"其他费用"科目，贷记"零余额账户用款额度""银行存款"等科目。

3. 接受捐赠

接受捐赠的文物文化资产，按照确定的成本，借记"文物文化资产"科目，按照发生的相关税费、运输费等金额，贷记"零余额账户用款额度""银行存款"等科目，按照其差额，贷记"捐赠收入"科目。接受捐赠的文物文化资产成本无法可靠取得的，按照发生的相关税费、运输费等金额，借记"其他费用"科目，贷记"零余额账户用款额度""银行存款"等科目。按照预算会计项目，借记"其他支出"等科目，贷记"财政拨款预算收入""资金结存"科目。

四、受托代理资产

受托代理资产是指单位接受委托方委托管理的各项资产，包括受托指定转赠的物资、受托储存管理的物资等。单位收到的受托代理资产为现金和银行存款的，不属于受托代理资产。

为了核算受托代理资产业务，单位应当设置"受托代理资产"科目，该科目应当按照资产的种类和委托人进行明细核算；属于转赠资产的，还应当按照受赠人进行明细核算。该科目期末借方余额，反映单位受托代理资产中实物资产的价值。单位收到受托代理资产为现金和银行存款的，不通过该科目核算，应当通过"库存现金""银行存款"科目进行核算。

（1）接受委托人委托需要转赠给受赠人的物资，其成本按照有关凭据注明的金额确定。接受委托转赠的物资验收入库，按照确定的成本，借记"受托代理资产"科目，贷记"受托代理负债"科目。受托协议约定由受托方承担相关税费、运输费等的，还应当按照实际支付的相关税费、运输费等金额，借记"其他费用"科目，贷记"银行存款"等科目。按照预算会计项目，借记"其他支出"科目，贷记"资金结存"科目。

（2）将受托转赠物资交付受赠人时，按照转赠物资的成本，借记"受托代理负债"科目，贷记

"受托代理资产"科目。

（3）转赠物资的委托人取消了对捐赠物资的转赠要求，且不再收回捐赠物资的，应当将转赠物资转为单位的存货、固定资产等。按照转赠物资的成本，借记"受托代理负债"科目，贷记"受托代理资产"科目；同时，借记"库存物品""固定资产"等科目，贷记"其他收入"科目。

【例11-36】某市民政局发生以下业务，据以编制会计分录。

接受甲公司受托转赠物资一批，实际成本为340 000元。接受委托的转赠物资已验收入库。

借：受托代理资产 340 000
　　贷：受托代理负债 340 000

根据受托协议承担相关税费及运输费3 000元，通过财政授权方式已支付该笔费用。

编制的财务会计分录如下。

借：其他费用 3 000
　　贷：零余额账户用款额度 3 000

编制的预算会计分录如下。

借：其他支出 3 000
　　贷：资金结存——零余额账户用款额度 3 000

将受托转赠物资交付受赠人，转赠物资成本为340 000元，编制的财务会计分录如下。

借：受托代理负债 340 000
　　贷：受托代理资产 340 000

若受赠物资的委托人取消了对捐赠物资的转赠要求，且不再收回捐赠物资。

借：受托代理负债 340 000
　　贷：受托代理资产 340 000

同时：

借：库存物品 340 000
　　贷：其他收入 340 000

复习思考题

第十二章 | 行政事业单位负债的核算

【学习目标】

1. 掌握行政事业单位流动负债的核算；
2. 掌握行政事业单位非流动负债的核算。

第一节 | 流动负债的核算

一、短期借款

（一）短期借款的概念与管理要求

短期借款是事业单位借入的期限在一年内（含一年）的各种借款。短期借款主要是用于弥补事业单位临时性运营周期或季节性等因素出现的资金不足，而向银行等金融机构借入的短期资金。

（二）短期借款的核算

为了核算短期借款业务，事业单位应设置"短期借款"科目。该科目应按照贷款单位和贷款种类设置明细账。该科目期末贷方余额，反映尚未偿还的短期借款本金。事业单位借入各种短期借款时，按照实际借入的金额，借记"银行存款"科目，贷记"短期借款"科目；按期计提利息费用时，按照计算确定的金额，借记"其他费用"科目，贷记"应付利息"科目；实际支付应付利息时，按照支付的金额，借记"应付利息"科目，贷记"银行存款"等科目；到期归还短期借款时，借记"短期借款"科目，贷记"银行存款"科目。

【例 12-1】某市水利设计研究院从中国建设银行取得借款 600 000 元，期限 6 个月，年利率为 5%，每季度付息一次。到期偿还借款本金。据以编制会计分录。

（1）取得借款时

编制的财务会计分录如下。

借：银行存款　　　　　　　　　　　　　　　　　　　600 000
　　贷：短期借款　　　　　　　　　　　　　　　　　　　　　600 000

编制的预算会计分录如下。

借：资金结存——货币资金　　　　　　　　　　　　　600 000
　　贷：债务预算收入　　　　　　　　　　　　　　　　　　　600 000

（2）每月预提借款利息时

应付利息=600 000×5%÷12=2 500（元）

借：其他费用——利息支出　　　　　　　　　　　　　　2 500
　　贷：应付利息　　　　　　　　　　　　　　　　　　　　　2 500

（3）季末支付利息时

编制的财务会计分录如下。

借：其他费用——利息支出　　　　　　　　　　　　　　2 500
　　应付利息　　　　　　　　　　　　　　　　　　　　5 000
　　贷：银行存款　　　　　　　　　　　　　　　　　　　　　7 500

编制的预算会计分录如下。

借：其他支出	7 500	
贷：资金结存——货币资金		7 500

（4）归还短期借款本金时

编制的财务会计分录如下。

借：短期借款	600 000	
贷：银行存款		600 000

编制的预算会计分录如下。

借：债务还本支出	600 000	
贷：资金结存——货币资金		600 000

二、应缴财政款

（一）应缴财政款的概念

应缴财政款是指单位取得或应收的按照规定应当上缴财政的款项，包括应缴国库的款项和应缴财政专户的款项，但不包括单位按照国家税法等有关规定应当缴纳的各种税费。

1. 应缴国库款

应缴国库款是指单位在业务活动中按规定取得的应缴国库的各种款项，包括代收的纳入预算管理的基金、代收的行政性收费收入、罚没收入、无主财物变价收入以及其他按预算管理规定应上缴国库（不包括应缴税费）的款项等。

（1）罚没收入是指单位依据国家法律、法规，对公民、法人和其他组织实施经济处罚所取得的各项罚款、没收款、没收财物变价款以及取得的无主财物变价款。

（2）行政性收费是指行政单位在行使行政职能的过程中，依据国家法律法规向公民、法人和其他组织收取的行政性费用。如各级公安、司法、工商行政管理等行政单位为发放各种证照等向有关单位和个人收取的证照工本费、手续费、企业登记注册费等。

（3）政府性基金是指行政单位依据有关的法律、法规向公民、法人和其他组织无偿征收的具有专门用途的财政资金。

2. 应缴财政专户款

应缴财政专户款是指行政事业单位按规定代收的应上缴财政专户的预算外资金。

（二）应缴财政款的会计核算

行政事业单位应当设置"应缴财政款"科目，对行政事业单位取得的按规定应当上缴财政的款项进行核算。本科目应当按照应缴财政款项的类别进行明细核算。"应缴财政款"科目借方反映当期行政事业单位应缴财政款的减少；贷方反映当期行政事业单位应缴财政款的增加；本科目贷方余额，反映行政事业单位应当上缴财政但尚未缴纳的款项。年终清缴后，本科目一般无余额。

单位取得或应收按照规定应缴财政的款项时，借记"银行存款""应收账款"等科目，贷记"应缴财政款"科目。单位上缴应缴财政的款项时，按照实际上缴的金额，借记"应缴财政款"科目，贷记"银行存款"科目。

【例 12-2】某行政单位为减少经费开支，将一辆办公车辆予以出售，处置后获得净收入 52 000元，该行政单位将该笔应缴财政款上缴财政。据以编制会计分录。

（1）处置办公车辆完毕时

借：银行存款	52 000	
贷：应缴财政款		52 000

（2）上缴应缴财政款时

借：应缴财政款   52 000

    贷：银行存款   52 000

三、应交增值税

增值税是对在我国境内销售货物、提供服务、转让无形资产和不动产以及进口货物的增值额征收的一种流转税。

（一）属于增值税一般纳税人的单位增值税的核算

增值税一般纳税人的应纳增值税额为当期销项税额减去当期进项税额后的余额，其计算公式为：

应纳增值税税额＝当期销项税额－当期进项税额

为了核算增值税业务，增值税纳税人应设置"应交增值税"科目。该科目核算单位按照税法规定计算应缴纳的增值税。该科目期末贷方余额，反映单位应交未交的增值税；期末如为借方余额，反映单位尚未抵扣或多交的增值税。属于增值税一般纳税人的单位，为了核算应交增值税的发生、抵扣、缴纳、退税及转出等情况，该科目还应设置"应交税金""未交税金""预交税金""待抵扣进项税额""待认证进项税额""待转销项税额""简易计税""转让金融商品应交增值税""代扣代交增值税"等明细科目。

属于增值税一般纳税人的单位应交增值税的主要账务处理如下。

1．取得资产或接受劳务等业务

（1）采购等业务进项税额允许抵扣的情况

单位购买用于增值税应税项目的资产或服务等时，按照应计入相关成本费用或资产的金额，借记"业务活动费用""在途物品""库存物品""工程物资""在建工程""固定资产""无形资产"等科目，按照当月已认证的可抵扣增值税税额，借记"应交增值税"科目（应交税金——进项税额），按照当月未认证的可抵扣增值税税额，借记"应交增值税"科目（待认证进项税额），按照应付或实际支付的金额，贷记"应付账款""应付票据""银行存款""零余额账户用款额度"等科目。发生退货的，如原增值税专用发票已做认证，应根据税务机关开具的红字增值税专用发票做相反的会计分录；如原增值税专用发票未做认证，应将发票退回并做相反的会计分录。

【例12-3】某事业单位属于增值税一般纳税人，其适用的税率为16％。该单位购入用于增值税应税项目的材料，增值税专用发票上注明货款8 000元，增值税税额1 280元，材料已验收入库，款项尚未付。据以编制会计分录。

借：库存物品   8 000

    应交增值税——应交税金（进项税额）   1 280

    贷：应付账款   9 280

（2）采购等业务进项税额不得抵扣的情况

单位购进资产或服务等，用于简易计税方法计税项目、免征增值税项目、集体福利或个人消费等，其进项税额按照现行增值税制度规定不得从销项税额中抵扣的，取得增值税专用发票时，应按照增值税专用发票注明的金额，借记相关成本费用或资产科目，按照待认证的增值税进项税额，借记"应交增值税"科目（待认证进项税额），按照实际支付或应付的金额，贷记"银行存款""应付账款""零余额账户用款额度"等科目。经税务机关认证为不可抵扣进项税额时，借记"应交增值税"科目（应交税金——进项税额）科目，贷记"应交增值税"科目（待认证进项税额），同时，将进项税额转出，借记相关成本费用科目，贷记"应交增值税"科目（应交税金——进项税额转出）。

2．销售资产或提供服务等业务

单位销售货物或提供服务，应当按照应收或已收的金额，借记"应收账款""应收票据""银行存款"等科目，按照确认的收入金额，贷记"经营收入""事业收入"等科目，按照现行增值税制度规定计算的销项税额（或采用简易计税方法计算的应纳增值税税额），贷记"应交增值税"科目（应交税金——销项税额）或"应交增值税"科目（简易计税）。发生销售退回的，应根据按照规定开具的红字增值税专用发票做相反的会计分录。

【例 12-4】事业单位非独立核算经营活动销售应税货物一批，增值税专用发票上列示的价款为 20 000元，增值税税额为 1 200 元，提货单和增值税专用发票移交给买方，款项尚未收到。据以编制会计分录。

借：应收账款   21 200
　　贷：经营收入   20 000
　　　　应交增值税——应交税金（销项税额）   1 200

（二）属于增值税小规模纳税人的单位增值税的核算

属于增值税小规模纳税人的单位实行简易办法计算应纳增值税税额。其计算公式如下：

应纳增值税税额=销售额×征收率

属于小规模纳税人的单位，购进货物时，将支付的增值税计入材料的采购成本；销售货物时，一般情况下，只开普通发票，按不含税价格的3%计算应交增值税。采用销售额和应纳税金合并定价的，按照"销售额=含税金额÷（1+3%）"公式还原为不含税销售额，再计算应纳增值税税额。

为了核算增值税业务，属于增值税小规模纳税人的单位，应设置"应交增值税"科目。且只需在该科目下设置"转让金融商品应交增值税""代扣代交增值税"两个明细科目。

属于增值税小规模纳税人的单位应交增值税的主要账务处理如下。

（1）小规模纳税人购买资产或服务等时不能抵扣增值税，发生的增值税计入资产成本或相关成本费用。单位购买资产或服务等时，按照应付或实际支付的金额，借记"业务活动费用""在途物品""库存物品""工程物资""在建工程""固定资产""无形资产"等科目，贷记"应付账款""应付票据""银行存款""零余额账户用款额度"等科目。

（2）按照现行增值税制度规定，境外单位或个人在境内发生应税行为，在境内未设有经营机构的，以购买方为增值税扣缴义务人。境内小规模纳税人购进服务或资产时，按照应计入相关成本费用或资产的金额，借记"业务活动费用""在途物品""库存物品""工程物资""在建工程""固定资产""无形资产"等科目，按照应付或实际支付的金额，贷记"银行存款""应付账款"等科目，按照应代扣代缴的增值税税额，贷记"应交增值税"科目（代扣代交增值税）。

（3）单位销售货物或提供服务，应当按照应收或已收的金额，借记"应收账款""应收票据""银行存款"等科目，按照确认的收入金额，贷记"经营收入""事业收入"等科目，按照制度规定采用简易计税方法计算的应纳增值税税额，贷记"应交增值税"科目。

（4）单位缴纳应交的增值税，借记"应交增值税"科目，贷记"银行存款"等科目。

【例 12-5】某体育事业单位系增值税小规模纳税人。其非独立核算经营部门购入一批物品，取得增值税专用发票中注明的价款为 5 000 元，增值税税率为 16%，增值税税额为 800 元，款项以银行存款支付，物品已验收入库。该事业单位本月销售应税产品的含税价格为 7 210 元，款项已存入银行。据以编制会计分录。

（1）购进物品时

编制的财务会计分录如下。

借：库存物品   5 800
　　贷：银行存款   5 800

编制的预算会计分录如下。

借：经营支出   5 800
　　贷：资金结存——货币资金   5 800

（2）销售应税产品时

　　　不含税价格=7 210÷（1+3%）=7 000（元）

　　　应纳增值税税额=7 000×3%=210（元）

编制的财务会计分录如下。

借：银行存款 　　　　　　　　　　　　　　　　　　　　7 210

　　贷：经营收入 　　　　　　　　　　　　　　　　　　　　7 000

　　　　应交增值税——应交税金（销项税额） 　　　　　　　　210

编制的预算会计分录如下。

借：资金结存——货币资金 　　　　　　　　　　　　　　　7 000

　　贷：经营预算收入 　　　　　　　　　　　　　　　　　　7 000

（3）实际缴纳增值税时

编制的财务会计分录如下。

借：应交增值税——应交税金（销项税额） 　　　　　　　　　210

　　贷：银行存款 　　　　　　　　　　　　　　　　　　　　210

编制的预算会计分录如下。

借：经营支出 　　　　　　　　　　　　　　　　　　　　　210

　　贷：资金结存——货币资金 　　　　　　　　　　　　　　210

四、其他应交税费

　　其他应交税费是指单位按照税法等规定计算应缴纳的除增值税以外的各种税费，包括城市维护建设税、教育费附加、地方教育费附加、车船税、房产税、城镇土地使用税和企业所得税等。

　　为了核算其他应交税费业务，单位应设置"其他应交税费"科目。该科目应当按照应缴纳的税费种类进行明细核算。该科目期末贷方余额，反映单位应交未交的除增值税以外的税费金额；期末如为借方余额，反映单位多缴纳的除增值税以外的税费金额。单位代扣代缴的个人所得税，也通过该科目核算。单位应缴纳的印花税不需要预提应交税费，直接通过"业务活动费用""单位管理费用""经营费用"等科目核算，不通过该科目核算。

　　【例12-6】某行政单位20××年1月，出租办公室取得含税租金收入105 000元，行政单位出租收入符合简易计税办法，适用的增值税征收率为5%，城市建设维护税以及教育费附加的税率分别为7%和3%，据以编制会计分录。

　　　　应交增值税=105 000÷（1+5%）×5%=5 000（元）

　　　　应交城市建设维护税=5 000×7%=350（元）

　　　　应交教育费附加=5 000×3%=150（元）

（1）收取租金时

借：银行存款 　　　　　　　　　　　　　　　　　　105 000

　　贷：应缴财政款——国有资产出租收入 　　　　　　100 000

　　　　应交增值税 　　　　　　　　　　　　　　　　5 000

（2）计算其他应交税费时

借：业务活动费用 　　　　　　　　　　　　　　　　　　500

　　贷：其他应交税费——城市建设维护税 　　　　　　　　350

　　　　　　　　　　——教育费附加 　　　　　　　　　　150

（3）支付税费时

编制的财务会计分录如下。

借：应交增值税   5 000

  其他应交税费——城市建设维护税   350

          ——教育费附加   150

    贷：银行存款   5 500

编制的预算会计分录如下。

借：行政支出   500

    贷：资金结存——货币资金   500

（4）将出租净收入上缴财政时

借：应缴财政款——国有资产出租收入   100 000

    贷：银行存款   100 000

五、应付职工薪酬

应付职工薪酬是指行政事业单位按照有关规定应付给职工（含长期聘用人员）及为职工支付的各种薪酬，包括基本工资、国家统一规定的津贴补贴、规范津贴补贴（绩效工资）、改革性补贴、社会保险费（如职工基本养老保险费、职业年金、基本医疗保险费等）、住房公积金等。

（一）应付职工薪酬的科目设置

行政事业单位应当设置"应付职工薪酬"科目，对单位应付给职工以及为职工支付的各种薪酬进行核算。本科目应当根据国家有关规定按照"基本工资"（含离退休费）"国家统一规定的津贴补贴""规范津贴补贴（绩效工资）""改革性补贴""社会保险费""住房公积金""其他个人收入"等明细科目进行明细核算。"应付职工薪酬"科目借方反映当期行政事业单位应付职工薪酬的减少，贷方反映当期行政事业单位应付职工薪酬的增加；本科目期末贷方余额，反映行政事业单位应付未付的职工薪酬。

（二）应付职工薪酬的会计核算

1. 计算确认当期应付职工薪酬（含单位为职工计算缴纳的社会保险费、住房公积金）

计提从事专业及其辅助活动人员的职工薪酬，借记"业务活动费用""单位管理费用"科目，贷记"应付职工薪酬"科目。计提应由在建工程、加工物品、自行研发无形资产负担的职工薪酬，借记"在建工程""加工物品""研发支出"等科目，贷记"应付职工薪酬"科目。计提从事专业及其辅助活动之外的经营活动人员的职工薪酬，借记"经营费用"科目，贷记"应付职工薪酬"科目。因解除与职工的劳动关系而给予的补偿，借记"单位管理费用"等科目，贷记"应付职工薪酬"科目。

2. 向职工支付工资、津贴补贴等薪酬

按照实际支付的金额，借记"应付职工薪酬"科目，贷记"财政拨款收入""零余额账户用款额度""银行存款"等科目。在预算会计处理时，借记"行政支出""事业支出""经营支出"等科目，贷记"财政拨款预算收入""资金结存"科目。

3. 按照税法规定代扣职工个人所得税

按照税法规定代扣职工个人所得税时，借记"应付职工薪酬"科目（基本工资），贷记"其他应交税费——应交个人所得税"科目。从应付职工薪酬中代扣为职工垫付的水电费、房租等费用时，按照实际扣除的金额，借记"应付职工薪酬"科目（基本工资），贷记"其他应收款"等科目。从应付职工薪酬中代扣社会保险费和住房公积金，按照代扣的金额，借记"应付职工薪酬"科目（基本工资），贷记"应付职工薪酬"科目（社会保险费、住房公积金）。

4. 缴纳职工社会保险费和住房公积金

按照国家有关规定缴纳职工社会保险费和住房公积金时，按照实际支付的金额，借记"应付职工薪酬"科目（社会保险费、住房公积金），贷记"财政拨款收入""零余额账户用款额度""银行存款"等科目。预算会计处理时，借记"行政支出""事业支出""经营支出"等科目，贷记"财政拨款预算收入""资金结存"科目。

5. 从应付职工薪酬中支付的其他款项

按照实际支付的金额，借记"应付职工薪酬"科目，贷记"零余额账户用款额度""银行存款"等科目。预算会计处理时，借记"行政支出""事业支出""经营支出"等科目，贷记"资金结余"等科目。

【例 12-7】某行政单位本月职工薪酬总额为 900 000 元，代扣代缴住房公积金 50 000 元，代扣代缴社会保险费 12 000 元，代扣代缴个人所得税 36 000 元，代扣为职工垫付的房租、水电费共 75 000 元。据以编制会计分录。

（1）计算本月应付职工薪酬时

借：业务活动费用	900 000
贷：应付职工薪酬——工资	900 000

（2）计算本月代扣代缴税费和代扣垫付费用时

借：应付职工薪酬	173 000
贷：其他应付款——住房公积金	50 000
——社会保险费	12 000
其他应交税费——应交个人所得税	36 000
其他应收款	75 000

（3）使用财政直接支付方式支付职工薪酬和代缴住房公积金、社会保险费和个人所得税时编制的财务会计分录如下。

借：应付职工薪酬——工资	727 000
其他应付款——住房公积金	50 000
——社会保险费	12 000
其他应交税费——个人所得税	36 000
贷：财政拨款收入	825 000

编制的预算会计分录如下。

借：行政支出	825 000
贷：财政拨款预算收入	825 000

六、应付及暂收款项

（一）应付及暂收款项的概念

应付及暂收款项是指行政事业单位在开展业务活动中发生的各项债务，包括应付账款、应付票据、预收账款、其他应付款等，用于记录单位应付的各个项目的金额。发生各种应付及暂收款项时，借记"银行存款"等科目，贷记应付及暂收款项；支付或结算时，借记应付及暂收款项，贷记"银行存款"等科目。

（二）应付账款

1. 应付账款的概念

应付账款是指行政事业单位因购买物资或服务、工程建设等而应付的偿还期限在一年以内（含一年）的款项。应付账款应当在收到所购物资或服务、完成工程时确认。

2. 应付账款的会计核算

单位应当设置"应付账款"科目，对单位因购买物资或服务、工程建设等而应付的偿还期限在一年以内（含一年）的款项进行核算。对于建设项目，还应设置"应付器材款""应付工程款"等明细科目。本科目应当按照债权单位（或个人）进行明细核算。

【例12-8】某行政单位为开展业务活动向甲公司赊购一批库存物品，价款为7 000元，增值税税额为1 120元，物品已验收入库。之后通过财政授权支付方式支付这笔款项。据以编制会计分录。

（1）向甲公司赊购库存物品时

借：库存物品　　　　　　　　　　　　　　　　　　　　　　　　　　8 120

　　贷：应付账款——甲公司　　　　　　　　　　　　　　　　　　　　8 120

（2）通过单位零余额账户偿付甲公司应付账款时

编制的财务会计分录如下。

借：应付账款——甲公司　　　　　　　　　　　　　　　　　　　　　8 120

　　贷：零余额账户用款额度　　　　　　　　　　　　　　　　　　　　8 120

编制的预算会计分录如下。

借：行政支出　　　　　　　　　　　　　　　　　　　　　　　　　　8 120

　　贷：资金结存——零余额账户用款额度　　　　　　　　　　　　　　8 120

（三）应付票据

应付票据是指事业单位因购买材料、物资等而开出、承兑的商业汇票，包括银行承兑汇票和商业承兑汇票。为了核算应付票据业务，事业单位应设置"应付票据"科目，该科目应当按照债权人进行明细核算。该科目的期末贷方余额，反映事业单位开出、承兑的尚未到期的商业汇票。

【例12-9】某事业单位系小规模纳税人，为开展业务活动采用银行承兑汇票结算方式购入一批物品，根据发票账单，购入物品的价税合计金额为12 200元，物品已验收入库。单位开出两个月到期的银行承兑汇票，并通过财政授权支付银行承兑手续费8.65元。据以编制会计分录。

（1）该事业单位开出银行承兑汇票时

借：库存物品　　　　　　　　　　　　　　　　　　　　　　　　　12 200

　　贷：应付票据——银行承兑汇票　　　　　　　　　　　　　　　　12 200

（2）该事业单位通过财政授权支付银行承兑手续费时

编制的财务会计分录如下。

借：业务活动费用　　　　　　　　　　　　　　　　　　　　　　　　8.65

　　贷：零余额账户用款额度　　　　　　　　　　　　　　　　　　　　8.65

编制的预算会计分录如下。

借：事业支出　　　　　　　　　　　　　　　　　　　　　　　　　　8.65

　　贷：资金结存——零余额账户用款额度　　　　　　　　　　　　　　8.65

（3）若票据到期，该事业单位通过财政授权如期还款时

编制的财务会计分录如下。

借：应付票据——银行承兑汇票　　　　　　　　　　　　　　　　　12 200

　　贷：零余额账户用款额度　　　　　　　　　　　　　　　　　　　12 200

编制的预算会计分录如下。

借：事业支出　　　　　　　　　　　　　　　　　　　　　　　　　12 200

　　贷：资金结存——零余额账户用款额度　　　　　　　　　　　　　12 200

（4）若票据到期，该事业单位不能如期支付票款时

借：应付票据——银行承兑汇票　　　　　　　　　　　　　　　　　12 200

　　贷：短期借款　　　　　　　　　　　　　　　　　　　　　　　　12 200

【例 12-10】某事业单位系增值税一般纳税人，为开展非独立核算的经营活动用商业承兑汇票结算方式购入货品一批，价款为 30 000 元，增值税税额为 4 800 元。该单位开出期限为 3 个月不带息商业承兑汇票一张，货物已验收入库。到期后，该单位通过财政授权支付票款 34 800 元。据以编制会计分录。

（1）该单位购入货物时

借：库存物品	30 000	
应交增值税——应交税金（进项税额）	4 800	
贷：应付票据——商业承兑汇票		34 800

（2）该单位据到期偿还时

编制的财务会计分录如下。

| 借：应付票据——商业承兑汇票 | 34 800 | |
| 　贷：零余额账户用款额度 | | 34 800 |

编制的预算会计分录如下。

| 借：经营支出 | 34 800 | |
| 　贷：资金结存——零余额账户用款额度 | | 34 800 |

（3）若票据到期该单位不能如期支付票款时

| 借：应付票据——商业承兑汇票 | 34 800 | |
| 　贷：应付账款 | | 34 800 |

（四）预收账款

预收账款是指事业单位预先收取但尚未结算的款项。预收账款需要事业单位在一定时间内以交付货物来予以偿付。收到的款项，构成事业单位的一项负债，如预收货款、租金等在事业单位按照合同如期交货以后，预收账款才转为收入，债务才得以解除。

为了核算预收账款业务，事业单位应设置"预收账款"科目。

【例 12-11】某事业单位向外提供技术咨询，按合同规定从付款单位预收款项 8 000 元，合同总价款为 40 000 元，付款方补付的款项已存入银行存款账户。据以编制会计分录。

（1）收到预收款项时

编制的财务会计分录如下。

| 借：银行存款 | 8 000 | |
| 　贷：预收账款 | | 8 000 |

编制的预算会计分录如下。

| 借：资金结存——货币资金 | 8 000 | |
| 　贷：事业预算收入 | | 8 000 |

（2）完成技术咨询服务确认收入实现时

编制的财务会计分录如下。

借：预收账款	8 000	
银行存款	32 000	
贷：事业收入		40 000

编制的预算会计分录如下。

| 借：资金结存——货币资金 | 32 000 | |
| 　贷：事业预算收入 | | 32 000 |

（五）其他应付款

其他应付款是指单位除应交增值税、其他应交税费、应缴财政款、应付职工薪酬、应付票据、应付账款、应付政府补贴款、应付利息、预收账款以外，其他各项偿还期限在一年内（含一年）的应付及暂收款项，如收取的押金、存入保证金、已经报销但尚未偿还银行的本单位公务卡欠款等。

为了核算其他应付款业务，单位应设置"其他应付款"科目。该科目应当按照其他应付款的类别以及债权人等进行明细核算。

【例12-12】某事业单位对外出租房屋，收取押金10 000元，款项已存入银行。据以编制会计分录。

借：银行存款   10 000

  贷：其他应付款——存入保证金   10 000

【例12-13】某行政单位收到财政部门根据"二上"预算草案预拨的下一季度的日常公用经费220 000元。据以编制会计分录。

编制的财务会计分录如下。

借：银行存款   220 000

  贷：其他应付款——预拨经费   220 000

编制的预算会计分录如下。

借：资金结存——货币资金   220 000

  贷：财政拨款预算收入   220 000

经批准预拨日常公用经费220 000元转入预算时

借：其他应付款——预拨经费   220 000

  贷：财政拨款收入   220 000

七、应付政府补贴款

应付政府补贴款是指负责发放政府补贴的行政单位，按照规定应当支付给政府补贴接受者的各种政府补贴款。例如，有关行政单位根据职能划分向农民发放农机购置补贴、向使用清洁能源的单位和个人发放使用清洁能源补贴、向购买节能电器的单位和个人发放节能补贴、向职业培训和职业介绍机构发放职业培训和职业介绍补贴等。

为了核算应付政府补贴款业务，行政单位应设置"应付政府补贴款"科目。

【例12-14】某行政单位发生应付给农民的农机购置补贴，按照规定计算出的应付农机购置政府补贴金额22 300元。之后，该行政单位通过财政授权方式支付以上应付政府补贴款项。据以编制会计分录。

（1）发生应付政府补贴时

借：业务活动费用   22 300

  贷：应付政府补贴款   22 300

（2）支付应付政府补贴款

编制的财务会计分录如下。

借：应付政府补贴款   22 300

  贷：零余额账户用款额度   22 300

编制的预算会计分录如下。

借：行政支出   22 300

  贷：资金结存——零余额账户用款额度 22 300

第二节 非流动负债的核算

单位的非流动负债包括长期借款、长期应付款、预计负债、受托代理负债等。下面主要介绍长期借款和长期应付款的核算。

一、长期借款

长期借款是指事业单位从银行或其他金融机构借入的偿还期限在一年以上（不含一年）的各项借款。如从各专业银行、商业银行取得的贷款，或者向财务公司、投资公司等金融企业借入的款项。事业单位长期借款的目的是以事业单位的各种事业服务活动为依托，满足事业单位长期资产投资的资金需要。除净资产外，长期借款是事业单位长期资金的重要来源。

为了核算长期借款业务，事业单位应设置"长期借款"科目。该科目应当设置"本金"和"应计利息"明细科目，并按照贷款单位和贷款种类进行明细核算。对于建设项目借款，还应按照具体项目进行明细核算。该科目期末贷方余额，反映事业单位尚未偿还的长期借款本息金额，长期借款的主要账务处理如下。

（一）借入长期借款

借入各项长期借款时，按照实际借入的金额，借记"银行存款"科目，贷记"长期借款"科目（本金）。

（二）长期借款利息

为建造固定资产、公共基础设施等应支付的专门借款利息，按期计提利息时，分以下情况处理：属于工程项目建设期间发生的利息，计入工程成本，按照计算确定的应支付的利息金额，借记"在建工程"科目，贷记"应付利息"科目。属于工程项目完工交付使用后发生的利息，计入当期费用，按照计算确定的应支付的利息金额，借记"其他费用"科目，贷记"应付利息"科目。

按期计提其他长期借款的利息时，按照计算确定的应支付的利息金额，借记"其他费用"科目，贷记"应付利息"科目（分期付息、到期还本借款的利息）或该科目（应计利息）（到期一次还本付息借款的利息）。

（三）归还长期借款

到期归还长期借款本金、利息时，借记"长期借款"科目（本金、应计利息），贷记"银行存款"科目。

【例12-15】某事业单位20××年1月1日从银行借入两年期限的借款为3 000 000元，年利率为8%，到期一次还本付息。借款用于该事业单位事业支出。据以编制会计分录。

（1）借入款项时

编制的财务会计分录如下。

借：银行存款	3 000 000
贷：长期借款——本金	3 000 000

编制的预算会计分录如下。

借：资金结存——货币资金	3 000 000
贷：债务预算收入	3 000 000

（2）计提当年的利息为240 000元（3 000 000×8%）

借：其他费用——利息支出	240 000
贷：长期借款——应计利息	240 000

（3）到期归还长期借款的本金和两年的利息为480 000元

编制的财务会计分录如下。

借：长期借款——本金	3 000 000
——应计利息	240 000
其他费用——利息支出	240 000
贷：银行存款	3 480 000

编制的预算会计分录如下。

借：债务还本支出   3 000 000

  其他支出   480 000

   贷：资金结存——货币资金   3 480 000

二、长期应付款

长期应付款是指事业单位发生的偿还期限超过一年（不含一年）的应付款项。如以融资租赁租入固定资产的租赁费、跨年度分期付款购入固定资产的价款。

为了核算长期应付款业务，事业单位应设置"长期应付款"科目。该科目期末贷方余额，反映事业单位尚未支付的长期应付款。该科目应当按照长期应付款的类别以及债权人进行明细核算。长期应付款的主要账务处理如下。

（1）发生长期应付款时，借记"固定资产""在建工程"等科目，贷记"长期应付款"科目。

（2）支付长期应付款时，按照实际支付的金额，借记"长期应付款"科目，贷记"财政拨款收入""零余额账户用款额度""银行存款"等科目。

（3）无法偿付或债权人豁免偿还的长期应付款，应当按照规定报经批准后进行账务处理。经批准核销时，借记"长期应付款"科目，贷记"其他收入"科目。

【例12-16】某事业单位采用分期付款方式购入一台机器设备600 000元，跨年度分期付款，连续支付3年，每年年末以银行存款支付200 000元，该项固定资产已经验收并投入使用。据以编制会计分录。

（1）购入设备并投入使用时

借：固定资产   600 000

   贷：长期应付款——分期付款方式购入固定资产 600 000

（2）之后连续3年按规定支付款项时

编制的财务会计分录如下。

借：长期应付款——分期付款方式购入固定资产 200 000

   贷：银行存款   200 000

编制的预算会计分录如下。

借：事业支出   200 000

   贷：资金结存——货币资金   200 000

复习思考题

第十三章 | 行政事业单位净资产的核算

【学习目标】
1. 掌握行政事业单位本期盈余的核算；
2. 掌握行政事业单位本年盈余分配的核算；
3. 掌握行政事业单位累计盈余的核算；
4. 掌握行政事业单位专用基金的核算；
5. 掌握行政事业单位权益法调整的核算；
6. 掌握行政事业单位无偿调拨净资产的核算；
7. 掌握行政事业单位以前年度盈余调整的核算。

第一节 | 净资产概述

一、净资产的概念

净资产是指单位所有，并可以自由支配的资产。行政事业单位净资产是指行政事业单位资产扣除负债后的余额，反映国家和行政事业单位的资产所有权。净资产金额取决于资产和负债的计量。

二、净资产的分类

行政事业单位的净资产包括本期盈余、本年盈余分配、累计盈余、专用基金、权益法调整、无偿调拨净资产、以前年度盈余调整等。

（1）本期盈余：单位本期各项收入、费用相抵后的余额。

（2）本年盈余分配：单位本年度盈余分配的情况和结果。

（3）累计盈余：单位历年实现的盈余扣除盈余分配后滚存的金额，以及因无偿调入调出资产产生的净资产变动额，因以前年度盈余调整产生的净资产变动额，以及按照规定上缴、缴回、单位间调剂结转结余资金产生的净资产变动额。

（4）专用基金：单位按照规定提取或设置的具有专门用途的净资产。

（5）权益法调整：事业单位持有的长期股权投资采用权益法核算时，按照被投资单位除净损益和利润分配以外的所有者权益变动份额调整长期股权投资账面余额并计入净资产的金额。

（6）无偿调拨净资产：单位无偿调入或调出非现金资产所引起的净资产变动金额。

（7）以前年度盈余调整：单位本年度发生的调整以前年度盈余的事项产生的净资产金额的变动，包括本年度发生的重要前期差错更正涉及调整以前年度盈余的事项。

第二节 | 净资产的核算

一、本期盈余

（一）本期盈余的概念

本期盈余是指行政事业单位本期各项收入、费用相抵后的余额。"本期盈余"科目期末如为贷方余额，反映单位自年初至当期期末累计实现的盈余；如为借方余额，反映单位自年初至当期期末累计发生的亏损。年末结账后，本科目应无余额。

（二）本期盈余的会计核算

期末，将各类收入科目的本期发生额转入本期盈余，借记"财政拨款收入""事业收入""上级补助收入""附属单位上缴收入""经营收入""非同级财政拨款收入""投资收益""捐赠收入""利息收入""租金收入""其他收入"等科目，贷记"本期盈余"科目；将各类费用科目本期发生额转入本期盈余，借记"本期盈余"科目，贷记"业务活动费用""单位管理费用""经营费用""所得税费用""资产处置费用""上缴上级费用""对附属单位补助费用""其他费用"等科目。年末，完成上述结转后，将本科目余额转入"本年盈余分配"科目，借记或贷记"本期盈余"科目，贷记或借记"本年盈余分配"科目。

【例 13-1】某行政单位在某年年末发生以下业务。

（1）12 月 31 日，财政拨款收入科目余额 10 000 元，事业收入科目余额 9 000 元，上级补助收入科目余额 8 000 元，附属单位上缴收入科目余额 7 000 元，经营收入科目余额 6 000 元，投资收益科目余额 5 000 元，其他收入科目余额 4 000 元。

（2）12 月 31 日，业务活动费用科目余额 9 000 元，单位管理费用科目余额 8 000 元，经营费用科目余额 7 000 元，资产处置费用科目余额 6 000 元，所得税费用科目余额 5 000 元，其他费用科目余额 4 000 元。

（3）12 月 31 日结转本期盈余科目余额为 10 000 元。

据以编制会计分录。

（1）期末结转收入

借：财政拨款收入	10 000	
事业收入	9 000	
上级补助收入	8 000	
附属单位上缴收入	7 000	
经营收入	6 000	
投资收益	5 000	
其他收入	4 000	
贷：本期盈余		49 000

（2）期末结转费用

借：本期盈余	39 000	
贷：业务活动费用		9 000
单位管理费用		8 000
经营费用		7 000
资产处置费用		6 000
所得税费用		5 000
其他费用		4 000

（3）结转本期盈余科目余额

借：本期盈余 10 000

　　贷：本年盈余分配 10 000

二、本年盈余分配

（一）本年盈余分配的概念

本年盈余分配是指行政事业单位本年度盈余分配的情况和结果。"本年盈余分配"科目年末结账后，应无余额。

（二）本年盈余分配的会计核算

年末，将"本期盈余"科目余额转入本科目，借记或贷记"本期盈余"科目，贷记或借记"本年盈余分配"科目。

年末，根据有关规定从本年度非财政拨款结余或经营结余中提取专用基金的，按照预算会计下计算的提取金额，借记"本年盈余分配"科目，贷记"专用基金"科目。

年末，按照规定完成上述处理后，将本科目余额转入累计盈余，借记或贷记"本年盈余分配"科目，贷记或借记"累计盈余"科目。

【例 13-2】年末某行政单位本期盈余科目贷方余额为 10 000 元，按预算会计下计算提取专用基金 3 000 元，年末本年盈余分配科目余额为 7 000 元。据以编制会计分录。

（1）结转本期盈余科目余额

借：本期盈余 10 000

　　贷：本年盈余分配 10 000

（2）提取专用基金时

编制的财务会计分录如下。

借：本年盈余分配 3 000

　　贷：专用基金 3 000

编制的预算会计分录如下。

借：非财政拨款结余分配 3 000

　　贷：专用结余 3 000

（3）结转本年盈余分配科目余额

借：本年盈余分配 7 000

　　贷：累计盈余 7 000

三、累计盈余

（一）累计盈余的概念

累计盈余是指行政事业单位历年实现的盈余扣除盈余分配后滚存的金额，以及因无偿调入调出资产产生的净资产变动额。按照规定上缴、缴回、单位之间调剂结转结余资金产生的净资产变动额，以及对以前年度盈余的调整金额，也通过本科目核算。

（二）累计盈余的会计核算

年末，将"本年盈余分配"科目的余额转入"累计盈余"科目，借记或贷记"本年盈余分配"科目，贷记或借记"累计盈余"科目。

年末，将"无偿调拨净资产"科目的余额转入"累计盈余"科目，借记或贷记"无偿调拨净资产"科目，贷记或借记"累计盈余"科目。

按照规定上缴财政拨款结转结余、缴回非财政拨款结转资金、向其他单位调出财政拨款结转资金时，按照实际上缴、缴回、调出金额，借记"累计盈余"科目，贷记"财政应返还额度""零余额账户用款额度""银行存款"等科目。按照规定从其他单位调入财政拨款结转资金时，按照实际调入金额，借记"零余额账户用款额度""银行存款"等科目，贷记"累计盈余"科目。

将"以前年度盈余调整"科目的余额转入"累计盈余"科目，借记或贷记"以前年度盈余调整"科目，贷记或借记"累计盈余"科目。

按照规定使用专用基金购置固定资产、无形资产的，按照固定资产、无形资产成本金额，借记"固定资产""无形资产"科目，贷记"银行存款"等科目；同时，按照专用基金使用金额，借记"专用基金"科目，贷记"累计盈余"科目。

本科目期末余额，反映单位未分配盈余（或未弥补亏损）的累计数以及截至上年末无偿调拨净资产变动的累计数。本科目年末余额，反映单位未分配盈余（或未弥补亏损）以及无偿调拨净资产变动的累计数。

【例 13-3】 某行政单位发生以下与净资产相关的业务：年末本年盈余分配科目余额 70 000 元；无偿调拨净资产科目余额 120 000 元；以前年度盈余调整科目余额 150 000 元；使用从非财政拨款结余或经营结余中提取的专用基金购置固定资产 40 000 元。

该行政单位据以编制会计分录。

（1）年末结转本年盈余分配科目余额

借：本年盈余分配　　　　　　　　　　　　　　　70 000
　　贷：累计盈余　　　　　　　　　　　　　　　　　70 000

（2）年末结转无偿调拨净资产科目余额

借：无偿调拨净资产　　　　　　　　　　　　　　120 000
　　贷：累计盈余　　　　　　　　　　　　　　　　120 000

（3）年末结转以前年度盈余调整科目余额

借：以前年度盈余调整　　　　　　　　　　　　　150 000
　　贷：累计盈余　　　　　　　　　　　　　　　　150 000

（4）年末使用专用基金购置固定资产

编制的财务会计分录如下。

借：固定资产　　　　　　　　　　　　　　　　　40 000
　　贷：银行存款　　　　　　　　　　　　　　　　40 000

借：专用基金　　　　　　　　　　　　　　　　　40 000
　　贷：累计盈余　　　　　　　　　　　　　　　　40 000

编制的预算会计分录如下。

借：专用结余　　　　　　　　　　　　　　　　　40 000
　　贷：资金结存　　　　　　　　　　　　　　　　40 000

四、专用基金

（一）专用基金的概述

根据《事业单位财务规则》的规定，专用基金是指事业单位按照规定提取或者设置的有专门用途的资金。专用基金具体包括以下几个方面的内容。

（1）修购基金，即按照事业收入和经营收入的一定比例提取，在修缮费和设备购置费中列支（各列 50%），以及按照其他规定转入，用于事业单位固定资产维修和购置的资金。

（2）职工福利基金，即按照非财政拨款结余的一定比例提取以及按照其他规定提取转入，用于单位职工的集体福利设施、集体福利待遇等的资金。

（3）医疗基金，即未纳入公费医疗经费开支范围的事业单位，按照当地财政部门规定的公费医疗经费开支标准从收入中提取，并参照公费医疗制度有关规定用于职工公费医疗开支的资金。

（4）其他基金，即按照其他有关规定提取或者设置的专用资金。各项基金的提取比例和管理办法，国家有统一规定的，按照统一规定执行；国家没有统一规定的，由主管部门会同同级财政部门确定。进一步的详细规定见《财政部关于事业单位提取专用基金比例问题的通知》。

（二）专用基金的账务处理

事业单位应当设置"专用基金"科目，并按照专用基金的类别进行明细核算。本科目期末贷方余额，反映事业单位累计提取或设置的尚未使用的专用基金。

1. 专用基金的提取或设置

年末，根据有关规定从本年度非财政拨款结余或经营结余中提取专用基金的，按照预算会计下计算的提取金额，借记"本年盈余分配"科目，贷记"专用基金"科目。

根据有关规定从收入中提取专用基金并计入费用的，一般按照预算会计下基于预算收入计算提取的金额，借记"业务活动费用"等科目，贷记"专用基金"科目。国家另有规定的，从其规定。根据有关规定设置的其他专用基金，按照实际收到的基金金额，借记"银行存款"等科目，贷记"专用基金"科目。

【例 13-4】某事业单位年末按本年度非财政拨款结余的一定百分比提取职工福利基金 14 000 元。据以编制会计分录。

借：本年盈余分配　　　　　　　　　　　　　　　　　　　14 000
　　贷：专用基金——职工福利基金　　　　　　　　　　　　　　14 000

【例 13-5】某科学事业单位按事业收入一定百分比提取科技成果转化基金 27 000 元。据以编制会计分录。

借：业务活动费用　　　　　　　　　　　　　　　　　　　27 000
　　贷：专用基金——科技成果转化基金　　　　　　　　　　　　27 000

【例 13-6】某高校按照有关规定提取学生奖励基金 32 000 元。据以编制会计分录。

借：业务活动费用　　　　　　　　　　　　　　　　　　　32 000
　　贷：专用基金——学生奖励基金　　　　　　　　　　　　　　32 000

2. 专用基金的使用

按照规定使用提取的专用基金时，借记"专用基金"科目，贷记"银行存款"等科目。使用提取的专用基金购置固定资产、无形资产的，按照固定资产、无形资产成本金额，借记"固定资产""无形资产"科目，贷记"银行存款"等科目；同时，按照专用基金使用金额，借记"专用基金"科目，贷记"累计盈余"科目。

【例 13-7】某事业单位使用非财政拨款结余计提的职工福利基金购入一项职工集体福利设施 170 000 元，款项以银行存款支付，购入的相应设施作为固定资产管理。据以编制会计分录。

编制的财务会计分录如下。

借：固定资产　　　　　　　　　　　　　　　　　　　　170 000
　　贷：银行存款　　　　　　　　　　　　　　　　　　　　　170 000
同时，
借：专用基金——职工福利基金　　　　　　　　　　　　170 000
　　贷：累计盈余　　　　　　　　　　　　　　　　　　　　　170 000

编制的预算会计分录如下。

借：专用结余   170 000

    贷：资金结存   170 000

五、权益法调整

（一）权益法调整的概念

权益法调整是指事业单位持有的长期股权投资采用权益法核算时，按照被投资单位除净损益和利润分配以外的所有者权益变动份额调整长期股权投资账面余额而计入净资产的金额。

为了核算权益法调整业务，事业单位应当设置"权益法调整"科目。该科目应当按照被投资单位进行明细核算。该科目期末余额，反映事业单位在被投资单位除净损益和利润分配以外的所有者权益变动中累积享有（或分担）的份额。

（二）权益法调整的核算

权益法调整的主要账务处理如下。

（1）年末，按照被投资单位除净损益和利润分配以外的所有者权益变动应享有（或应分担）的份额，借记或贷记"长期股权投资——其他权益变动"科目，贷记或借记"权益法调整"科目。

（2）采用权益法核算的长期股权投资，因被投资单位除净损益和利润分配以外的所有者权益变动而将应享有（或应分担）的份额计入单位净资产的，处置该项投资时，按照原计入净资产的相应部分金额，借记或贷记"权益法调整"科目，贷记或借记"投资收益"科目。

【例13-8】年末某事业单位在被投资单位实现净利润200 000元，该投资单位为事业单位在2015年1月，以一台固定资产出资联合其他单位共同设立，并持有该被投资单位70%的股权，采用权益法进行后续核算。除净损益和利润分配以外的被投资单位所有者权益变动为10 000元；年末该事业单位据以编制会计分录。

借：长期股权投资——损益调整   140 000

    长期股权投资——其他权益变动   7 000

    贷：投资收益   140 000

         权益法调整   7 000

六、无偿调拨净资产

无偿调拨净资产是指单位无偿调入或调出非现金资产所引起的净资产变动金额。单位应当设置"无偿调拨净资产"科目，核算行政事业单位无偿调入或调出非现金资产所引起的净资产变动金额。"无偿调拨净资产"科目年末余额结转到"累计盈余"科目。因此，年末结账后，本科目应无余额。

（一）经批准无偿调入净资产

按照规定取得无偿调入的存货、长期股权投资、固定资产、无形资产、公共基础设施、政府储备物资、文物文化资产、保障性住房等，按照确定的成本，借记"库存物品""长期股权投资""固定资产""无形资产""公共基础设施""政府储备物资""文物文化资产""保障性住房"等科目，按照调入过程中发生的归属于调入方的相关费用，贷记"零余额账户用款额度""银行存款"等科目，按照其差额，贷记"无偿调拨净资产"科目。

（二）经批准无偿调出净资产

按照规定经批准无偿调出存货、长期股权投资、固定资产、无形资产、公共基础设施、政府储备物资、文物文化资产、保障性住房等，按照调出资产的账面余额或账面价值，借记"无偿调拨净资产"科目，按照固定资产累计折旧、无形资产累计摊销、公共基础设施累计折旧或摊销、保障性住房累计折旧的金额，借记"固定资产累计折旧""无形资产累计摊销""公共基础设施累计折旧（摊销）""保障性住房累计折旧"科目，按照调出资产的账面余额，贷记"库存物品""长期股权投资""固定资产""无形资产""公共基础设施""政府储备物资""文物文化资产""保障性住房"等科目；同时，按照调出过程中发生的归属于调出方的相关费用，借记"资产处置费用"科目，贷记"零余额账户用款额度""银行存款"等科目。

年末，将本科目余额转入累计盈余，借记或贷记"无偿调拨净资产"科目，贷记或借记"累计盈余"科目。

【例 13-9】某事业单位某年 12 月无偿调入一批存货 1 000 元，固定资产 10 000 元，长期股权投资 20 000 元，政府储备物资 30 000 元，保障性住房 400 000 元；12 月经批准无偿调出无形资产原价 22 000 元，已计提摊销 2 000 元，无偿调出长期股权投资 5 000 元，无偿调出保障性住房原价 200 000 元，已计提折旧 20 000 元，无偿调入资产发生处置费用 800 元，无偿调出资产发生处置费用 900 元。据以编制会计分录。

（1）取得无偿调入的净资产时

编制的财务会计分录如下。

借：库存物品	1 000	
固定资产	10 000	
长期股权投资	20 000	
政府储备物资	30 000	
保障性住房	400 000	
贷：无偿调拨净资产		460 200
银行存款		800

编制的预算会计分录如下。

借：其他支出	800	
贷：资金结存——货币资金		800

（2）无偿调出净资产时

编制的财务会计分录如下。

借：无偿调拨净资产	205 000	
无形资产累计摊销	2 000	
保障性住房累计折旧	20 000	
贷：无形资产		22 000
长期股权投资		5 000
保障性住房		200 000
借：资产处置费用	900	
贷：银行存款		900

编制的预算会计分录如下。

借：其他支出	900	
贷：资金结存——货币资金		900

（3）结转无偿调拨净资产科目余额

借：无偿调拨净资产   255 200

    贷：累计盈余   255 200

七、以前年度盈余调整

以前年度盈余调整是指单位本年度发生的调整以前年度盈余的事项，包括本年度发生的重要前期差错更正涉及调整以前年度盈余的事项。

为了核算以前年度盈余调整业务，单位应设置"以前年度盈余调整"科目。

【例 13-10】2019 年 2 月税务局在对某单位进行日常检查时，发现该单位 2018 年 1 月将购入的一批已达到固定资产标准的办公设备记入"管理费用"账户，金额 36 000 元。另外，2018 年 10 月有一笔预收账款 10 000，付款方已经收到商品，并达到收入确认条件，当年没有确认收入。不考虑相关税费。据以编制会计分录。

（1）调整 2018 年 1 月凭证

借：固定资产——办公设备   36 000

    贷：以前年度损益调整   36 000

（2）补提 2018 年全年折旧（预计使用 10 年）

借：以前年度损益调整   3 600

    贷：固定资产累计折旧   3 600

（3）调整 2018 年收入

借：预收账款   10 000

    贷：以前年度损益调整   10 000

（4）结转损益调整

借：以前年度损益调整   42 400

    贷：累计盈余   42 400

复习思考题

第十四章 | 行政事业单位收入的核算

【学习目标】
1. 掌握行政事业单位共有收入的核算；
2. 掌握事业单位专有收入的核算。

第一节 | 行政事业单位收入的概述

一、收入的概念

行政事业单位收入是指行政事业单位依法取得的非偿还性资金，行政事业单位依法取得的应当上缴财政的收入款项不属于行政事业单位的收入。

二、收入的分类

（一）行政事业单位共同的收入来源

行政事业单位共同的收入来源有财政拨款收入、非同级财政拨款收入、租金收入、利息收入、捐赠收入、其他收入等。

（二）事业单位特有的收入来源

事业单位特有的收入来源有事业收入、上级补助收入、附属单位上缴收入、经营收入、投资收益等。

三、收入的确认

一般来说，收入的确认至少应该符合以下三个条件：

（1）收入相关的经济利益应当很可能流入单位；

（2）经济利益流入单位的结果会导致资产的增加或者负债的减少；

（3）经济利益的流入额能够可靠计量。

根据《政府单位会计制度》规定，行政事业单位的收入应当以权责发生制为基础进行确认。

第二节 | 行政事业单位共有收入的核算

一、财政拨款收入

（一）财政拨款收入的概念

财政拨款收入是指单位按照核定的部门预算，直接从同级财政部门取得的各类财政拨款。财政拨款收入是行政单位主要的资金来源，是事业单位开展专业业务活动及其辅助活动的经常性资金来源。

1. 财政直接支付方式下的财政拨款收入

在财政直接支付方式下，单位根据部门预算和用款计划，在需要财政部门支付资金时，向财政部门提出财政直接支付申请。财政部门经审核无误后，通过财政零余额账户直接将款项支付给收款人。单位在收到财政部门委托财政零余额账户代理银行转来的财政直接支付入账通知书时，确认财政拨款收入。在这种方式下，单位在确认财政拨款收入时，实际上已经使用了财政预算资金。

2. 财政授权支付方式下财政拨款收入

在财政授权支付方式下，单位根据部门预算和用款计划，按规定时间和程序向财政部门申请财政授权支付用款额度。财政部门审核无误后，将财政授权支付用款额度通知单位零余额账户代理银行。单位在收到代理银行转来的财政授权支付到账通知书时，确认财政拨款收入。在财政授权支付方式下，单位在确认财政拨款收入时，还没有实际使用财政资金，单位收到的是一个用款额度，而不是实际的货币资金。

3. 实拨资金方式下财政拨款收入

在实拨资金方式下，单位应当在收到财政资金时确认财政拨款收入。在实拨资金方式下，单位根据部门预算和用款计划，按规定的时间和程序向财政部门提出资金拨入请求。财政部门审核无误后，将财政资金直接拨入单位的开户银行。单位在收到开户银行转来的收入通知时，确认财政拨款收入，即实际收到的货币资金。

（二）财政拨款收入的核算

行政事业单位应当设置"财政拨款收入"科目，核算单位从同级政府财政部门取得的各类财政拨款。同级政府财政部门预拨的下期预算款和没有纳入预算的暂付款项，以及采用实拨资金方式通过本单位转拨给下属单位的财政拨款，通过"其他应付款"科目核算，不通过本科目核算。本科目可按照一般公共预算财政拨款、政府性基金预算财政拨款等拨款种类进行明细核算。期末，将本科目本期发生额转入本期盈余，借记"财政拨款收入"科目，贷记"本期盈余"科目。本科目年末应无余额。

1. 财政直接支付方式

财政直接支付方式下，根据收到的"财政直接支付入账通知书"及相关原始凭证，按照该通知书中的直接支付入账金额，借记"库存物品""固定资产""业务活动费用""单位管理费用""应付职工薪酬"等科目，贷记"财政拨款收入"科目。

【例14-1】某行政单位收到财政部门委托其代理银行转来的财政直接支付入账通知书，其中，包含财政部门为行政部门支付18 500元的日常行政活动经费，230 000元的在职人员工资，15 000元的为开展某项专业业务活动所发生的费用。据以编制会计分录。

收到财政直接支付入账通知书时

编制的财务会计分录如下。

借：业务活动费用 33 500

　　应付职工薪酬 230 000

　　　贷：财政拨款收入——基本支出拨款（日常公用经费） 263 500

编制的预算会计分录如下。

借：行政支出 263 500

　　　贷：财政拨款预算收入 263 500

2. 财政授权支付方式

财政授权支付方式下，根据收到的"财政授权支付额度到账通知书"，按照该通知书中的授权额度，借记"零余额账户用款额度"科目，贷记"财政拨款收入"科目。年末，本年度财政授权支付预算指标数大于零余额账户用款额度下达数的，根据未下达额度，借记"财政应返还额度——财政授权支付"科目，贷记"财政拨款收入"科目。

【例 14-2】某单位收到其代理银行转来的"财政授权支付额度到账通知书"，收到财政部门拨入的一笔财政授权支付用款额度 60 000 元，规定用于该单位的日常行政活动开支。据以编制会计分录。

编制的财务会计分录如下。

借：零余额账户用款额度　　　　　　　　　　　　　　　　60 000
　　贷：财政拨款收入　　　　　　　　　　　　　　　　　　　60 000

编制的预算会计分录如下。

借：资金结存——零余额账户用款额度　　　　　　　　　　60 000
　　贷：财政拨款预算收入　　　　　　　　　　　　　　　　　60 000

3. 财政实拨资金方式下的财政拨款收入

实拨资金方式下收到财政拨款收入时，按照实际收到的金额，借记"银行存款"等科目，贷记"财政拨款收入"科目。

【例 14-3】假定某单位尚未纳入财政国库单一账户制度改革。该行政单位收到开户银行转来的收款通知，财政部门拨入的预算经费为 720 000 元。据以编制会计分录。

编制的财务会计分录如下。

借：银行存款　　　　　　　　　　　　　　　　　　　　　720 000
　　贷：财政拨款收入　　　　　　　　　　　　　　　　　　　720 000

编制的预算会计分录如下。

借：资金结存——货币资金　　　　　　　　　　　　　　　720 000
　　贷：财政拨款预算收入　　　　　　　　　　　　　　　　　720 000

二、非同级财政拨款收入

（一）非同级财政拨款收入的概念

非同级财政拨款收入是指单位从非同级政府财政部门取得的经费拨款，包括从同级政府其他部门取得的横向转拨财政款、从上级或下级政府财政部门取得的经费拨款等。行政单位从非同级政府财政部门取得的财政资金，可能是行政单位代征地方收入的手续费收入，也可能是地方政府给予行政单位的奖励收入等。

（二）非同级财政拨款收入的核算

为了核算非同级财政拨款收入业务，单位应设置"非同级财政拨款收入"科目。该科目应当按照本级横向转拨财政款和非本级财政拨款进行明细核算，并按照收入来源进行明细核算。平时该科目贷方发生额反映非同级财政拨款收入累计数。年终结转时，将该科目贷方发生额全数转入"本期盈余"科目。期末结转后，该科目应无余额。

事业单位因开展科研及其辅助活动从非同级政府财政部门取得的经费拨款，应当通过"事业收入——非同级财政拨款"科目核算，不通过该科目核算。

非同级财政拨款收入的主要账务处理如下：单位确认非同级财政拨款收入时，按照应收或实际收到的金额，借记"其他应收款""银行存款"等科目，贷记"非同级财政拨款收入"科目。期末，将该科目本期发生额转入本期盈余，借记"非同级财政拨款收入"科目，贷记"本期盈余"科目。

【例 14-4】某纳入市级财政部门预算范围的行政单位从上级省级业务主管部门获得一笔财政资金

58 000 元，具体内容为上级主管部门委托其开展一项基层实务调研工作，款项已存入该行政单位的银行存款账户。据以编制会计分录。

编制的财务会计分录如下。

借：银行存款 58 000
　　贷：非同级财政拨款收入 58 000

编制的预算会计分录如下。

借：资金结存——货币资金 58 000
　　贷：非同级财政拨款预算收入 58 000

三、其他收入

（一）捐赠收入

捐赠收入是指单位接受其他单位或者个人捐赠取得的收入。为了核算捐赠收入业务，单位应设置"捐赠收入"科目。该科目应当按照捐赠资产的用途和捐赠单位等进行明细核算。期末，将该科目本期发生额转入"本期盈余"科目。结转后，该科目应无余额。捐赠收入的主要账务处理如下。

接受捐赠的货币资金，按照实际收到的金额，借记"银行存款""库存现金"等科目，贷记"捐赠收入"科目。期末，将"捐赠收入"科目本期发生额转入本期盈余，借记"捐赠收入"科目，贷记"本期盈余"科目。

【例 14-5】某儿童福利院收到其他单位的未限定用途的货币资金捐赠收入 50 000 元，款项已存入银行。据以编制会计分录。

编制的财务会计分录如下。

借：银行存款 50 000
　　贷：捐赠收入 50 000

编制的预算会计分录如下。

借：资金结存——货币资金 50 000
　　贷：其他预算收入 50 000

（二）租金收入

租金收入是指单位经批准利用国有资产出租取得并按照规定纳入本单位预算管理的租金收入。为了核算租金收入业务，单位应设置"租金收入"科目。该科目应当按照出租国有资产类别和收入来源等进行明细核算。期末，将该科目本期发生额转入"本期盈余"科目，结转后，该科目应无余额。

【例 14-6】某医疗卫生事业单位出租一项固定资产，租金采用按季预收，每季度收取 9 000 元，当月末确认本月租金收入 3 000 元（9 000÷3）。据以编制会计分录。

（1）预收本季度租金收入时

编制的财务会计分录如下。

借：银行存款 9 000
　　贷：预收账款 9 000

编制的预算会计分录如下。

借：资金结存——货币资金 9 000
　　贷：其他预算收入 9 000

（2）月末确认本月租金收入时

借：预收账款	3 000
贷：租金收入	3 000

【例 14-7】某高校对外出租大礼堂，取得租金收入 8 000 元，款项已收到并存入银行。据以编制会计分录。

编制的财务会计分录如下。

借：银行存款	8 000
贷：租金收入	8 000

编制的预算会计分录如下。

借：资金结存——货币资金	8 000
贷：其他预算收入	8 000

（三）利息收入

利息收入是指单位取得的银行存款利息收入。为了核算利息收入业务，单位应设置"利息收入"科目。期末，将该科目本期发生额转入"本期盈余"科目。期末结转后本账户应无余额。

单位取得银行存款利息时，按照实际收到的金额，借记"银行存款"科目，贷记"利息收入"科目。期末，将该科目本期发生额转入本期盈余，借记"利息收入"科目，贷记"本期盈余"科目。

【例 14-8】某医院本期取得银行存款利息收入 8 400 元。据以编制会计分录。

编制的财务会计分录如下。

借：银行存款	8 400
贷：利息收入	8 400

编制的预算会计分录如下。

借：资金结存——货币资金	8 400
贷：其他预算收入	8 400

（四）其他收入

其他收入是指单位取得的除财政拨款收入、事业收入、上级补助收入、附属单位上缴收入、经营收入、非同级财政拨款收入、投资收益、捐赠收入、利息收入、租金收入以外的各项收入，包括现金盘盈收入、按照规定纳入单位预算管理的科技成果转化收入、行政单位收回已核销的其他应付款、无法偿付的应付及预收款项、置换换出资产评估增值等。

为了核算其他收入业务，单位应设置"其他收入"科目，该科目应当按照其他收入类别来源等进行明细核算。期末，将该科目本期发生额转入"本期盈余"科目。结转后，该账户应无余额。

【例 14-9】某水利局收到一笔 3 300 元的银行存款，内容为收回已作为坏账处理的 A 单位的其他应收款，据以编制会计分录。

编制的财务会计分录如下。

借：银行存款	3 300
贷：其他收入——收回已核销坏账收入	3 300

编制的预算会计分录如下。

借：资金结存——货币资金	3 300
贷：其他预算收入	3 300

第三节 | 事业单位专有收入的核算

一、事业收入

（一）事业收入的概念

事业收入是指事业单位开展专业业务活动及辅助活动所取得的收入。其中，专业业务活动是指事业单位根据本单位专业特点所从事或开展的主要业务活动，如文化事业单位的演出活动、科研事业单位的科研活动、教育事业单位的教育活动、医疗卫生事业单位的医疗保健活动等。辅助活动是指与其专业业务活动相关的、直接为专业业务活动服务的单位行政管理活动、后勤服务活动以及其他有关活动。

（二）事业收入的分类

按照管理方式，事业收入可以分为财政专户返还收入和其他事业收入。

1. 财政专户返还收入

财政专户返还收入是指采用财政专户返还方式管理的事业收入。承担政府规定的社会公益性服务任务的事业单位，面向社会提供的公益服务是无偿的，或只按政府指导价格收取部分费用，其事业收费需要纳入财政专户管理。如果事业单位的某项事业收费纳入了财政专户管理，事业收入需要按"收支两条线"的方式管理。在这种管理方式下，事业单位取得的各项事业型收费不能立即安排支出，需要上缴财政部门设立的财政资金专户，支出时，同级财政部门按资金收支计划从财政专户中拨付。事业单位经过审批取得从财政专户核拨的款项时，方可确认事业收入。

2. 其他事业收入

其他事业收入是指未采用财政专户返还方式管理的普通事业收入。许多事业单位的业务活动具有公益属性，在国家政策的支持下，可以通过事业收费正常运转，提供的公益性服务不以盈利为目的，但需要按成本补偿的原则制定价格并收取服务费用，其事业收费不需要纳入财政专户管理。如果事业单位的某项事业收费没有纳入财政专户管理，事业单位在收到各项服务收费时即可确认事业收入。

（三）事业收入的核算

单位应当设置"事业收入"科目核算事业单位开展专业业务活动及其辅助活动实现的收入，不包括从同级政府财政部门取得的各类财政拨款。本科目应当按照事业收入的类别、来源等进行明细核算。对于因开展科研及其辅助活动从非同级政府财政部门取得的经费拨款，应当在"事业收入——非同级财政拨款"明细科目中进行核算。本账户期末结转后应无余额。

微课堂

事业收入的核算

1. 采用财政专户返还方式管理的事业收入

实现应上缴财政专户的事业收入时，按照实际收到或应收的金额，借记"银行存款""应收账款"等科目，贷记"应缴财政款"科目。向财政专户上缴款项时，按实际上缴的款项金额，借记"应缴财政款"科目，贷记"银行存款"等科目。收到从财政专户返还的事业收入时，按照实际收到的返还金额，借记"银行存款"等科目，贷记"事业收入"科目。

2. 采用预收款方式确认的事业收入

实际收到预收款项时，按照收到款项的金额，借记"银行存款"等科目，贷记"预收账款"科目。以合同完成进度确认事业收入时，按照基于合同完成进度计算的金额，借记"预收账款"科目，贷记"事业收入"科目。

3. 采用应收款方式确认的事业收入

根据合同完成进度计算本期应收的款项，借记"应收账款"科目，贷记"事业收入"科目。实际收到款项时，借记"银行存款"等科目，贷记"应收账款"科目。

4. 其他方式下确认的事业收入

按照实际收到的金额，借记"银行存款""库存现金"等科目，贷记"事业收入"科目。

【例14-10】 某事业单位向社会开展咨询服务，咨询服务费30 000元，款项尚未收到。据以编制会计分录。

借：应收账款　　　　　　　　　　　　　　　　　　　　30 000
　　贷：事业收入——科技咨询业务——××收费项目　　　　　30 000

【例14-11】 某科研事业单位为增值税一般纳税人，销售新产品一批，单价50元，共200件，计10 000元，增值税税额为1 600元，款已收到。据以编制会计分录。

编制的财务会计分录如下。

借：银行存款　　　　　　　　　　　　　　　　　　　　11 600
　　贷：事业收入　　　　　　　　　　　　　　　　　　　10 000
　　　　应交增值税——应交税金（销项税额）　　　　　　　 1 600

编制的预算会计分录如下。

借：资金结存——货币资金　　　　　　　　　　　　　　11 600
　　贷：事业预算收入　　　　　　　　　　　　　　　　　11 600

二、经营收入

（一）经营收入的概念

经营收入是事业单位在专业业务活动及辅助活动之外开展非独立核算经营活动取得的收入。经营收入是一种有偿收入，以提供各项服务或商品为前提，是事业单位在经营活动中通过收费等方式取得的。事业单位的主要业务活动是专业业务活动，在专业业务活动及辅助活动以外开展各项业务活动即为经营活动。事业单位开展经营活动的目的是通过经营活动获取一定的收入，来弥补事业经费的不足。

事业单位经营收入的确认，有两个条件：一是经营收入是事业单位在专业业务活动及辅助活动之外取得的收入；二是经营收入是事业单位非独立核算单位取得的收入。一个收入事项同时具备以上两个条件方能确认为事业单位的经营收入。事业单位所属独立核算单位的各项收入，由所属独立核算单位自行组织核算，上级单位不进行记录。事业单位收到所属独立核算单位上缴的收入，通过"附属单位上缴收入"科目进行核算。

（二）经营收入的分类

按照经营业务类型进行分类，经营收入可以分为以下几种。

（1）服务收入：是事业单位非独立核算部门对外提供经营服务取得的收入。

（2）销售收入：是事业单位非独立核算部门开展商品生产、加工对外销售商品取得的收入。

（3）租赁收入：是事业单位对外出租房屋、场地和设备等取得的收入。

（4）其他经营收入：是除上述收入以外的各项经营类业务收入。

（三）经营收入的核算

为了反映事业单位经营业务的收入情况，事业单位应当设置"经营收入"科目。该科目核算事业单位在专业业务活动及辅助活动之外开展非独立核算经营活动取得的收入。本科目应当按照经营活动类别、项目和收入来源等进行明细核算。本账户期末结转后，应无余额。

经营收入应当在提供服务或发出存货，同时收讫价款或者取得索取价款的凭据时，按照实际收到或应收的金额予以确认。实现经营收入时，按照确定的收入金额，借记"银行存款""应收账款""应收票据"等科目，贷记"经营收入"科目。涉及增值税业务的，相关账务处理参见"应交增值税"科目。期末将本科目本期发生额转入本期盈余，借记"经营收入"科目，贷记"本期盈余"科目。

【例 14-12】某事业单位的车队为公众提供服务（没有实行独立核算），收到 3 000 元的车队服务收入并存入银行。据以编制会计分录。

编制的财务会计分录如下。

借：银行存款 　　　　　　　　　　　　　　　　　　　　　　　　3 000
　　贷：经营收入 　　　　　　　　　　　　　　　　　　　　　　3 000

编制的预算会计分录如下。

借：资金结存——货币资金 　　　　　　　　　　　　　　　　　　3 000
　　贷：经营预算收入——车队服务费 　　　　　　　　　　　　　3 000

【例 14-13】某事业单位附属的打印服务部对外提供打印服务，应收服务费共计人民币 4 600 元，服务费尚未收到。据以编制会计分录。

借：应收账款 　　　　　　　　　　　　　　　　　　　　　　　　4 600
　　贷：经营收入 　　　　　　　　　　　　　　　　　　　　　　4 600

如果事业单位的经营收入按规定应当缴纳增值税，应当按扣除增值税后的金额确认经营收入。

属于增值税小规模纳税人的事业单位实现经营收入，按实际出售价款，借记"银行存款""应收账款""应收票据"等科目，按出售价款扣除增值税税额后的金额，贷记"经营收入"科目，按应缴增值税额，贷记"应缴税费——应缴增值税"科目。

属于增值税一般纳税人的事业单位实现经营收入，按包含增值税的价款总额，借记"银行存款""应收账款""应收票据"等科目，扣除增值税销项税额后的价款金额，贷记"经营收入"科目，按增值税专用发票上注明的增值税金额，贷记"应缴税费——应缴增值税（销项税额）"科目。

三、上级补助收入

（一）上级补助收入的概念

上级补助收入是事业单位从上级单位取得的非财政资金补助收入。它是由事业单位的上级单位用自身组织的收入或几种下级单位的收入拨给事业单位的资金，是上级单位用于调剂附属单位资金收支余缺的机动财力。也就是说，事业单位按经费领拨关系取得的财政拨款收入不足以弥补正常业务活动的开支时，还可以向上级单位申请取得非财政性补助款。

（二）上级补助收入的核算

为了核算上级补助收入业务，事业单位应设置"上级补助收入"科目。该科目核算事业单位从主管部门和上级单位取得的非财政拨款收入。该科目应当按照发放补助单位、补助项目等进行明细核算。期末，将该科目本期发生额转入"本期盈余"科目。结转后，该科目应无余额。

上级补助收入的主要账务处理如下：事业单位确认上级补助收入时，按照应收或实际收到的金额，借记"其他应收款""银行存款"等科目，贷记"上级补助收入"科目。实际收到应收的上级补助款时，按照实际收到的金额，借记"银行存款"等科目，贷记"其他应收款"科目。期末，将该科目本期发生额转入本期盈余，借记"上级补助收入"科目，贷记"本期盈余"科目。

【例 14-14】某事业单位收到上级主管部门拨来的补助款 300 000 元，款项已经到账。此款项是上级单位用其所集中的款项对附属单位基本支出进行的调剂。据以编制会计分录。

编制的财务会计分录如下。

借：银行存款　　　　　　　　　　　　　　　　　　　300 000

　　贷：上级补助收入——主管部门　　　　　　　　　　　　　300 000

编制的预算会计分录如下。

借：资金结存——货币资金　　　　　　　　　　　　　300 000

　　贷：上级补助预算收入　　　　　　　　　　　　　　　　　300 000

四、附属单位上缴收入

（一）附属单位上缴收入的概念

附属单位上缴收入是指事业单位附属的独立核算单位按规定标准或比例缴纳的各项收入。事业单位一般下设一些独立核算的附属单位。这些单位按规定应当上缴一定的收入，形成事业单位的附属单位上缴收入。

（二）附属单位上缴收入的核算

为了反映事业单位取得所属单位缴款的情况，事业单位应当设置"附属单位上缴收入"科目。该科目核算事业单位收到独立核算附属单位按规定上缴的款项。"附属单位上缴收入"科目应当按照附属单位、缴款项目进行明细核算。

确认附属单位上缴收入时，按照应收或收到的金额，借记"其他应收款""银行存款"等科目，贷记"附属单位上缴收入"科目。实际收到应收附属单位上缴款时，按照实际收到金额，借记"银行存款"等科目，贷记"其他应收款"科目。期末，本期发生额转入本期盈余，借记"附属单位上缴收入"科目，贷记"本期盈余"科目。

【例 14-15】某事业单位下属的招待所为独立核算的附属单位。根据事业单位与招待所的收入分配办法规定，20××年招待所应缴纳分成款 240 000 元，事业单位已收到招待所上缴的款项。据以编制会计分录。

编制的财务会计分录如下。

借：银行存款　　　　　　　　　　　　　　　　　　　240 000

　　贷：附属单位上缴收入——招待所　　　　　　　　　　　　240 000

编制的预算会计分录如下。

借：资金结存——货币资金　　　　　　　　　　　　　240 000

　　贷：附属单位上缴预算收入　　　　　　　　　　　　　　　240 000

五、投资收益

投资收益是指事业单位股权投资和债券投资所实现的收益或发生的损失。为了核算投资收益业务，事业单位应设置"投资收益"科目。该科目应当按照投资的种类等进行明细核算。期末结转时，将该科目贷方发生额全数转入"本期盈余"科目。结转后，该科目应无余额。

投资收益的主要账务处理如下：

收到短期投资持有期间的利息时，按照实际收到的金额，借记"银行存款"科目，贷记"投资收益"科目。出售或到期收回短期债券本息，按照实际收到的金额，借记"银行存款"科目，按照出售或收回短期投资的成本，贷记"短期投资"科目，按照其差额，贷记或借记"投资收益"科目。持有的分期付息、一次还本的长期债券投资，按期确认利息收入时，按照计算确定的应收未收利息，借记"应收利息"科目，贷记"投资收益"科目；持有的到期一次还本付息的债券投资，按期确认利息收入时，按照计算确定的应收未收利息，借记"长期债券投资——应计利息"科目，贷记"投资收益"科目。出售长期债券投资或到期收回长期债券投资本息时，按照实际收到的金额，借记"银行存款"等科目，按照债券初始投资成本和已计未收利息金额，贷记"长期债券投资——成本、应计利息"科目（到期一次还本付息债券）或"长期债券投资""应收利息"科目（分期付息债券），按照其差额，贷记或借记"投资收益"科目。

【例 14-16】某科研事业单位收到到期兑付的长期债券投资的本息共计 530 000 元，款已存入银行。其中，长期债券投资的成本为 500 000 元，应计利息为 20 000 元。据以编制会计分录。

编制的财务会计分录如下。

借：银行存款	530 000
贷：长期债券投资——成本	500 000
——应计利息	20 000
投资收益	10 000

编制的预算会计分录如下。

借：资金结存——货币资金	530 000
贷：投资支出	520 000
投资预算收益	10 000

采用成本法核算的长期股权投资持有期间，被投资单位宣告分派现金股利或利润时，按照宣告分派的现金股利或利润中属于单位应享有的份额，借记"应收股利"科目，贷记"投资收益"科目。

【例 14-17】某文化事业单位持有一项长期股权投资，被投资单位宣告分配现金股利 700 000 元，该教育事业单位应享有 5%的收益。据以编制会计分录。

| 借：应收股利 | 35 000 |
| 贷：投资收益 | 35 000 |

采用权益法核算的长期股权投资持有期间，按照应享有或应分担的被投资单位实现的净损益的份额，借记或贷记"长期股权投资——损益调整"科目，贷记或借记"投资收益"科目；被投资单位发生净亏损，但以后年度又实现净利润的，单位在其收益分享额弥补未确认的亏损分担额后，恢复确认投资收益，借记"长期股权投资——损益调整"科目，贷记"投资收益"科目。

复习思考题

第十五章 行政事业单位费用的核算

【学习目标】
1. 掌握行政事业单位共有费用的核算；
2. 掌握事业单位专有费用的核算。

第一节 行政事业单位费用概述

一、费用的概念

费用是指报告期内导致政府会计主体净资产减少的、含有服务潜力或者经济利益的经济资源的流出。费用的确认应当同时满足以下条件：（1）与费用相关的含有服务潜力或者经济利益的经济资源很可能流出政府会计主体；（2）含有服务潜力或者经济利益的经济资源的流出会导致政府会计主体资产减少或者负债增加；（3）流出金额能够可靠地计量。

二、费用的分类

（一）行政事业单位的共有费用

（1）业务活动费用：指单位为实现其职能目标，依法履职或开展专业业务活动及其辅助活动所发生的各项费用。

（2）资产处置费用：指单位经批准处置资产时，如无偿调拨、出售、出让、转让、置换、对外捐赠资产等发生的费用。

（3）其他费用：指除业务活动费用、单位管理费用、经营费用、资产处置费用、上缴上级费用、附属单位补助费用、所得税费用以外的各项费用，包括利息费用、坏账损失、罚没支出、现金资产捐赠支出以及相关税费、运输费等。

（二）事业单位特有费用

（1）单位管理费用：指事业单位本级行政及后勤管理部门开展管理活动发生的各项费用。

（2）上缴上级费用：指事业单位按照财政部门和主管部门的规定上缴上级单位款项发生的费用。

（3）对附属单位补助费用：事业单位用财政拨款收入之外的收入对附属单位补助发生的费用。

（4）经营费用：指事业单位在专业业务活动及其辅助活动之外开展非独立核算经营活动发生的各项费用。

（5）所得税费用：指有企业所得税缴纳义务的事业单位按规定缴纳企业所得税所形成的费用。

第二节 | 行政事业单位共有费用的核算

一、业务活动费用

（一）业务活动费用的概念

业务活动费用是指单位为实现其职能目标，依法履职或开展专业业务活动及其辅助活动所发生的各项费用，包括为履职或开展业务活动人员计提的薪酬、外部人员劳务费、领用的库存物品、动用发出的政府储备物资、相关长期资产的折旧和摊销、相关税费以及为履职或开展业务活动发生的其他各项费用。

（二）业务活动费用的核算

为了核算业务活动费用业务，单位应设置"业务活动费用"科目。该科目应当按照项目、服务或者业务类别、支付对象等进行明细核算。为了满足成本核算需要，该科目下还可按照"工资福利费用""商品和服务费用""对个人和家庭的补助费用""对企业补助费用""固定资产折旧费""无形资产摊销费""公共基础设施折旧（摊销）费""保障性住房折旧费""计提专用基金"等成本项目设置明细科目，归集能够直接计入业务活动或采用一定方法计算后计入业务活动的费用。期末，将该科目本期借方发生额结转入"本期盈余"科目。结转后，该科目应无余额。

微课堂

业务活动费用的
核算

1. 计提单位职工薪酬费用的核算

为履职或开展业务活动人员计提的薪酬，按照计算确定的金额，借记"业务活动费用"科目，贷记"应付职工薪酬"科目。

2. 外部人员劳务费的核算

为履职或开展业务活动发生的外部人员劳务费，按照计算确定的金额，借记"业务活动费用"科目，按照代扣代缴个人所得税的金额，贷记"其他应交税费——应交个人所得税"科目，按照扣税后应付或实际支付的金额，贷记"其他应付款""财政拨款收入""零余额账户用款额度""银行存款"等科目。

3. 领用库存物品和动用发出相关政府储备物资的核算

为履职或开展业务活动领用库存物品以及动用发出相关政府储备物资，按照领用库存物品或发出相关政府储备物资的账面余额，借记"业务活动费用"科目，贷记"库存物品""政府储备物资"科目。

4. 固定资产、无形资产、公共基础设施、保障性住房计提的折旧、摊销的核算

为履职或开展业务活动所使用的固定资产、无形资产以及为所控制的公共基础设施、保障性住房计提的折旧、摊销，按照计提金额，借记"业务活动费用"科目，贷记"固定资产累计折旧""无形资产累计摊销""公共基础设施累计折旧（摊销）""保障性住房累计折旧"科目。

5. 相关税费的核算

为履职或开展业务活动发生的城市维护建设税、教育费附加、地方教育费附加、车船税、房产税、城镇土地使用税等，按照计算确定应缴纳的金额，借记"业务活动费用"科目，贷记"其他应交税费"等科目。

6. 其他各项费用的核算

为履职或开展业务活动发生其他各项费用时，按照费用确认金额，借记"业务活动费用"科目，贷记"财政拨款收入""零余额账户用款额度""银行存款""应付账款""其他应付款""其他应收款"

等科目。

7. 从收入中提取专用基金的核算

按照规定从收入中提取专用基金并计入费用的，一般按照预算会计下基于预算收入计算提取的金额，借记"业务活动费用"科目，贷记"专用基金"科目。

8. 已计入本年业务活动费用的当年购货退回业务的核算

发生当年购货退回等业务，对于已计入本年业务活动费用的，按照收回或应收的金额，借记"财政拨款收入""零余额账户用款额度""银行存款""其他应收款"等科目，贷记"业务活动费用"科目。

9. 业务活动费用期末结转的核算

期末，将"业务活动费用"科目本期发生额转入本期盈余，借记"本期盈余"科目，贷记"业务活动费用"科目。

【例 15-1】某行政单位通过财政授权支付方式支付外聘培训专家的课酬费 20 000 元，按规定代扣代缴个人所得税 4 000 元。据以编制会计分录。

编制的财务会计分录如下。

借：业务活动费用 20 000
　　贷：其他应交税费——应交个人所得税 4 000
　　　　零余额账户用款额度 16 000

编制的预算会计分录如下。

借：行政支出 16 000
　　贷：资金结存——零余额账户用款额度 16 000

二、资产处置费用

（一）资产处置费用的概念

资产处置费用是指单位经批准处置资产时发生的费用，包括转销的被处置资产价值以及在处置过程中发生的相关费用或者处置收入小于相关费用形成的净支出。资产处置的形式按照规定包括无偿调拨、出售、出让、转让、置换、对外捐赠、报废、毁损以及货币性资产损失核销等。

（二）资产处置费用的核算

为了核算资产处置费用，单位应当设置"资产处置费用"科目。该科目应当按照处置资产的类别、资产处置的形式等进行明细核算。期末，将该科目本期借方发生额结转入"本期盈余"科目。结转后，该账户应无余额。

单位在资产清查中查明的资产盘亏、毁损以及资产报废等，应当先通过"待处理财产损溢"科目进行核算，再将处理资产价值和处理净支出计入该科目。

1. 不通过"待处理财产损溢"科目核算的资产处置

（1）按照规定报经批准处置资产时，按照处置资产的账面价值，借记"资产处置费用"科目［处置固定资产、无形资产、公共基础设施、保障性住房的，还应借记"固定资产累计折旧""无形资产累计摊销""公共基础设施累计折旧（摊销）""保障性住房累计折旧"科目］，按照处置资产的账面余额，贷记"库存物品""固定资产""无形资产""公共基础设施""政府储备物资""文物文化资产""保障性住房""其他应收款""在建工程"等科目。

（2）处置资产过程中仅发生相关费用的，按照实际发生金额，借记"资产处置费用"科目，贷记"银行存款""库存现金"等科目。

（3）处置资产过程中取得收入的，按照取得的价款，借记"库存现金""银行存款"科目，按照处置资产过程中发生的相关费用，贷记"银行存款""库存现金"等科目，按照其差额，借记"资产处置费用"科目或贷记"应缴财政款"等科目。

2. 通过"待处理财产损溢"科目核算的资产处置

单位账款核对中发现的现金短缺，属于无法查明原因的，报经批准核销时，借记"资产处置费用"科目，贷记"待处理财产损溢"科目。

单位资产清查过程中盘亏或者毁损、报废的存货、固定资产、无形资产、公共基础设施、政府储备物资、文物文化资产、保障性住房等，报经批准处理时，按照处理资产价值，借记"资产处置费用"科目，贷记"待处理财产损溢——待处理财产价值"科目。处理收支结清时，处理过程中所取得收入小于所发生相关费用的，按照相关费用减去处理收入后的净支出，借记"资产处置费用"科目，贷记"待处理财产损溢——处理净收入"科目。

三、其他费用

其他费用是指单位发生的除业务活动费用、单位管理费用、经营费用、资产处置费用、上缴上级费用、附属单位补助费用、所得税费用以外的各项费用，包括利息费用、坏账损失、罚没支出、现金资产捐赠支出以及相关税费、运输费等。

为了核算其他费用业务，事业单位应当设置"其他费用"科目。该科目应当按照其他费用的类别等进行明细核算。期末，将该科目本期借方发生额结转入"本期盈余"科目，结转后，该科目应无余额。其他费用的主要账务处理如下。

按期计算确认借款利息费用时，按照计算确定的金额，借记"在建工程"科目或"其他费用"科目，贷记"应付利息""长期借款——应计利息"科目。

年末，事业单位按照规定对收回后不需上缴财政的应收账款和其他应收款计提坏账准备时，按照计提金额，借记"其他费用"科目，贷记"坏账准备"科目；冲减多提的坏账准备时，按照冲减金额，借记"坏账准备"科目，贷记"其他费用"科目。

单位发生罚没支出的，按照实际缴纳或应当缴纳的金额，借记"其他费用"科目，贷记"银行存款""库存现金""其他应付款"等科目。

对外捐赠现金资产的，按照实际捐赠的金额，借记"其他费用"科目，贷记"银行存款""库存现金"等科目。

单位接受捐赠（或无偿调入）以名义金额计量的存货、固定资产、无形资产以及成本无法可靠取得的公共基础设施、文物文化资产等发生的相关税费、运输费等，按照实际支付的金额，借记"其他费用"科目，贷记"财政拨款收入""零余额账户用款额度""银行存款""库存现金"等科目。

单位发生的与受托代理资产相关的税费、运输费、保管费等，按照实际支付或应付的金额，借记"其他费用"科目，贷记"零余额账户用款额度""银行存款""库存现金""其他应付款"等科目。

第三节 | 事业单位专有费用的核算

一、单位管理费用

（一）单位管理费用的概念

单位管理费用是指事业单位本级行政及后勤管理部门开展管理活动发生的各项费用，包括单位行政及后勤管理部门发生的人员经费、公用经费、资产折旧（摊销）等费用，以及由单位统一负担的离退休人员经费、工会经费、诉讼费、中介费等。

（二）单位管理费用的核算

为了核算单位管理费用业务，事业单位应当设置"单位管理费用"科目。该科目应当按照项目、费用类别、支付对象等进行明细核算。为了满足成本核算需要，该科目下还可按照"工资福利费用""商品和服务费用""对个人和家庭的补助费用""固定资产折旧费""无形资产摊销费"等成本项目设置明细科目，归集能够直接计入单位管理活动或采用一定方法计算后计入单位管理活动的费用。期末，将该科目本期借方发生额结转入"本期盈余"科目。结转后，该科目应无余额。

单位管理费用的主要账务处理如下。

（1）为管理活动人员计提的薪酬，按照计算确定的金额，借记"单位管理费用"科目，贷记"应付职工薪酬"科目。

（2）为开展管理活动发生的外部人员劳务费，按照计算确定的费用金额，借记"单位管理费用"科目，按照代扣代缴个人所得税的金额，贷记"其他应交税费——应交个人所得税"科目，按照扣税后应付或实际支付的金额，贷记"其他应付款""财政拨款收入""零余额账户用款额度""银行存款"等科目。

（3）为开展管理活动，内部领用库存物品，按照领用物品实际成本，借记"单位管理费用"科目，贷记"库存物品"科目。

（4）为管理活动所使用固定资产、无形资产计提的折旧、摊销，按照应提折旧、摊销额，借记"单位管理费用"科目，贷记"固定资产累计折旧""无形资产累计摊销"科目。

（5）为开展管理活动发生城市维护建设税、教育费附加、地方教育费附加、车船税、房产税、城镇土地使用税等，按照计算确定应缴纳的金额，借记"单位管理费用"科目，贷记"其他应交税费"等科目。

（6）为开展管理活动发生的其他各项费用，按照费用确认金额，借记"单位管理费用"科目，贷记"财政拨款收入""零余额账户用款额度""银行存款""其他应付款""其他应收款"等科目。

（7）发生当年购货退回等业务，对于已计入本年单位管理费用的，按照收回或应收的金额，借记"财政拨款收入""零余额账户用款额度""银行存款""其他应收款"等科目，贷记"单位管理费用"科目。

（8）期末将"单位管理费用"科目本期发生额转入本期盈余，借记"本期盈余"科目，贷记"单位管理费用"科目。

【例15-2】某医院的行政管理部门和后勤管理部门发生以下业务，据以编制会计分录。

（1）为行政管理部门人员和后勤管理部门人员计提薪酬，具体内容为职工绩效工资63 000元。

借：单位管理费用——工资福利费用　　　　　　　　　　　　63 000
　　　贷：应付职工薪酬　　　　　　　　　　　　　　　　　　　　63 000

（2）后勤管理部门以银行存款支付门窗维修费4 000元。

编制的财务会计分录如下。

借：单位管理费用——商品和服务费用　　　　　　　　　　　4 000
　　　贷：银行存款　　　　　　　　　　　　　　　　　　　　　　4 000

编制的预算会计分录如下。

借：事业支出　　　　　　　　　　　　　　　　　　　　　　4 000
　　　贷：资金结存——货币资金　　　　　　　　　　　　　　　　4 000

（3）后勤管理部门为开展管理活动从仓库领用库存物品一批，实际成本为 3 800 元。

借：单位管理费用——商品和服务费用 　　　　　　　　　　　　3 800

　　贷：库存物品 　　　　　　　　　　　　　　　　　　　　　　　3 800

（4）行政管理部门和后勤管理部门使用固定资产计提折旧 6 300 元。

借：单位管理费用——固定资产折旧费 　　　　　　　　　　　　6 300

　　贷：固定资产累计折旧 　　　　　　　　　　　　　　　　　　　6 300

（5）期末，将"单位管理费用"科目本期发生额 420 000 转入本期盈余。

借：本期盈余 　　　　　　　　　　　　　　　　　　　　　　420 000

　　贷：单位管理费用 　　　　　　　　　　　　　　　　　　　　420 000

二、经营费用

（一）经营费用的概念

经营费用是指事业单位在专业业务活动及其辅助活动之外开展非独立核算经营活动发生的各项费用。事业单位开展非独立核算经营活动的，应当正确归集开展经营活动发生的各项费用；无法直接归集的，应当按照规定的标准或比例合理分配。

（二）经营费用的核算

为了核算经营费用业务，事业单位应当设置"经营费用"科目。该科目应当按照经营活动类别、项目、支付对象等进行明细核算。期末，将该科目本期借方发生额结转入"本期盈余"科目。结转后，该科目应无余额。

为了满足成本核算需要，该科目下还可按照"工资福利费用""商品和服务费用""对个人和家庭的补助费用""固定资产折旧费""无形资产摊销费"等成本项目设置明细科目，归集能够直接计入单位经营活动或采用一定方法计算后计入单位经营活动的费用。经营费用的主要账务处理如下。

（1）为经营活动人员计提的薪酬，按照计算确定的金额，借记"经营费用"科目，贷记"应付职工薪酬"科目。

（2）开展经营活动领用或发出库存物品，按照物品实际成本，借记"经营费用"科目，贷记"库存物品"科目。

（3）为经营活动所使用的固定资产、无形资产计提的折旧、摊销，按照应提折旧、摊销额，借记"经营费用"科目，贷记"固定资产累计折旧""无形资产累计摊销"科目。

（4）开展经营活动发生城市维护建设税、教育费附加、地方教育费附加、车船税、房产税、城镇土地使用税等，按照计算确定应缴纳的金额，借记"经营费用"科目，贷记"其他应交税费"等科目。

（5）发生与经营活动相关的其他各项费用时，按照费用确认金额，借记"经营费用"科目，贷记"银行存款""其他应付款""其他应收款"等科目。

（6）发生当年购货退回等业务，对于已计入本年经营费用的，按照收回或应收的金额，借记"银行存款""其他应收款"等科目，贷记"经营费用"科目。

（7）期末，将"经营费用"科目本期发生额转入本期盈余，借记"本期盈余"科目，贷记"经营费用"科目。

【例 15-3】某体育事业单位的超市开展非独立核算的经营活动，对外出售体育用品，发生以下业务，据以编制会计分录。

（1）为超市人员计提薪酬 7 500 元。

借：经营费用——体育用品销售——工资福利费用   7 500

  贷：应付职工薪酬   7 500

（2）计算并结转发出日常体育用品的实际成本 12 000 元。

借：经营费用——体育用品销售——商品和服务费用 12 000

  贷：库存物品   12 000

（3）计提超市的门面房的固定资产折旧 2 300 元。

借：经营费用   2 300

  贷：固定资产累计折旧   2 300

（4）按照规定计算应缴纳的相关税费 1 200 元。

借：经营费用   1 200

  贷：其他应交税费   1 200

三、上缴上级费用

上缴上级费用是指事业单位按照财政部门和主管部门的规定上缴上级单位款项发生的费用。

为了核算上缴上级费用业务，事业单位应当设置"上缴上级费用"科目。该科目应当按照收缴款项单位、缴款项目等进行明细核算。期末，将该科目本期借方发生额结转入"本期盈余"科目。结转后，该科目应无余额。上缴上级费用的主要账务处理如下。

（1）单位发生上缴上级支出的，按照实际上缴的金额或者按照规定计算出应当上缴上级单位的金额，借记"上缴上级费用"科目，贷记"银行存款""其他应付款"等科目。

（2）期末，将该科目本期发生额转入本期盈余，借记"本期盈余"科目，贷记"上缴上级费用"科目。

【例 15-4】某剧团按财政部门和主管部门的规定，对于取得的有关事业收入，按照相应的标准和比例上缴上级单位，经计算，上缴金额为 42 000 元，款项已通过银行支付。据以编制会计分录。

编制的财务会计分录如下。

借：上缴上级费用   42 000

  贷：银行存款   42 000

编制的预算会计分录如下。

借：上缴上级支出   42 000

  贷：资金结存——货币资金   42 000

四、对附属单位补助费用

对附属单位补助费用是指事业单位用财政拨款收入之外的收入对附属单位补助发生的费用。

为了核算对附属单位补助费用业务，事业单位应当设置"对附属单位补助费用"科目。该科目应当按照接受补助单位、补助项目等进行明细核算。期末将该科目本期借方发生额结转入"本期盈余"科目。结转后，该科目应无余额。对附属单位补助费用的主要账务处理如下。

（1）单位发生对附属单位补助支出的，按照实际补助的金额或者按照规定计算出应当对附属单位补助的金额，借记"对附属单位补助费用"科目，贷记"银行存款""其他应付款"等科目。

（2）期末，将该科目本期发生额转入本期盈余，借记"本期盈余"科目，贷记"对附属单位补助费用"科目。

【例 15-5】某高等学校用一部分事业收入和其他收入对附属中学拨付补助款 260 000 元，以进一步提升附属初级中学的教学水平。款项通过银行存款支付。据以编制会计分录。

编制的财务会计分录如下。

借：对附属单位补助费用　　　　　　　　　　　　　　　　260 000

　　贷：银行存款　　　　　　　　　　　　　　　　　　　　　　260 000

编制的预算会计分录如下。

借：对附属单位补助支出　　　　　　　　　　　　　　　　260 000

　　贷：资金结存——货币资金　　　　　　　　　　　　　　　　260 000

五、所得税费用

所得税费用是指有企业所得税缴纳义务的事业单位按规定缴纳企业所得税所形成的费用。

为了核算所得税费用业务，有企业所得税缴纳义务的事业单位应设置"所得税费用"科目。年末，将该科目本年发生额转入本期盈余。

【例 15-6】某事业单位存在企业所得税纳税义务，经计算，本年应缴纳企业所得税 34 000 元。据以编制会计分录。

（1）年末计算应纳所得税时

借：所得税费用　　　　　　　　　　　　　　　　　　　34 000

　　贷：其他应交税费——应交所得税　　　　　　　　　　　　34 000

（2）年末将所得税费用结转本期盈余时

借：本期盈余　　　　　　　　　　　　　　　　　　　　34 000

　　贷：所得税费用　　　　　　　　　　　　　　　　　　　　34 000

（3）向税务机关缴纳所得税时

编制的财务会计分录如下。

借：其他应交税费——应交所得税　　　　　　　　　　　34 000

　　贷：银行存款　　　　　　　　　　　　　　　　　　　　34 000

编制的预算会计分录如下。

借：经营支出　　　　　　　　　　　　　　　　　　　　34 000

　　贷：资金结存——货币资金　　　　　　　　　　　　　　　34 000

复习思考题

第十六章 | 行政事业单位财务会计报表

【学习目标】
1. 掌握行政事业单位资产负债表的格式及编制；
2. 掌握行政事业单位收入费用表的格式及编制；
3. 掌握行政事业单位净资产变动表的格式及编制；
4. 掌握行政事业单位现金流量表的格式及编制。

第一节 | 行政事业单位资产负债表

单位财务报表是反映单位某一特定日期的财务状况和某一会计期间的业务活动成果、净资产变动以及现金流量等会计信息的文件，由会计报表及其附注构成。行政事业单位的会计报表包括资产负债表、收入费用表、净资产变动表、现金流量表以及报表附注。

一、资产负债表的性质和作用

资产负债表是指反映单位在某一特定日期财务状况的报表。其中，财务状况是指单位在某一特定日期占有或者使用的资产、承担的负债以及剩余的净资产的数额及其结构和相互关系。单位资产负债表的作用主要表现在以下几个方面。

（1）提供某一特定日期资产总额及其构成情况的信息。如提供某一特定日期资产总额、流动资产总额、非流动资产总额等信息。

（2）提供某一特定日期负债总额及其构成情况的信息。如提供某一特定日期负债总额、流动负债总额、非流动负债总额等信息。

（3）提供某一特定日期净资产总额及其构成情况的信息。如提供某一特定日期净资产总额、累计盈余、专用基金数额、权益法调整的数额、无偿调拨净资产的数额、本期盈余的数额等信息。

二、资产负债表的格式

单位资产负债表以"资产=负债+净资产"的会计平衡等式为编制依据，采用账户格式，左边为资产，右边为负债和净资产，项目排列按流动性列示，即资产和负债应当分别流动资产和非流动资产、流动负债和非流动负债列示。表中数据分为期末余额和年初余额两栏，表中"资产总计"项目期末（年初）余额应当与"负债和净资产总计"项目期末（年初）余额相等。

行政事业单位资产负债表的格式，如表 16-1 所示。

表 16-1　　　　　　　　　　　　　资产负债表　　　　　　　　　　　会政财 01 表

编制单位：　　　　　　　　　　　年　月　日　　　　　　　　　　　单位：元

资产	期末余额	年初余额	负债和净资产	期末余额	年初余额
流动资产：			流动负债：		
货币资金			短期借款		
短期投资			应交增值税		
财政应返还额度			其他应交税费		

续表

资产	期末余额	年初余额	负债和净资产	期末余额	年初余额
应收票据			应缴财政款		
应收账款净额			应付职工薪酬		
预付账款			应付票据		
应收股利			应付账款		
应收利息			应付政府补贴款		
其他应收款净额			应付利息		
存货			预收账款		
待摊费用			其他应付款		
一年内到期的非流动资产			预提费用		
其他流动资产			一年内到期的非流动负债		
流动资产合计			其他流动负债		
非流动资产:			流动负债合计		
长期股权投资			非流动负债:		
长期债券投资			长期借款		
固定资产原值			长期应付款		
减：固定资产累计折旧			预计负债		
固定资产净值			其他非流动负债		
工程物资			受托代理负债		
在建工程			负债合计		
无形资产原值					
减：无形资产累计摊销					
无形资产净值					
研发支出					
公共基础设施原值					
减：公共基础设施累计折旧（摊销）					
公共基础设施净值					
政府储备物资					
文物文化资产					
保障性住房原值					
减：保障性住房累计折旧			净资产:		
保障性住房净值			累计盈余		
长期待摊费用			专用基金		
待处理财产损溢			权益法调整		
其他非流动资产			无偿调拨净资产		
非流动资产合计			本期盈余		
受托代理资产			净资产合计		
资产总计			负债和净资产总计		

按照规定，行政事业单位的资产负债表应当按照月度和年度编制。月度资产负债表的"无偿调拨净资产"和"本期盈余"项目有余额。年终转账时，将两者余额转入"累计盈余"科目，转账后，两科目没有余额，故年度资产负债表中"无偿调拨净资产"和"本期盈余"两个项目均没有余额。

三、资产负债表的编制方法

资产负债表"年初余额"栏内各项数字应当根据上年年末资产负债表"期末余额"栏内数字填列，如果本年度资产负债表规定的项目名称和内容同上年度不一致，应当对上年年末资产负债表项目的名称和数字按照本年度的规定进行调整，将调整后的数字填入该表"年初余额"栏内。

如果本年度单位发生了因前期差错更正、会计政策变更等调整以前年度盈余的事项，还应当对"年初余额"栏中的有关项目金额进行相应调整。资产负债表"期末余额"栏各项目的内容和填列方法如下所述。

（一）资产类项目

1. 根据期末借方余额直接填列的资产项目

根据期末借方余额直接填列的资产项目主要包括："短期投资""财政应返还额度""应收票据""预付账款""应收股利""应收利息""待摊费用""长期股权投资""固定资产原值""固定资产累计折旧""工程物资""在建工程""无形资产原值""无形资产累计摊销""公共基础设施原值""公共基础设施累计折旧（摊销）""政府储备物资""保障性住房原值""保障性住房累计折旧""文物文化资产""长期待摊费用"等。

2. 根据期末余额分析计算填列的资产项目

（1）"货币资金"项目。本项目应当根据"库存现金""银行存款""零余额账户用款额度""其他货币资金"科目的期末余额的合计数填列；若单位存在通过"库存现金""银行存款"科目核算的受托代理资产还应当按照前述合计数扣减"库存现金""银行存款"科目下"受托代理资产"明细科目的期末余额后的金额填列。

（2）"应收账款净额"项目。本项目应当根据"应收账款"科目的期末余额，减去"坏账准备"科目中对应收账款计提的坏账准备的期末余额后的金额填列。

（3）"其他应收款净额"项目。本项目应当根据"其他应收款"科目的期末余额减去"坏账准备"科目中对其他应收款计提的坏账准备的期末余额后的金额填列。

（4）"存货"项目。本项目应当根据"在途物品""库存物品""加工物品"科目的期末余额的合计数填列。

（5）"一年内到期的非流动资产"项目。本项目应当根据"长期债券投资"等科目的明细科目的期末余额分析填列。

（6）"其他流动资产"项目。本项目应当根据有关科目期末余额的合计数填列。

（7）"流动资产合计"项目。本项目应当根据本表中各流动资产项目金额的合计数填列。

（8）"长期债券投资"项目。本项目应当根据"长期债券投资"科目的期末余额减去其中将于一年内（含一年）到期的长期债券投资余额后的金额填列。

（9）"固定资产净值"项目。本项目应当根据"固定资产"科目期末余额减去"固定资产累计折旧"科目期末余额后的金额填列。

（10）"无形资产净值"项目。本项目应当根据"无形资产"科目期末余额减去"无形资产累计摊销"科目期末余额后的金额填列。

（11）"研发支出"项目。本项目应当根据"研发支出"科目的期末余额填列。

（12）"公共基础设施净值"项目。本项目应当根据"公共基础设施"科目的期末余额减去"公共基础设施累计折旧（摊销）"科目期末余额后的金额填列。

（13）"保障性住房净值"项目。本项目应当根据"保障性住房"科目期末余额减去"保障性住房累计折旧"科目期末余额后的金额填列。

（14）"待处理财产损溢"项目。本项目应当根据"待处理财产损溢"科目的期末借方余额填列；如"待处理财产损溢"科目期末为贷方余额，以"–"号填列。

（15）"其他非流动资产"项目。本项目应当根据有关科目的期末余额合计数填列。

（16）"非流动资产合计"项目。本项目应当根据本表非流动资产项目金额的合计数填列。

（17）"受托代理资产"项目。本项目应当根据"受托代理资产"科目的期末余额与"库存现金"

"银行存款"科目下"受托代理资产"明细科目的期末余额的合计数填列。

（18）"资产总计"项目。本项目应当根据本表中"流动资产合计""非流动资产合计""受托代理资产"项目金额的合计数填列。

（二）负债类项目

1. 根据期末贷方余额直接填列的负债项目

根据期末贷方余额直接填列的负债项目主要包括："短期借款""应缴财政款""应付职工薪酬""应付票据""应付账款""应付政府补贴款""应付利息""预收账款""其他应付款""预提费用"。

2. 根据期末贷方余额分析填列的负债项目

（1）"应交增值税"项目。本项目应当根据"应交增值税"科目的期末余额填列；如"应交增值税"科目期末为借方余额，以"－"号填列。

（2）"其他应交税费"项目。本项目应当根据"其他应交税费"科目的期末余额填列；如"其他应交税费"科目期末为借方余额，以"－"号填列。

（3）"预计负债"项目。本项目应当根据"预计负债"科目的期末余额填列。

（4）"一年内到期的非流动负债"项目。本项目应当根据"长期应付款""长期借款"等科目的明细科目的期末余额分析填列。

（5）"其他流动负债"项目。本项目应当根据有关科目的期末余额的合计数填列。

（6）"流动负债合计"项目。本项目应当根据本表中流动负债项目金额的合计数填列。

（7）"长期借款"项目。本项目应当根据"长期借款"科目的期末余额减去其中将于一年内（含一年）到期的长期借款余额后的金额填列。

（8）"长期应付款"项目。本项目应当根据"长期应付款"科目的期末余额减去其中将于一年内（含一年）到期的长期应付款余额后的金额填列。

（9）"其他非流动负债"项目。本项目应当根据有关科目的期末余额合计数填列。

（10）"非流动负债合计"项目。本项目应当根据本表中"长期借款""长期应付款""预计负债""其他非流动负债"项目金额的合计数填列。

（11）"受托代理负债"项目。本项目应当根据"受托代理负债"科目的期末余额填列。

（12）"负债合计"项目。本项目应当根据本表中"流动负债合计""非流动负债合计""受托代理负债"项目金额的合计数填列。

（三）净资产类项目

（1）"累计盈余"项目。本项目应当根据"累计盈余"科目的期末余额填列。

（2）"专用基金"项目。本项目应当根据"专用基金"科目的期末余额填列。

（3）"权益法调整"项目。本项目应当根据"权益法调整"科目的期末余额填列。如"权益法调整"科目期末为借方余额，以"－"号填列。

（4）"无偿调拨净资产"项目。本项目仅在月度报表中列示，年度报表中不列示。月度报表中本项目应当根据"无偿调拨净资产"科目的期末余额填列；"无偿调拨净资产"科目期末为借方余额时，以"－"号填列。

（5）"本期盈余"项目。本项目仅在月度报表中列示，年度报表中不列示。月度报表中本项目应当根据"本期盈余"科目的期末余额填列；"本期盈余"科目期末为借方余额时，以"－"号填列。

（6）"净资产合计"项目。本项目应当根据本表中"累计盈余""专用基金""权益法调整""无偿调拨净资产"（月度报表）"本期盈余"（月度报表）项目金额的合计数填列。

（7）"负债和净资产总计"项目。应当按照本表中"负债合计""净资产合计"项目金额的合计数填列。

第二节 行政事业单位收入费用表

一、收入费用表的性质和作用

收入费用表是反映单位在某一会计期间内发生的收入、费用及当期盈余情况的报表。收入费用表的作用主要表现在以下几个方面。

反映某一会计期间各项收入的总额及其构成情况的信息。如单位实现的收入总额以及财政拨款收入等 11 项收入的构成情况。

反映某一会计期间各项费用的总额及其构成情况的信息。如耗费的费用总额以及业务活动费用等 8 项费用的构成情况。

反映某一会计期间各项收入总额与冬项费用总额配比的结果，即本期业务活动的成果或本期盈余情况的信息。

按照规定，单位收入费用表应当按照月度和年度编制。

二、收入费用表的格式

单位收入费用表采用单步式格式，即采用基本的计算公式：收入-费用=盈余。收入费用表还就各项目再分为"本月数"和"本年累计数"两栏分别列示。收入费用表的格式如表 16-2 所示。

表 16-2　　　　　　　　　　　　　收入费用表　　　　　　　　　　　会政财 02 表

编制单位：　　　　　　　　　　　年　月　　　　　　　　　　　　　单位：元

项目	本月数	本年累计数
一、本期收入		
（一）财政拨款收入		
其中：政府性基金收入		
（二）事业收入		
（三）上级补助收入		
（四）附属单位上缴收入		
（五）经营收入		
（六）非同级财政拨款收入		
（七）投资收益		
（八）捐赠收入		
（九）利息收入		
（十）租金收入		
（十一）其他收入		
二、本期费用		
（一）业务活动费用		
（二）单位管理费用		
（三）经营费用		
（四）资产处置费用		
（五）上缴上级费用		
（六）对附属单位补助费用		
（七）所得税费用		
（八）其他费用		
三、本期盈余		

三、收入费用表的编制方法

（一）收入费用表"本月数"栏与"本年累计数"栏的填列

（1）收入费用表"本月数"栏反映各项目的本月实际发生数。编制年度收入费用表时，应当将本栏改为"本年数"，反映本年度各项目的实际发生数。

（2）收入费用表"本年累计数"栏反映各项目自年初至报告期期末的累计实际发生数。编制收入费用表时，应当将本栏改为"上年数"，反映上年度各项目的实际发生数，"上年数"栏应当根据上年度收入费用表中"本年数"栏内所列数字填列。

如果本年度收入费用表规定的项目名称和内容同上年度不一致，应当对上年度收入费用表项目的名称和数字按照本年度的规定进行调整，将调整后的金额填入本年度收入费用表的"上年数"栏内。

如果本年度单位发生了因前期差错更正、会计政策变更等调整以前年度盈余的事项，还应当对本年度收入费用表中"上年数"栏中的有关项目金额进行相应调整。

（二）收入费用表"本月数"栏的填列

（1）"本期收入"项目，反映单位本期收入总额。本项目应当根据本表中收入项目金额的合计数填列。各收入项目应当根据各收入科目的本期发生额填列。

（2）"本期费用"项目，反映单位本期费用总额。本项目应当根据本表中各费用项目金额的合计数填列。各费用项目应当根据各费用科目的本期发生额填列。

（3）"本期盈余"项目，反映单位本期收入扣除本期费用后的净额。本项目应当根据本表中"本期收入"项目金额减去"本期费用"项目金额后的金额填列；如为负数，以"－"号填列。

第三节 行政事业单位净资产变动表

一、净资产变动表的性质和作用

净资产变动表是反映单位在某一会计年度内净资产各项目增减变动情况的报表。净资产变动表不仅包括净资产总量的增减变动，还包括净资产增减变动的重要结构性信息，让报表使用者准确理解净资产增减变动的根源。

净资产变动表的作用主要表现在以下几个方面：反映某一会计年度内累计盈余增减变动情况的信息；反映某一会计年度内专用基金增减变动情况的信息；反映某一会计年度内权益法调整增减变动情况的信息；反映某一会计年度内净资产总量增减变动情况的信息。

按照规定，净资产变动表应当按照年度编制。

二、净资产变动表的格式

为了清楚地表明构成净资产的各组成部分当期的增减变动情况，净资产变动表以矩阵的形式列示：一方面，列示导致净资产变动的业务活动；另一方面，按照净资产各组成部分（包括累计盈余、专用基金、权益法调整等）及其总额列示业务活动对净资产的影响。此外，还需要提供比较净资产变动表，净资产变动表还就各项目再分为"本年数"和"上年数"两栏分别填列。净资产变动表的具体格式如表 16-3 所示。

表 16-3　　　　　　　　　　　　净资产变动表　　　　　　　　　　　　会政财 03 表

编制单位：　　　　　　　　　　　　　　　　年　月　　　　　　　　　　　　　　　　单位：元

项目	本年数				上年数			
	累计盈余	专用基金	权益法调整	净资产合计	累计盈余	专用基金	权益法调整	净资产合计
一、上年年末余额								
二、以前年度盈余调整（减少以"－"号填列）		－	－			－	－	
三、本年年初余额								
四、本年变动金额（减少以"－"号填列）								
（一）本年盈余		－	－			－	－	
（二）无偿调拨净资产		－	－			－	－	
（三）归集调整预算结转结余		－	－			－	－	
（四）提取或设置专用基金								
其中：从预算收入中提取	－		－		－		－	
从预算结余中提取								
设置的专用基金								
（五）使用专用基金								
（六）权益法调整	－	－			－	－		
五、本年年末余额								

三、净资产变动表的编制方法

（一）净资产变动表"本年数"栏的填列

净资产变动表"本年数"栏反映本年度各项目的实际变动数。该表"上年数"栏反映上年度各项目的实际变动数，应当根据上年度净资产变动表中"本年数"栏内所列数字填列。

如果上年度净资产变动表规定的项目的名称和内容与本年度不一致，应对上年度净资产变动表项目的名称和数字按照本年度的规定进行调整，将调整后金额填入本年度净资产变动表"上年数"栏内。

（二）净资产变动表"本年数"栏的填列

（1）"上年年末余额"行，反映单位净资产各项目上年年末的余额。本行各项目应当根据"累计盈余""专用基金""权益法调整"科目上年年末余额填列。

（2）"以前年度盈余调整"行，反映单位本年度调整以前年度盈余的事项对累计盈余进行调整的金额。本行"累计盈余"项目应当根据本年度"以前年度盈余调整"科目转入"累计盈余"科目的金额填列；如调整减少累计盈余，以"－"号填列。

（3）"本年年初余额"行，反映经过以前年度盈余调整后，单位净资产各项目的本年年初余额。本行"累计盈余""专用基金""权益法调整"项目应当根据其各自在"上年年末余额"和"以前年度盈余调整"行对应项目金额的合计数填列。

（4）"本年变动金额"行，反映单位净资产各项目本年变动总金额。本行"累计盈余""专用基金""权益法调整"项目应当根据其各自在"本年盈余""无偿调拨净资产""归集调整预算结转结余""提取或设置专用基金""使用专用基金""权益法调整"行对应项目金额的合计数填列。

（5）"本年盈余"行，反映单位本年发生的收入、费用对净资产的影响。本行"累计盈余"项目应当根据年末由"本期盈余"科目转入"本年盈余分配"科目的金额填列；如转入时借记"本年盈余分配"科目，则以"－"号填列。

（6）"无偿调拨净资产"行，反映单位本年无偿调入、调出非现金资产事项对净资产的影响。本行"累计盈余"项目应当根据年末由"无偿调拨净资产"科目转入"累计盈余"科目的金额填列；如转入时借记"累计盈余"科目，则以"－"号填列。

（7）"归集调整预算结转结余"行，反映单位本年财政拨款结转结余资金归集调入、归集上缴或调出，以及非财政拨款结转资金缴回对净资产的影响。本行"累计盈余"项目应当根据"累计盈余"科目明细账记录分析填列；如归集调整减少预算结转结余，则以"－"号填列。

（8）"提取或设置专用基金"行，反映单位本年提取或设置专用基金对净资产的影响。本行"累计盈余"项目应当根据"从预算结余中提取"行"累计盈余"项目的金额填列。本行"专用基金"项目应当根据"从预算收入中提取""从预算结余中提取""设置的专用基金"行"专用基金"项目金额的合计数填列。"设置的专用基金"行，反映单位本年根据有关规定设置的其他专用基金对净资产的影响。本行"专用基金"项目应当通过对"专用基金"科目明细账记录的分析，根据本年按有关规定设置的其他专用基金的金额填列。

（9）"使用专用基金"行，反映单位本年按规定使用专用基金对净资产的影响。本行"累计盈余""专用基金"项目应当通过对"专用基金"科目明细账记录的分析，根据本年按规定使用专用基金的金额填列；本行"专用基金"项目以"－"号填列。

（10）"权益法调整"行，反映单位本年按照被投资单位除净损益和利润分配以外的所有者权益变动份额而调整长期股权投资账面余额对净资产的影响。本行"权益法调整"项目应当根据"权益法调整"科目本年发生额填列；若本年净发生额为借方时，以"－"号填列。

（11）"本年年末余额"行，反映单位本年各净资产项目的年末余额。本行"累计盈余""专用基金""权益法调整"项目应当根据其各自在"本年年初余额""本年变动金额"行对应项目金额的合计数填列。

（12）本表各行"净资产合计"项目，应当根据所在行"累计盈余""专用基金""权益法调整"项目金额的合计数填列。

第四节 行政事业单位现金流量表

一、现金流量表的性质和作用

现金流量表是反映单位在某一会计年度内现金流入和流出信息的报表。从编制原则上看，现金流量表按照收付实现制原则编制，将权责发生制下的盈余信息调整为收付实现制下的现金流量信息，便于信息使用者了解单位盈余的质量；从内容上看，现金流量表被划分为日常活动、投资活动和筹资活动三个部分，每类活动又分为各具体项目，这些项目从不同角度反映单位业务活动的现金流入与流出，弥补了资产负债表和收入费用表提供信息的不足。通过现金流量表，报表使用者能够了解现金流量的各个影响因素。

二、现金流量表的格式

在现金流量表中，现金是指单位的库存现金以及其他可以随时用于支付的款项，包括库存现金、可以随时用于支付的银行存款、其他货币资金、零余额账户用款额度、财政应返还额度，以及通过财政直接支付方式支付的款项。现金流量表所指的现金流量，是指现金的流入和流出。

现金流量表的具体格式如表 16-4 所示。

表 16-4　　　　　　　　　　　现金流量表　　　　　　　　　会政财04表

编制单位：　　　　　　　　　　　年　　　　　　　　　　　单位：元

项目	本年金额	上年金额
一、日常活动产生的现金流量		
财政基本支出拨款收到的现金		

项目	本年金额	上年金额
财政非资本性项目拨款收到的现金		
事业活动收到的除财政拨款以外的现金		
收到的其他与日常活动有关的现金		
日常活动的现金流入小计		
购买商品、接受劳务支付的现金		
支付给职工以及为职工支付的现金		
支付的各项税费		
支付的其他与日常活动有关的现金		
日常活动的现金流出小计		
日常活动产生的现金流量净额		
二、投资活动产生的现金流量		
收回投资收到的现金		
取得投资收益收到的现金		
处置固定资产、无形资产、公共基础设施等收回的现金净额		
收到的其他与投资活动有关的现金		
投资活动的现金流入小计		
购建固定资产、无形资产、公共基础设施等支付的现金		
对外投资支付的现金		
上缴处置固定资产、无形资产、公共基础设施等净收入支付的现金		
支付的其他与投资活动有关的现金		
投资活动的现金流出小计		
投资活动产生的现金流量净额		
三、筹资活动产生的现金流量		
财政资本性项目拨款收到的现金		
取得借款收到的现金		
收到的其他与筹资活动有关的现金		
筹资活动的现金流入小计		
偿还借款支付的现金		
偿还利息支付的现金		
支付的其他与筹资活动有关的现金		
筹资活动的现金流出小计		
筹资活动产生的现金流量净额		
四、汇率变动对现金的影响额		
五、现金净增加额		

三、现金流量表的编制方法与编制说明

（一）编制方法

编制现金流量表时，列报日常活动现金流量的方法有两种：一是直接法；二是间接法。在直接法下，一般是以收入费用表中的收入为起算点，调节与日常活动有关的项目的增减变动，然后计算出日常活动产生的现金流量。在间接法下，将本期盈余调节为日常活动现金流量，实际上就是将按权责发生制原则确定的本期盈余调整为现金净流入，并剔除投资活动和筹资活动对现金流量的影响。

（二）编制说明

现金流量表"上年金额"栏反映各项目的上年实际发生数，应当根据上年现金流量表中"本年金额"栏内所列数字填列。"本年金额"栏反映各项目的本年实际发生数。"本年金额"栏各项目的填列方法如下所述。

1. 日常活动产生的现金流量

（1）"财政基本支出拨款收到的现金"项目，反映单位本年接受财政基本支出拨款取得的现金。本项目应当根据"零余额账户用款额度""财政拨款收入""银行存款"等科目及其所属明细科目的记录分析填列。

（2）"财政非资本性项目拨款收到的现金"项目，反映单位本年接受除用于购建固定资产、无形资产、公共基础设施等资本性项目以外的财政项目拨款取得的现金。本项目应当根据"银行存款""零余额账户用款额度""财政拨款收入"等科目及其所属明细科目的记录分析填列。

（3）"事业活动收到的除财政拨款以外的现金"项目，反映事业单位本年开展专业业务活动及其辅助活动取得的除财政拨款以外的现金。本项目应当根据"库存现金""银行存款""其他货币资金""应收账款""应收票据""预收账款""事业收入"等科目及其所属明细科目的记录分析填列。

（4）"收到的其他与日常活动有关的现金"项目，反映单位本年收到的除以上项目之外的与日常活动有关的现金。本项目应当根据"库存现金""银行存款""其他货币资金""上级补助收入""附属单位上缴收入""经营收入""非同级财政拨款收入""捐赠收入""利息收入""租金收入""其他收入"等科目及其所属明细科目的记录分析填列。

（5）"日常活动的现金流入小计"项目，反映单位本年日常活动产生的现金流入的合计数。本项目应当根据该表中"财政基本支出拨款收到的现金""财政非资本性项目拨款收到的现金""事业活动收到的除财政拨款以外的现金""收到的其他与日常活动有关的现金"项目金额的合计数填列。

（6）"购买商品、接受劳务支付的现金"项目，反映单位本年在日常活动中用于购买商品、接受劳务支付的现金。本项目应当根据"库存现金""银行存款""财政拨款收入""零余额账户用款额度""预付账款""在途物品""库存物品""应付账款""应付票据""业务活动费用""单位管理费用""经营费用"等科目及其所属明细科目的记录分析填列。

（7）"支付给职工以及为职工支付的现金"项目，反映单位本年支付给职工以及为职工支付的现金。本项目应当根据"库存现金""银行存款""零余额账户用款额度""财政拨款收入""应付职工薪酬""业务活动费用""单位管理费用""经营费用"等科目及其所属明细科目的记录分析填列。

（8）"支付的各项税费"项目，反映单位本年用于缴纳日常活动相关税费而支付的现金。本项目应当根据"库存现金""银行存款""零余额账户用款额度""应交增值税""其他应交税费""业务活动费用""单位管理费用""经营费用""所得税费用"等科目及其所属明细科目的记录分析填列。

（9）"支付的其他与日常活动有关的现金"项目，反映单位本年支付的除上述项目之外与日常活动有关的现金。本项目应当根据"库存现金""银行存款""零余额账户用款额度""财政拨款收入""其他应付款""业务活动费用""单位管理费用""经营费用""其他费用"等科目及其所属明细科目的记录分析填列。

（10）"日常活动的现金流出小计"项目，反映单位本年日常活动产生的现金流出的合计数。本项目应当根据该表中"购买商品、接受劳务支付的现金""支付给职工以及为职工支付的现金""支付的各项税费""支付的其他与日常活动有关的现金"项目金额的合计数填列。

（11）"日常活动产生的现金流量净额"项目，应当按照该表中"日常活动的现金流入小计"项目金额减去"日常活动的现金流出小计"项目金额后的金额填列；如为负数，以"-"号填列。

2. 投资活动产生的现金流量

（1）"收回投资收到的现金"项目，反映单位本年出售、转让或者收回投资收到的现金。本项目应当根据"库存现金""银行存款""短期投资""长期股权投资""长期债券投资"等科目的记录分析填列。

（2）"取得投资收益收到的现金"项目，反映单位本年因对外投资而收到被投资单位分配的股利或利润，以及收到投资利息而取得的现金。本项目应当根据"库存现金""银行存款""应收股利"

"应收利息""投资收益"等科目的记录分析填列。

（3）"处置固定资产、无形资产、公共基础设施等收回的现金净额"项目，反映单位本年处置固定资产、无形资产、公共基础设施等非流动资产所取得的现金，减去为处置这些资产而支付的有关费用之后的净额。由于自然灾害所造成的固定资产等长期资产损失而收到的保险赔款收入，也在本项目反映。本项目应当根据"库存现金""银行存款""待处理财产损溢"等科目的记录分析填列。

（4）"收到的其他与投资活动有关的现金"项目，反映单位本年收到的除上述项目之外与投资活动有关的现金。对于金额较大的现金流入，应当单列项目反映。本项目应当根据"库存现金""银行存款"等有关科目的记录分析填列。

（5）"投资活动的现金流入小计"项目，反映单位本年投资活动产生的现金流入的合计数。本项目应当根据该表中"收回投资收到的现金""取得投资收益收到的现金""处置固定资产、无形资产、公共基础设施等收回的现金净额""收到的其他与投资活动有关的现金"项目金额的合计数填列。

（6）"购建固定资产、无形资产、公共基础设施等支付的现金"项目，反映单位本年购买和建造固定资产、无形资产、公共基础设施等非流动资产所支付的现金；融资租入固定资产支付的租赁费不在本项目反映，而是在筹资活动的现金流量中反映。本项目应当根据"库存现金""银行存款""固定资产""工程物资""在建工程""无形资产""研发支出""公共基础设施""保障性住房"等科目的记录分析填列。

（7）"对外投资支付的现金"项目，反映单位本年为取得短期投资、长期股权投资、长期债券投资而支付的现金。本项目应当根据"库存现金""银行存款""短期投资""长期股权投资""长期债券投资"等科目的记录分析填列。

（8）"上缴处置固定资产、无形资产、公共基础设施等净收入支付的现金"项目，反映单位本年将处置固定资产、无形资产、公共基础设施等非流动资产所收回的现金净额予以上缴财政所支付的现金。本项目应当根据"库存现金""银行存款""应缴财政款"等科目的记录分析填列。

（9）"支付的其他与投资活动有关的现金"项目，反映单位本年支付的除上述项目之外与投资活动有关的现金。对于金额较大的现金流出，应当单列项目反映。本项目应当根据"库存现金""银行存款"等有关科目的记录分析填列。

（10）"投资活动的现金流出小计"项目，反映单位本年投资活动产生的现金流出的合计数。本项目应当根据该表中"购建固定资产、无形资产、公共基础设施等支付的现金""对外投资支付的现金""上缴处置固定资产、无形资产、公共基础设施等净收入支付的现金""支付的其他与投资活动有关的现金"项目金额的合计数填列。

（11）"投资活动产生的现金流量净额"项目，应当按照该表中"投资活动的现金流入小计"项目金额减去"投资活动的现金流出小计"项目金额后的金额填列；如为负数，以"－"号填列。

3. 筹资活动产生的现金流量

（1）"财政资本性项目拨款收到的现金"项目，反映单位本年接受用于购建固定资产、无形资产、公共基础设施等资本性项目的财政项目拨款取得的现金，本项目应当根据"银行存款""零余额账户用款额度""财政拨款收入"等科目及其所属明细科目的记录分析填列。

（2）"取得借款收到的现金"项目，反映事业单位本年举借短期、长期借款所收到的现金。本项目应当根据"库存现金""银行存款""短期借款""长期借款"等科目记录分析填列。

（3）"收到的其他与筹资活动有关的现金"项目，反映单位本年收到的除上述项目之外与筹资活动有关的现金。对于金额较大的现金流入，应当单列项目反映。本项目应当根据"库存现金""银行存款"等有关科目的记录分析填列。

（4）"筹资活动的现金流入小计"项目，反映单位本年筹资活动产生的现金流入的合计数。本项目应当根据该表中"财政资本性项目拨款收到的现金""取得借款收到的现金""收到的其他与筹资活动有关的现金"项目金额的合计数填列。

（5）"偿还借款支付的现金"项目反映事业单位本年偿还借款本金所支付的现金。本项目应当根据"库存现金""银行存款""短期借款""长期借款"等科目的记录分析填列。

（6）"偿付利息支付的现金"项目，反映事业单位本年支付的借款利息等。本项目应当根据"库存现金""银行存款""应付利息""长期借款"等科目的记录分析填列。

（7）"支付的其他与筹资活动有关的现金"项目，反映单位本年支付的除上述项目之外与筹资活动有关的现金，如融资租入固定资产所支付的租赁费。本项目应当根据"库存现金""银行存款""长期应付款"等科目的记录分析填列。

（8）"筹资活动的现金流出小计"项目，反映单位本年筹资活动产生的现金流出的合计数。本项目应当根据本表中"偿还借款支付的现金""偿付利息支付的现金""支付的其他与筹资活动有关的现金"项目金额的合计数填列。

（9）"筹资活动产生的现金流量净额"项目，应当按照该表中"筹资活动的现金流入小计"项目金额减去"筹资活动的现金流出小计"金额后的金额填列；如为负数，以"－"号填列。

4. 汇率变动对现金的影响额

"汇率变动对现金的影响额"项目，反映单位本年外币现金流量折算为人民币时，所采用的现金流量发生日的汇率折算的人民币金额与外币现金流量净额按期末汇率折算的人民币金额之间的差额。

5. 现金净增加额

"现金净增加额"项目，反映单位本年现金变动的净额。本项目应当根据该表中"日常活动产生的现金流量净额""投资活动产生的现金流量净额""筹资活动产生的现金流量净额""汇率变动对现金的影响额"项目金额的合计数填列；如为负数，以"－"号填列。

第五节 行政事业单位财务报表附注

一、附注的概念与作用

附注是对在会计报表中列示的项目所作的进一步说明，以及对未能在会计报表中列示项目的说明。附注是财务报表的重要组成部分。会计报表附注的作用主要表现在以下几个方面。

（1）可以对会计报表中数字的形成基础进行解释和说明。会计报表中的数字是依据相应的会计核算基础形成的。采用不同的会计核算基础可以得出不同的会计报表数字。

（2）可以对会计报表中的重要项目做较为具体详细的信息披露。会计报表中的数字是经过分类与汇总后形成的高度浓缩的数字。会计报表使用者有时需要知道会计报表中有关重要项目的具体详细情况，此时，就需要依赖会计报表附注中的信息披露。

（3）可以对未能在会计报表中列示的项目做出说明。

二、会计报表附注的主要内容

（1）单位的基本情况。单位应当简要披露其基本情况，包括单位主要职能、主要业务活动、所在地、预算管理关系等。

（2）会计报表的编制基础。

（3）遵循政府会计准则、政府会计制度的声明。

（4）重要会计政策和会计估计。单位应当采用与其业务特点相适应的具体会计政策，并充分披露报告期内采用的重要会计政策和会计估计。

（5）会计报表重要项目说明。单位应当按照资产负债表和收入费用表项目列示顺序，采用文字和数据描述相结合的方式披露重要项目的明细信息。

（6）本年盈余与预算结余的差异情况说明。为了反映单位财务会计和预算会计因核算范围不同所产生的本年盈余数与本年预算结余数之间的差异，单位应当按照重要性原则，对本年度发生的各类影响收入（预算收入）和费用（预算支出）的业务进行适度归并和分析，披露将年度预算收入支出表中"本年预算收支差额"调节为年度收入费用表中"本期盈余"的信息，本年盈余与预算结余的差异情况表如表16-5所示。

（7）其他重要事项说明。

表 16-5　　　　　　　　　　　　本年盈余与预算结余的差异情况表

单位：元

项目	金额
一、本年预算结余（本年预算收支差额）	
二、差异调节	
（一）重要事项的差异	
加：1. 当期确认为收入但没有确认为预算收入	
（1）应收款项、预收账款确认的收入	
（2）接受非货币性资产捐赠确认的收入	
2. 当期确认为预算支出但没有确认为费用	
（1）支付应付款项、预付账款的支出	
（2）为取得存货、政府储备物资等计入物资成本的支出	
（3）为购建固定资产等的资本性支出	
（4）偿还借款本息支出	
减：1. 当期确认为预算收入但没有确认为收入	
（1）收到应收款项、预收账款确认的预算收入	
（2）取得借款确认的预算收入	
2. 当期确认为费用但没有确认为预算支出	
（1）发出存货、政府储备物资等确认的费用	
（2）计提的折旧费用和摊销费用	
（3）确认的资产处置费用（处置资产价值）	
（4）应付款项\预付账款确认的费用	
（二）其他事项差异	
三、本年盈余（本年收入与费用的差额）	

复习思考题

行政事业单位预算收入的核算 | 第十七章

【学习目标】
1. 掌握行政事业单位共有预算收入的核算；
2. 掌握事业单位专有预算收入的核算。

第一节 | 行政事业单位预算收入概述

一、预算收入的确认

预算收入是指政府会计主体在预算年度内依法取得的并纳入预算管理的现金流入。预算收入一般在实际收到时予以确认，以实际收到的金额计量。

二、预算收入的管理

加强行政事业单位收入的管理，对于提高财政资金的使用效益，保护社会公众的基本权益有着重要的意义。根据《事业单位财务规则》《行政单位财务规则》的要求，行政事业单位收入管理的内容主要包括以下几点。

（1）加强收入的预算管理。行政事业单位应当将各项收入全部纳入单位预算，统一核算，统一管理。

（2）保证收入的合法性与合理性。行政事业单位的各项收入应当依法取得，符合国家有关法律、法规和规章制度的规定。

（3）及时上缴各项财政收入。行政单位依法取得的应当上缴财政的罚没收入、行政事业性收费、政府性基金、国有资产处置和出租出借收入等，事业单位对按照规定上缴国库或者财政专户的资金不属于行政事业单位的收入，应当按照国库集中收缴的有关规定及时足额上缴，不得隐瞒、滞留、截留、挪用和坐支。

第二节 | 行政事业单位共有预算收入的核算

行政事业单位共有预算收入包括财政拨款预算收入、非同级财政拨款预算收入、其他预算收入等内容。

一、财政拨款预算收入

（一）财政拨款预算收入的概念

财政拨款预算收入是指单位从同级政府财政部门取得的各类财政拨款。其中，同级财政部门是指单位的预算管理部门。单位的预算需要经过同级财政部门批准后才能开始执行。各类财政拨款是指所有财政预算经费拨款，包括一般公共预算财政拨款和政府性基金预算拨款等。

财政拨款预算收入是单位主要甚至是全部的资金来源，是单位开展业务活动及其辅助活动的基本财力保证。单位应加强对财政拨款预算收入的管理，具体要求如下。

（1）按单位预算和用款计划取得财政拨款预算收入。单位应按照批准的年度部门预算和分月用款计划按月申请取得财政拨款预算收入，不得申请无预算、无计划或超预算、超计划的拨款。如果由于计划或任务变动而需要增加的拨款，应编制追加预算，并经过同级财政部门批准以后，才能增加拨款。

（2）按业务活动进度和资金结余情况申请财政拨款预算收入。单位除根据分月用款计划申请取得财政拨款预算收入外，还应结合单位各项计划和任务的执行进度、资金结余情况申请财政拨款预算收入，既要保证计划内所需资金及时供应，又要防止资金积压。

（3）按规定用途申请取得财政拨款预算收入。单位应按照预算规定的用途申请取得财政拨款预算收入，未经财政部门同意，不能随意改变财政拨款预算收入的用途。单位的预算拨款分为基本支出拨款和项目支出拨款两类。基本支出的财政拨款预算收入和项目支出的财政拨款预算收入应当分别核算，不能相互混淆。单位应当首先保证取得基本支出拨款，保证单位的正常运行；单位的各项目支出拨款应当确保专款专用，保证相应专项任务的顺利完成。

（4）按规定的财政资金支付方式取得财政拨款预算收入。财政资金的支付方式有财政直接支付方式、财政授权支付方式和其他方式。其中，财政直接支付方式和财政授权支付方式为财政国库单一账户制度下的财政资金支付方式。单位在确定部门预算和用款计划时，其财政资金的支付方式也被确定了。一般情况下，单位的工资支出、大额购买支出等采用财政直接支付方式，小额、零星支出等采用财政授权支付方式。

（5）按预算管理关系申请取得财政拨款预算收入。单位只可以向有预算管理关系的财政部门申请取得财政拨款预算收入，不可以向同级或者不同级别的其他单位申请取得财政拨款预算收入。单位的隶属关系如有改变需要在办理划转预算管理关系时，办理财政拨款预算收入的划转手续。

（6）对账管理。单位应当定期或不定期与财政部门、人民银行国库、单位零余额账户开户银行等相关部门或单位进行对账，确保单位、财政部门、人民银行国库、单位零余额账户开户银行等与单位取得的相关财政拨款预算收入记录一致。

（二）财政拨款预算收入的核算

为了核算财政拨款预算收入业务，单位应设"财政拨款预算收入"科目。该科目应当设置"基本支出"和"项目支出"两个明细科目，并按照《政府收支分类科目》中"支出功能分类科目"的项级科目进行明细核算；同时，在"基本支出"明细科目下按照"人员经费"和"日常公用经费"进行明细核算。年末，将该科目本年发生额转入财政拨款结转。结转后，该科目应无余额。

（1）财政直接支付方式下，单位根据收到的"财政直接支付入账通知书"及有关原始凭证，按照通知书中的直接支付金额，借记"行政支出""事业支出"等科目，贷记"财政拨款预算收入"科目。年末，根据本年度财政直接支付预算指标数与当年财政直接支付实际支出数的差额，借记"资金结存——财政应返还额度"科目，贷记"财政拨款预算收入"科目。

【例 17-1】20××年 3 月 15 日，某事业单位通过财政直接支付本单位职工的薪酬 200 000 元（其中，业务人员工资 150 000 元，行政及后勤人员工资 50 000 元），为开展管理活动发生的外部人员劳务费 15 000 元。据以编制会计分录。

编制的预算会计分录如下。

借：事业支出　　　　　　　　　　　　　　　　　　　　　　　　215 000
　　贷：财政拨款预算收入　　　　　　　　　　　　　　　　　　　　　　215 000

编制的财务会计分录如下。

借：业务活动费用   150 000

  单位管理费用   65 000

  贷：财政拨款收入   215 000

【例 17-2】某市民政局收到财政部门委托代理银行转来的"财政直接支付入账通知书"，具体内容为向甲公司支付购买一批救灾物资款 45 000 元。根据"财政直接支付入账通知书"及相关原始凭证，据以编制会计分录。

编制的预算会计分录如下。

借：行政支出   45 000

  贷：财政拨款预算收入——项目支出——地方自然灾害生活补助 45 000

编制的财务会计分录如下。

借：政府储备物资   45 000

  贷：财政拨款收入   45 000

【例 17-3】某市公安局向乙公司购买刑侦专用技术设备，实际成本为 58 500 元。收到财政部门委托代理银行转来的"财政直接支付入账通知书"，向乙公司支付购买刑侦专用技术设备款。根据"财政直接支付入账通知书"及相关原始凭证，据以编制会计分录。

编制的预算会计分录如下。

借：行政支出   58 500

  贷：财政拨款预算收入——项目支出——刑事侦查设备   58 500

编制的财务会计分录如下。

借：固定资产   58 500

  贷：财政拨款收入   58 500

【例 17-4】20××年 4 月 12 日，某市水务局收到财政部门委托其代理银行转来的财政直接支付入账通知书，其中包含财政部门为水务局支付 150 000 元的日常行政活动经费，7 000 元的为开展某项专业业务活动所发生的费用。据以编制会计分录。

收到财政直接支付入账通知书时

编制的预算会计分录如下。

借：行政支出   157 000

  贷：财政拨款预算收入——基本支出拨款（日常公用经费） 157 000

编制的财务会计分录如下。

借：业务活动费用   157 000

  贷：财政拨款收入——基本支出拨款（日常公用经费）   157 000

（2）财政授权支付方式下，单位根据收到的"财政授权支付额度到账通知书"，按照通知书中的授权支付额度，借记"资金结存——零余额账户用款额度"科目，贷记"财政拨款预算收入"科目。年末，单位本年度财政授权支付预算指标数大于零余额账户用款额度下达数的，按照两者的差额，借记"资金结存——财政应返还额度"科目，贷记"财政拨款预算收入"科目。

【例 17-5】某行政单位 20××年 4 月 1 日收到财政授权支付额度到账通知书，收到财政拨款 25 000 元。据以编制会计分录。

编制的预算会计分录如下。

借：资金结存——零余额账户用款额度   25 000

  贷：财政拨款预算收入   25 000

编制的财务会计分录如下。

借：零余额账户用款额度　　　　　　　　　　　　　　　　25 000

　　贷：财政拨款收入　　　　　　　　　　　　　　　　　　　　25 000

（3）其他方式下，单位按照本期预算收到财政拨款预算收入时，按照实际收到的金额，借记"资金结存——货币资金"科目，贷记"财政拨款预算收入"科目。单位收到下期预算的财政预拨款，应当在下个预算期，按照预收的金额，借记"资金结存——货币资金"科目，贷记"财政拨款预算收入"科目。

【例 17-6】某文化事业单位尚未纳入财政国库单一账户制度改革。该事业单位发生以下业务，据以编制会计分录。

（1）收到开户银行转来的收款通知，收到财政部门拨入一笔日常事业活动预算经费 77 000 元，适用的政府支出功能分类科目为"文化体育与传媒支出——文化——歌剧院"，其在单位预算中属于基本支出预算。

编制的预算会计分录如下。

借：资金结存——货币资金　　　　　　　　　　　　　　　77 000

　　贷：财政拨款预算收入——基本支出　　　　　　　　　　　　77 000

编制的财务会计分录如下。

借：银行存款　　　　　　　　　　　　　　　　　　　　　77 000

　　贷：财政拨款收入——基本支出　　　　　　　　　　　　　　77 000

（2）收到开户银行转来的收款通知，收到财政部门拨入的一笔专项事业活动预算经费 30 000 元，适用的政府支出功能分类科目为"文化体育与传媒支出——文化——歌剧院"，其在单位预算中属于项目支出预算。

编制的预算会计分录如下。

借：资金结存——货币资金　　　　　　　　　　　　　　　30 000

　　贷：财政拨款预算收入——项目支出　　　　　　　　　　　　30 000

编制的财务会计分录如下。

借：银行存款　　　　　　　　　　　　　　　　　　　　　30 000

　　贷：财政拨款收入——项目支出　　　　　　　　　　　　　　30 000

（3）因差错更正、购货退回等发生国库直接支付款项退回的，属于本年度支付的款项，按照退回金额，借记"财政拨款预算收入"科目，贷记"行政支出""事业支出"等科目。年末，将本科目本年发生额转入财政拨款结转，借记"财政拨款预算收入"科目，贷记"财政拨款结转——本年收支结转"科目。

二、非同级财政拨款预算收入

（一）非同级财政拨款预算收入的概念

非同级财政拨款预算收入是指单位从非同级政府财政部门取得的财政拨款，包括本级非财政部门横向转拨财政款和非本级财政拨款。

（二）非同级财政拨款预算收入的核算

为了核算非同级财政拨款预算收入业务，单位应设"非同级财政拨款预算收入"科目。该科目应当按照非同级财政拨款预算收入的类别、来源、《政府收支分类科目》中"支出功能分类科目"的项级科目等进行明细核算。非同级财政拨款预算收入中如有专项资金收入，还应按照具体项目进行明细核算。年末，将该科目本年发生额中的专项资金收入转入非财政拨款结转，将该科目本年发生额中的非专项资金收入转入其他结余。年末结转后，该科目应无结余。

对于因开展科研及其辅助活动从非同级政府财政部门取得的经费拨款，应当通过"事业预算收入——非同级财政拨款"科目进行核算，不通过非同级财政拨款预算收入科目核算。

非同级财政拨款预算收入的主要账务处理如下。

（1）取得非同级财政拨款预算收入时，按照实际收到的金额，借记"资金结存——货币资金"科目，贷记"非同级财政拨款预算收入"科目。

（2）年末，将该科目本年发生额中的专项资金收入转入非财政拨款结转，借记"非同级财政拨款预算收入"科目下各专项资金收入明细科目，贷记"非财政拨款结转——本年收支结转"科目；将该科目本年发生额中的非专项资金收入转入其他结余，借记"非同级财政拨款预算收入"科目下各非专项资金收入明细科目，贷记"其他结余"科目。

【例17-7】某纳入市级财政部门预算范围的行政单位发生以下业务，据以编制会计分录。

（1）从当地县级财政部门获得一笔财政资金355 000元，具体内容为县政府给予的奖励性资金，没有用途规定，款项已存入该行政单位的银行存款账户。

编制的预算会计分录如下。

借：资金结存——货币资金　　　　　　　　　　　　　　　355 000

　　贷：非同级财政拨款预算收入——县财政局——非项目收入　　　355 000

编制的财务会计分录如下。

借：银行存款　　　　　　　　　　　　　　　　　　　　　355 000

　　贷：非同级财政拨款收入——县财政局——非项目收入　　　　　355 000

（2）从当地县级财政部门获得一笔财政资金20 000元，具体内容为县政府委托其代为办理业务的手续费，款项已存入该行政单位的银行存款账户。

编制的预算会计分录如下。

借：资金结存——货币资金　　　　　　　　　　　　　　　20 000

　　贷：非同级财政拨款预算收入——县财政局——项目收入　　　　20 000

编制的财务会计分录如下。

借：银行存款　　　　　　　　　　　　　　　　　　　　　20 000

　　贷：非同级财政拨款收入——县财政局——项目收入　　　　　　20 000

三、其他预算收入

（一）其他预算收入的概念

其他预算收入是指行政事业单位除财政拨款预算收入、事业预算收入、上级补助预算收入、附属单位上缴预算收入、经营预算收入、债务预算收入、非同级财政拨款预算收入、投资预算收益之外纳入部门预算管理的现金流入，包括捐赠预算收入、利息预算收入、租金预算收入、现金盘盈收入等。

（二）其他预算收入的核算

为了核算其他预算收入业务，单位应设置"其他预算收入"科目。该科目应当按照其他收入类别、《政府收支分类科目》中"支出功能分类科目"的项级科目等进行明细核算。其他预算收入中如有专项资金收入，还应按照具体项目进行明细核算。年末，将该科目本年发生额中的专项资金收入转入非财政拨款结转；将该科目本年发生额中的非专项资金收入转入其他结余。年末结转后，该科目应无余额。

单位发生的捐赠预算收入、利息预算收入、租金预算收入金额较大或业务较多的，可单独设置"捐赠预算收入""利息预算收入""租金预算收入"等科目。其他预算收入的主要账务处理如下。

接受捐赠现金资产、收到银行存款利息、收到资产承租人支付的租金时，按照实际收到的金额，借记"资金结存——货币资金"科目，贷记"其他预算收入"科目。每日现金账款核对中如发现现金溢余，按照溢余的现金金额，借记"资金结存——货币资金"科目，贷记"其他预算收入"科目。经核实，属于应支付给有关个人和单位的部分，按照实际支付的金额，借记"其他预算收入"科目，贷记"资金结存——货币资金"科目。

收到其他预算收入时，按照收到的金额，借记"资金结存——货币资金"科目，贷记"其他预算收入"科目。

【例 17-8】 某市文化局接受捐赠货币资金 30 000 元，按照捐赠者的要求，捐赠的资金应当专项用于改善文物展区的展板布置，款项已存入开户银行。据以编制会计分录。

编制的预算会计分录如下。

借：资金结存——货币资金	30 000
贷：其他预算收入——项目支出	30 000

编制的财务会计分录如下。

借：银行存款	30 000
贷：捐赠收入	30 000

【例 17-9】 某市体育局对外出租场地，取得租金收入 12 000 元，已存入银行。据以编制会计分录。

编制的预算会计分录如下。

借：资金结存——货币资金	12 000
贷：其他预算收入——非项目支出	12 000

编制的财务会计分录如下。

借：银行存款	12 000
贷：租金收入	12000

【例 17-10】 某市质监局取得银行存款利息收入 300 元。据以编制会计分录。

编制的预算会计分录如下。

借：资金结存——货币资金	300
贷：其他预算收入——非项目支出	300

编制的财务会计分录如下。

借：银行存款	300
贷：利息收入	300

【例 17-11】 某市国土局出售废旧报刊，取得现金收入 220 元。据以编制会计分录。

编制的预算会计分录如下。

借：资金结存——货币资金	220
贷：其他预算收入——非项目支出	220

编制的财务会计分录如下。

借：库存现金	220
贷：其他收入	220

第三节 事业单位专有预算收入的核算

事业单位专有预算收入包括事业预算收入、经营预算收入、上级补助预算收入、附属单位上缴预算收入、投资预算收益、债务预算收入等内容。

一、事业预算收入

（一）事业预算收入的概念

事业预算收入是指事业单位开展专业业务活动及其辅助活动取得的现金流入。其中，按照国家有关规定应当上缴国库或者财政专户的资金，不计入事业预算收入；从财政专户核拨给事业单位的资金和经核准不上缴国库或者财政专户的资金，计入事业预算收入。

（二）事业预算收入的核算

为了核算事业预算收入业务，事业单位应设置"事业预算收入"科目。事业单位因开展科研及其辅助活动从非同级政府财政部门取得的经费拨款，也通过该科目核算。事业预算收入的主要账务处理如下。

1. 采用财政专户返还方式管理的事业预算收入的核算

采用财政专户返还方式管理的事业预算收入，收到从财政专户返还的事业预算收入时，按照实际收到的返还金额，借记"资金结存——货币资金"科目，贷记"事业预算收入"科目。

【例17-12】某教育事业单位收到从财政专户返还的事业收入320 000元，款项已存入银行。据以编制会计分录。

编制的预算会计分录如下。

借：资金结存——货币资金   320 000
　　贷：事业预算收入——基本支出   320 000

编制的财务会计分录如下。

借：银行存款   320 000
　　贷：事业收入   320 000

2. 不采用财政专户返还方式管理的事业预算收入的核算

不采用财政专户返还方式管理的其他事业预算收入，收到时，按照实际收到的款项金额，借记"资金结存——货币资金"科目，贷记"事业预算收入"科目。

【例17-13】某科学事业单位成功申请一项社科基金项目500 000元，内容为科研预算收入，单位预算中属于项目支出预算。据以编制会计分录。

编制的预算会计分录如下。

借：资金结存——货币资金   500 000
　　贷：事业预算收入——项目支出   500 000

编制的财务会计分录如下。

借：银行存款   500 000
　　贷：事业收入   500 000

【例17-14】某医院实际收到住院病人的医疗款9 800元，属于单位基本支出预算。据以编制会计分录。

编制的预算会计分录如下。

借：资金结存——货币资金　　　　　　　　　　　　　　　　　9 800
　　贷：事业预算收入——基本支出　　　　　　　　　　　　　　　　9 800

编制的财务会计分录如下。

借：银行存款　　　　　　　　　　　　　　　　　　　　　　　9 800
　　贷：应收账款　　　　　　　　　　　　　　　　　　　　　　　9 800

二、经营预算收入

经营预算收入是指事业单位在专业业务活动及其辅助活动之外开展非独立核算经营活动取得的现金流入。事业单位的经营预算收入，应当全部纳入单位预算，实行统一核算统一管理。

为了核算经营预算收入业务，事业单位应设置"经营预算收入"科目。该科目应当按照经营活动类别、项目、《政府收支分类科目》中"支出功能分类科目"的项级科目等进行明细核算。年末，将该科目本年发生额转入经营结余。结转后，该科目应无余额。经营预算收入的主要账务处理如下。

（1）收到经营预算收入时，按照实际收到的金额，借记"资金结存——货币资金"科目，贷记"经营预算收入"科目。

（2）年末，将该科目本年发生额转入经营结余，借记"经营预算收入"科目，贷记"经营结余"科目。

【例 17-15】某高校招待所开展非独立核算的经营活动取得住宿费收入 8 000 元，款项已存入银行。据以编制会计分录。

编制的预算会计分录如下。

借：资金结存——货币资金　　　　　　　　　　　　　　　　　8 000
　　贷：经营预算收入——基本支出　　　　　　　　　　　　　　　　8 000

编制的财务会计分录如下。

借：银行存款　　　　　　　　　　　　　　　　　　　　　　　8 000
　　贷：经营收入　　　　　　　　　　　　　　　　　　　　　　　8 000

三、上级补助预算收入

（一）上级补助预算收入的概念

上级补助预算收入是指事业单位从主管部门和上级单位取得的非财政补助现金流入。

（二）上级补助预算收入的核算

为了核算上级补助预算收入业务，事业单位预算会计应设置"上级补助预算收入"科目。上级补助预算收入的主要账务处理如下。

（1）收到上级补助预算收入时，按照实际收到的金额，借记"资金结存——货币资金"科目，贷记"上级补助预算收入"科目。

（2）年末，将该科目本年发生额中的专项资金收入转入非财政拨款结转，借记"上级补助预算收入"科目下各专项资金收入明细科目，贷记"非财政拨款结转——本年收支结转"科目，将该科目本年发生额中的非专项资金收入转入其他结余，借记"上级补助预算收入"科目下各非专项资金收入明细科目，贷记"其他结余"科目。

【例 17-16】某附属中学系某高校的附属单位，该中学发生以下业务，据以编制会计分录。

（1）接到银行通知，收到主管单位即高校拨来一笔非财政性的补助款项 40 000 元，其在单位预算中属于基本支出预算。

编制的预算会计分录如下。

借：资金结存——货币资金 40 000
　　贷：上级补助预算收入——基本支出 40 000

编制的财务会计分录如下。

借：银行存款 40 000
　　贷：上级补助收入 40 000

（2）接到银行通知，收到上级单位拨来的一笔非财政性的补助款项 180 000 元，专项用于教学改革。

编制的预算会计分录如下。

借：资金结存——货币资金 180 000
　　贷：上级补助预算收入——项目支出 180 000

编制的财务会计分录如下。

借：银行存款 180 000
　　贷：上级补助收入 180 000

四、附属单位上缴预算收入

（一）附属单位上缴预算收入的概念

附属单位上缴预算收入是指事业单位取得附属独立核算单位根据有关规定上缴的现金流入。

（二）附属单位上缴预算收入的核算

为了核算附属单位上缴预算收入业务，事业单位预算会计应设置"附属单位上缴预算收入"科目。附属单位上缴预算收入的主要账务处理如下。

（1）收到附属单位缴来款项时，按照实际收到的金额，借记"资金结存——货币资金"科目，贷记"附属单位上缴预算收入"科目。

（2）年末，将该科目本年发生额中的专项资金收入转入非财政拨款结转，借记"附属单位上缴预算收入"科目下各专项资金收入明细科目，贷记"非财政拨款结转——本年收支结转"科目；将该科目本年发生额中的非专项资金收入转入其他结余，借记"附属单位上缴预算收入"科目下各非专项资金收入明细科目，贷记"其他结余"科目。

【例 17-17】某教育事业单位有下属独立核算的超市，该教育事业单位接到开户银行通知，收到超市按照规定上缴的一笔款项 67 000 元，该笔款项为事业单位的非专项资金收入，单位预算中属于基本支出预算，款项已存入银行。据以编制会计分录。

编制的预算会计分录如下。

借：资金结存——货币资金 67 000
　　贷：附属单位上缴预算收入——基本支出 67 000

编制的财务会计分录如下。

借：银行存款 67 000
　　贷：附属单位上缴收入 67 000

五、投资预算收益

（一）投资预算收益的概念

投资预算收益是指事业单位取得的按照规定纳入部门预算管理的属于投资收益性质的现金流入，包括股权投资收益、出售或收回债券投资所取得的收益和债券投资利息收入。

（二）投资预算收益的核算

为了核算投资预算收益业务，事业单位预算会计应设置"投资预算收益"科目，该科目应当按照《政府收支分类科目》中"支出功能分类科目"的项级科目等进行明细核算。年末，将该科目本年发生额转入其他结余。结转后，该科目应无余额。投资预算收益的主要账务处理如下。

（1）出售或到期收回本年度取得的短期债券、长期债券，按照实际取得的价款或实际收到的本息金额，借记"资金结存——货币资金"科目，按照取得债券时"投资支出"科目的发生额，贷记"投资支出"科目，按照其差额，贷记或借记"投资预算收益"科目。

（2）出售或到期收回以前年度取得的短期债券、长期债券，按照实际取得的价款或实际收到的本息金额，借记"资金结存——货币资金"科目，按照取得债券时"投资支出"科目的发生额，贷记"其他结余"科目，按照其差额，贷记或借记"投资预算收益"科目。

【例 17-18】某事业单位 20××年 3 月 1 日出售当年 1 月 1 日取得的一项短期债券投资，实际收到款项 420 000 元，款项已存入开户银行。具体内容为实际投资成本为 400 000 元，投资收益为 20 000 元。据以编制会计分录。

编制的预算会计分录如下。

借：资金结存——货币资金　　　　　　　　　　　　　　　　420 000
　　贷：投资支出　　　　　　　　　　　　　　　　　　　　　400 000
　　　　投资预算收益　　　　　　　　　　　　　　　　　　　 20 000

编制的财务会计分录如下。

借：银行存款　　　　　　　　　　　　　　　　　　　　　　420 000
　　贷：短期投资　　　　　　　　　　　　　　　　　　　　　400 000
　　　　投资收益　　　　　　　　　　　　　　　　　　　　　 20 000

【例 17-19】承【例 17-18】，假定该事业单位 20××年 3 月 1 日出售上年 12 月 1 日取得的一项短期投资，其他资料相同。据以编制会计分录。

编制的预算会计分录如下。

借：资金结存——货币资金　　　　　　　　　　　　　　　　420 000
　　贷：其他结余　　　　　　　　　　　　　　　　　　　　　400 000
　　　　投资预算收益　　　　　　　　　　　　　　　　　　　 20 000

编制的财务会计分录如下。

借：银行存款　　　　　　　　　　　　　　　　　　　　　　420 000
　　贷：短期投资　　　　　　　　　　　　　　　　　　　　　400 000
　　　　投资收益　　　　　　　　　　　　　　　　　　　　　 20 000

六、债务预算收入

（一）债务预算收入的概念

债务预算收入是指事业单位按照规定从银行和其他金融机构等借入的纳入部门预算的，不以财政资金作为偿还来源的债务本金。

（二）债务预算收入的核算

为了核算债务预算收入业务，事业单位预算会计应设置"债务预算收入"科目，该科目应当按照贷款单位、贷款种类、《政府收支分类科目》中"支出功能分类科目"的项级科目进行明细核算。债务预算收入中如有专项资金收入，还应按照具体项目进行明细核算。年末，将该科目本年发生额中的专项资金收入转入非财政拨款结转；将该科目本年发生额中非专项资金收入转入其他结余。年末结转后，该科目应无余额。债务预算收入的主要账务处理如下。

（1）借入各项短期或长期借款时，按照实际借入的金额，借记"资金结存——货币资金"，贷记"债务预算收入"科目。

（2）年末，将该科目本年发生额中的专项资金收入转入非财政拨款结转，借记"债务预算收入"科目下各专项资金收入明细科目，贷记"非财政拨款结转——本年收支结转"科目；该科目本年发生额中的非专项资金收入转入其他结余，借记"债务预算收入"科目下各非专项资金收入明细科目，贷记"其他结余"科目。

【例 17-20】某体育事业单位为开展一项非独立核算的经营活动取得债务预算收入 300 000 元，内容为非独立核算的食堂进行装修向某银行借入的短期贷款，款项已收到。据以编制会计分录。

编制的预算会计分录如下。

借：资金结存——货币资金　　　　　　　　　　　　　　　300 000
　　贷：债务预算收入　　　　　　　　　　　　　　　　　　　300 000

编制的财务会计分录如下。

借：银行存款　　　　　　　　　　　　　　　　　　　　　300 000
　　贷：短期借款　　　　　　　　　　　　　　　　　　　　　300 000

复习思考题

第十八章 行政事业单位预算支出的核算

【学习目标】
1. 掌握行政单位专有预算支出的核算；
2. 掌握事业单位专有预算支出的核算；
3. 掌握行政事业单位共有预算支出的核算。

第一节 行政事业单位预算支出概述

一、预算支出的确认

预算支出是指政府会计主体在预算年度内依法发生并纳入预算管理的现金流出。预算支出一般在实际支付时予以确认，以实际支付的金额计量。

二、预算支出的管理规定

（一）行政单位支出管理规定

行政单位应当将各项支出全部纳入单位预算。各项支出由单位财务部门按照批准的预算和有关规定审核办理。行政单位的支出应当严格执行国家规定的开支范围及标准，建立健全支出管理制度，对节约潜力大、管理薄弱的支出进行重点管理和控制。行政单位从财政部门或者上级预算单位取得的项目资金，应当按照批准的项目和用途使用，专款专用、单独核算，并按照规定向同级财政部门或者上级预算单位报告资金使用情况，接受财政部门和上级预算单位的检查监督。项目完成后，行政单位应当向同级财政部门或者上级预算单位报送项目支出决算和使用效果的书面报告。行政单位应当严格执行国库集中支付制度和政府采购制度等规定。行政单位应当加强支出的绩效管理，提高资金的使用效益。行政单位应当依法加强各类票据管理，确保票据来源合法、内容真实、使用正确，不得使用虚假票据。

（二）事业单位支出管理规定

事业单位支出是指事业单位开展业务及其他活动发生的资金耗费和损失。事业单位支出包括以下 5 个方面。（1）事业支出，即事业单位开展专业业务活动及其辅助活动发生的基本支出和项目支出。基本支出是指事业单位为了保障其正常运转、完成日常工作任务而发生的人员支出和公用支出。项目支出是指事业单位为了完成特定工作任务和事业发展目标，在基本支出之外所发生的支出。（2）经营支出，即事业单位在专业业务活动及其辅助活动之外开展非独立核算经营活动发生的支出。（3）对附属单位补助支出，即事业单位用财政补助收入以外的收入对附属单位补助发生的支出。（4）上缴上级支出，即事业单位按照财政部门和主管部门的规定上缴上级单位的支出。（5）其他支出，即本条上述规定范围以外的各项支出，包括利息支出、捐赠支出等。

第二节 行政单位专有预算支出的核算

一、行政支出的概念

行政支出是指行政单位履行其职责实际发生的各项现金流出，包括基本支出和项目支出。基本支出是指为保障机构正常运转和完成日常工作任务发生的支出；项目支出是指为完成特定的工作任务，在基本支出之外发生的支出。

行政支出是行政单位为实现社会管理职能，完成行政任务所必须发生的各项资金耗费，是行政单位各项收入综合安排使用的结果，是行政单位最主要的支出，其经济性质属于非生产性支出。

二、行政支出的分类

为全面反映行政单位各项行政支出的内容，便于分析和考核各项行政支出的实际发生情况及其效果，行政单位有必要对行政支出按照一定的标准进行适当的分类。

（一）按照政府支出经济分类科目进行的分类

按照 2018 年《政府收支分类科目》中的"部门预算支出经济分类科目"进行分类，行政支出具体分为"类""款"两级科目，具体科目设置情况如下。

（1）工资福利支出类。反映单位开支的在职职工和编制外长期聘用人员的各类劳动报酬，以及为上述人员缴纳的各项社会保险费等。

（2）商品和服务支出类。反映单位购买商品和服务的支出，不包括用于购置固定资产、战略性和应急性物资储备等资本性支出。

（3）对个人和家庭的补助类。反映政府用于对个人和家庭的补助支出。

（4）债务利息及费用支出类。反映单位的债务利息及费用支出。

（5）资本性支出（基本建设）类。反映由发展改革部门安排的基本建设支出，对企业补助支出不在此科目反映。

（6）资本性支出类。反映各单位安排的资本性支出，切块由发展改革部门安排的基本建设支出不在此科目反映。

（7）对企业补助（基本建设）类。反映由发展改革部门安排的基本建设支出中对企业的补助支出。

（8）对企业补助类。反映政府对各类企业的补助支出，由发展改革部门安排的基本建设支出中对企业的补助支出不在此科目反映。

（9）对社会保障基金补助类。反映政府对社会保险基金的补助以及全国社会保障基金的支出。

（10）其他支出类。反映不能划分到上述经济科目的其他支出。

（二）按照单位预算的要求进行的分类

行政单位的行政支出应当按照部门预算的要求进行分类。按照单位预算的要求，行政单位的行政支出可分为基本支出和项目支出两大类。

1. 基本支出

基本支出是指行政单位为维持正常运转和完成日常工作任务而发生的各项支出。按照部门预算管理的要求，行政单位的基本支出可分为人员经费支出和日常公用经费支出两大类。基本支出是行政单位的基本资金消耗，是行政单位维持日常正常运转的基本资金保证。

2. 项目支出

项目支出是指行政单位在基本支出之外为完成特定的工作任务而发生的各项支出。从项目属性来看，行政单位项目支出中的项目可以包括房屋建筑物购建类项目、房租类项目、大中型修缮类项目、设备购置类项目、信息网络购建类项目、信息系统运行维护类项目、大型会议和培训项目、专项课题和规划类项目、执法办案类项目、监督检查类项目、调查统计类项目、重大宣传活动类项目等。从是否属于基本建设项目来看，行政单位项目支出中的项目可以分为行政业务类项目、基本建设类项目两大类。从项目的重要性来看，行政单位项目支出中的项目可以分为重点项目、一般项目等类别。

（三）按照不同经费性质的分类

按照不同经费的性质，行政单位的行政支出可以分为财政拨款支出和其他资金支出两类。同时有一般公共预算财政拨款和政府性基金预算财政拨款的行政单位，财政拨款支出还可以区分为一般公共预算财政拨款支出和政府性基金预算财政拨款支出。

三、行政支出的核算

（一）行政支出的科目设置

行政单位应当设置"行政支出"科目核算行政单位履行其职责实际发生的各项现金流出。本科目应当分别按照"财政拨款支出""非财政专项资金支出"和"其他资金支出"，"基本支出"和"项目支出"等进行明细核算，并按照《政府收支分类科目》中"支出功能分类科目"的项级科目进行明细核算；"基本支出"和"项目支出"明细科目下应当按照《政府收支分类科目》中"部门预算支出经济分类科目"的款级科目进行明细核算，同时在"项目支出"明细科目下按照具体项目进行明细核算。

微课堂

行政支出的核算

（二）行政支出的主要账务处理

1. 支付单位职工薪酬与外部人员劳务费

向单位职工个人与外部人员个人支付薪酬时，按照实际支付的金额，借记"行政支出"科目，贷记"财政拨款预算收入""资金结存"科目。按照规定代扣代缴个人所得税以及代扣代缴或为职工缴纳职工社会保险费、住房公积金等时，按照实际缴纳的金额，借记"行政支出"科目，贷记"财政拨款预算收入""资金结存"科目。

2. 为购买存货、固定资产、无形资产等以及在建工程支付的相关款项

按照实际支付的金额，借记"行政支出"科目，贷记"财政拨款预算收入""资金结存"科目。

3. 发生预付账款

按照实际支付的金额，借记"行政支出"科目，贷记"财政拨款预算收入""资金结存"科目。对于暂付款项，在支付款项时可不作预算会计处理，待结算或报销时，按照结算或报销的金额，借记"行政支出"科目，贷记"资金结存"科目。

4. 发生其他各项支出

按照实际支付的金额，借记"行政支出"科目，贷记"财政拨款预算收入""资金结存"科目。

5. 因购货退回等发生款项退回，或者发生差错更正

属于当年支出收回的，按照收回或更正金额，借记"财政拨款预算收入""资金结存"科目，贷记"行政支出"科目。

【例 18-1】某市科技局开出"财政授权支付凭证"，支付水费 2 800 元。据以编制会计分录。编制的预算会计分录如下。

借：行政支出——基本支出——公用支出——水电费　　　　　　　　2 800
　　贷：资金结存——零余额账户用款额度　　　　　　　　　　　　　　　2 800

编制的财务会计分录如下。

借：业务活动费用 2 800

　　贷：零余额账户用款额度 2 800

【例18-2】某市质监局李明报销邮寄费60元，付给库存现金。据以编制会计分录。

编制的预算会计分录如下。

借：行政支出——基本支出——公用支出——邮寄费 60

　　贷：资金结存——货币资金 60

编制的财务会计分录如下。

借：业务活动费用 60

　　贷：库存现金 60

【例18-3】某市国土局李立出差回来，报销差旅费2 700元，原借款2 000元，补付差额700元。据以编制会计分录。

编制的预算会计分录如下。

借：行政支出——基本支出——公用支出——差旅费 2 700

　　贷：资金结存——货币资金 2 700

编制的财务会计分录如下。

借：业务活动费用 2 700

　　贷：库存现金 700

　　　　其他应收款——李立 2 000

【例18-4】某市公安局通过政府采购购买小汽车一辆，车款133 000元，车辆购置税12 000元，共计145 000元，款项由财政直接支付。据以编制会计分录。

编制的预算会计分录如下。

借：行政支出 145 000

　　贷：财政拨款预算收入 145 000

编制的财务会计分录如下。

借：固定资产 145 000

　　贷：财政拨款收入 145 000

【例18-5】某市规划局在定点会议供应商处召开专题工作会议，支出400 000元，采用财政直接支付。据以编制会计分录。

编制的预算会计分录如下。

借：行政支出——项目支出——大型会议 400 000

　　贷：财政拨款预算收入 400 000

编制的财务会计分录如下。

借：业务活动费用 400 000

　　贷：财政拨款收入 400 000

第三节　事业单位专有预算支出的核算

事业单位专有预算支出包括事业支出、经营支出、上缴上级支出、对附属单位补助支出、投资支出、债务还本支出等内容。

一、事业支出

（一）事业支出的概念

事业支出是指事业单位开展专业业务活动及其辅助活动实际发生的各项现金流出，包括基本支出和项目支出。其中，基本支出是指为保障单位正常运转和完成日常工作任务发生的支出，包括人员经费支出和日常公用经费支出；项目支出是指为完成特定工作任务和事业发展目标，在基本支出之外发生的支出。

事业单位的专业业务活动及其辅助活动是事业单位持续运行的主要业务活动，在不同行业的事业单位中表现为不同的具体内容。例如，教育事业单位主要表现为教学事业活动和科研事业活动等；科学事业单位主要表现为科研事业活动、科普事业活动、教学事业活动等；医疗卫生事业单位主要表现为医疗事业活动和科教事业活动等；文化文物事业单位主要表现为图书阅览、艺术展览、文物展示等；广播电视事业单位主要表现为广播电视节目的制作、播出等；体育事业单位主要表现为体育训练、群众体育等。

（二）事业支出的分类

为全面反映事业单位各项事业支出的内容，便于分析和考核各项事业支出的实际发生情况及其效果，事业单位有必要对事业支出按照一定的要求进行适当的分类。

1. 按照部门支出经济分类科目进行的分类

事业支出按照《政府收支分类科目》中的"支出经济分类科目"进行分类，设置类、款两级科目。其中，类级科目有工资福利支出、商品和服务支出、对个人和家庭的补助、债务利息及费用支出、资本性支出和其他支出。类级科目下设置款级科目，类、款两级科目在内容上逐级细化。

2. 按照单位预算的管理要求进行的分类

按照单位预算管理的要求，事业单位的事业支出可分为基本支出和项目支出两大类。

（1）基本支出

基本支出是指事业单位为维持正常运转和完成日常工作任务而发生的各项支出，包括人员经费支出和日常公用经费支出，上述两项的内容以及涉及的支出经济分类科目与行政单位类似。基本支出作为事业单位的基本资金消耗，具有常规性和稳定性的特点。

（2）项目支出

项目支出是指事业单位为完成特定工作任务和事业发展目标而发生的支出。事业单位项目支出中的项目，从属性来看，一般包括房屋建筑物购建项目、房租类项目、大中型修缮项目、设备类购置类项目、信息网络购建项目、信息系统运行维护项目，大型会议和培训项目、专项课题和规划项目等。

事业单位发生项目支出时，根据支出用途，涉及的支出经济分类科目可以包括工资福利支出、商品和服务支出、对个人和家庭的补助、资本性支出等。

3. 按不同资金性质分类

按照不同的资金性质，事业单位的事业支出可分为财政拨款支出和非财政拨款支出两大类。同时有一般公共预算财政拨款和政府性基金预算财政拨款的事业单位，财政拨款支出还可以区分为一般公共预算财政拨款支出和政府性基金预算财政拨款支出两类。

（三）事业支出的核算

事业单位应当设置"事业支出"科目核算事业单位开展专业业务活动及其辅助活动实际发生的各项现金流出。事业单位发生教育、科研、医疗、行政管理、后勤保障等活动的，可在本科目下设置相应的明细科目进行核算。本科目应当分别按照"财政拨款支出""非财政专项资金支出"和"其他资金支出","基本支出"和"项目支出"等进行明细核算,并按照《政府收支分类科目》中"支出功能分类科目"的项级科目进行明细核算;"基本支出"和"项目支出"明细科目下应当按照《政府收支分类科目》中"部门预算支出经济分类科目"的款级科目进行明细核算,同时在"项目支出"明细科目下按照具体项目进行明细核算。事业支出的主要账务处理如下。

(1)支付单位职工(经营部门职工除外)薪酬。单位职工个人支付薪酬时,按照实际支付的数额,借记"事业支出"科目,贷记"财政拨款预算收入""资金结存"科目。按照规定代扣代缴个人所得税以及代扣代缴或为职工缴纳社会保险费、住房公积金等时,按照实际缴纳的金额,借记"事业支出"科目,贷记"财政拨款预算收入""资金结存"科目。

(2)为专业业务活动及其辅助活动支付外部人员劳务费。按照实际支付给外部人员个人的金额,借记"事业支出"科目,贷记"财政拨款预算收入""资金结存"科目。按照规定代扣代缴个人所得税时,按照实际缴纳的金额,借记"事业支出"科目,贷记"财政拨款预算收入""资金结存"科目。

(3)开展专业业务活动及其辅助活动过程中为购买存货、固定资产、无形资产等以及在建工程支付相关款项时,按照实际支付的金额,借记"事业支出"科目,贷记"财政拨款预算收入""资金结存"科目。

(4)开展专业业务活动及其辅助活动过程中发生预付账款时,按照实际支付的金额,借记"事业支出"科目,贷记"财政拨款预算收入""资金结存"科目。

对于暂付款项,在支付款项时可不做预算会计处理,待结算或报销时,按结算或报销的金额,借记"事业支出"科目,贷记"财政拨款预算收入""资金结存"科目。

(5)开展专业业务活动及其辅助活动过程中缴纳的相关税费以及发生的其他各项支出,按照实际支付的金额,借记"事业支出"科目,贷记"财政拨款预算收入""资金结存"科目。

(6)开展专业业务活动及其辅助活动过程中因购货退回等发生款项退回,或者发生差错更正的,属于当年支出收回的,按照收回或更正金额,借记"财政拨款预算收入""资金结存"科目,贷记"事业支出"科目。

【例18-6】某市勘探设计院采用资金划拨方式,20××年3月发生以下有关经济业务,据以编制会计分录。

(1)用银行存款支付水电费1 230元。所用款项属于财政部门拨入的当年基本经费。

编制的预算会计分录如下。

借:事业支出——财政补助支出——基本支出	1 230
贷:资金结存——货币资金	1 230

编制的财务会计分录如下。

借:业务活动费用	1 230
贷:银行存款	1 230

(2)后勤部门职工李某出差回来,原预借差旅费3 000元,报销差旅费2 360元,余款640元交回现金。所用款项属于财政部门拨入的当年基本经费。

编制的预算会计分录如下。

借:事业支出——财政补助支出——基本支出	2 360
贷:资金结存——货币资金	2 360

编制的财务会计分录如下。

借:单位管理费用	2 360
库存现金	640
贷:其他应收款——李某	3 000

（3）签发转账支票，使用财政部门拨入的专门用于某项大型会议的资金 5 000 元支付会议专家的差旅费。

编制的预算会计分录如下。

借：事业支出——财政补助支出——项目支出 5 000
  贷：资金结存——货币资金 5 000

编制的财务会计分录如下。

借：业务活动费用 5 000
  贷：银行存款 5 000

（4）签发转账支票，使用非财政部门拨入的经费购买一台计算机 5 400 元。

编制的预算会计分录如下。

借：事业支出——非财政补助支出——基本支出 5 400
  贷：资金结存——货币资金 5 400

编制的财务会计分录如下。

借：固定资产 5 400
  贷：银行存款 5 400

二、经营支出

（一）经营支出的概念和内容

经营支出是指事业单位在专业业务活动及其辅助活动之外开展非独立核算经营活动实际发生的各项现金流出。其主要特点：一是经营支出因事业单位非独立核算的经营性业务而发生；二是经营支出应当与经营预算收入相配比，即经营支出需要有经营活动收入补偿。

事业单位应严格区分事业支出和经营支出。事业支出与经营支出虽均为事业单位在向社会提供服务或商品时而发生的支出。但不同之处在于，事业支出是事业单位在专业业务活动及其辅助活动中发生的支出，其支出应体现事业活动的公益性原则，其支出可能会从服务或商品的接受方得到补偿，但主要是从财政拨款预算收入中得到补偿；而经营支出是在专业活动及其辅助活动之外开展非独立核算经营活动实际发生的支出，经营活动应体现保本获利原则，其支出只能从服务或商品接受方获得补偿。

（二）经营支出的核算

为了核算经营支出业务，行政单位应设置"经营支出"科目。该科目应当按照经营活动类别、项目、《政府收支分类科目》中"支出功能分类科目"的项级科目和"部门预算支出经济分类科目"的款级科目等进行明细核算。年末，将该科目本年发生额转入经营结余。年末结转后，该科目应无余额。

（1）支付经营部门职工薪酬。向职工个人支付薪酬时，按照实际的金额，借记"经营支出"科目，贷记"资金结存"科目。按照规定代扣代缴个人所得税以及代扣代缴或为职工缴纳职工社会保险费、住房公积金时，按照实际缴纳的金额，借记"经营支出"科目，贷记"资金结存"科目。

（2）为经营活动支付外部人员劳务费，按照实际支付给外部人员个人的金额，借记"经营支出"科目，贷记"资金结存"科目。按照规定代扣代缴个人所得税时，按照实际缴纳的金额，借记"经营支出"科目，贷记"资金结存"科目。

（3）在开展经营活动过程中为购买存货、固定资产、无形资产等以及在建工程支付相关款项时，按照实际支付的金额，借记"经营支出"科目，贷记"资金结存"科目。

（4）开展经营活动过程中发生预付账款时，按照实际支付的金额，借记"经营支出"科目，贷记"资金结存"科目。对于暂付款项，在支付款项时可不做预算会计处理，待结算或报销时，按照结算或报销的金额，借记"经营支出"科目，贷记"资金结存"科目。

（5）因开展经营活动缴纳的相关税费以及发生的其他各项支出，按照实际支付的金额，借记"经营支出"科目，贷记"资金结存"科目。

（6）在开展经营活动中，因购货退回等发生款项退回，或者发生差错更正的，属于当年支出收回的，按照收回或更正的金额，借记"资金结存"科目，贷记"经营支出"科目。

（7）年末，将本科目本年发生额转入经营结余，借记"经营结余"科目，贷记"经营支出"科目。

【例 18-7】某高等学校实行资金划拨制度，20××年 5 月发生以下经营支出业务，据以编制会计分录。

（1）高等学校未独立核算的食堂本月发生电费 5 300 元，已用银行存款支付。

编制的预算会计分录如下。

借：经营支出 5 300

　　贷：资金结存——货币资金 5 300

编制的财务会计分录如下。

借：经营费用 5 300

　　贷：银行存款 5 300

（2）用库存现金支付未独立核算的招待所临时人员工资费用 2 300 元，当天提取现金直接予以支付。

编制的预算会计分录如下。

借：经营支出 2 300

　　贷：资金结存——货币资金 2 300

编制的财务会计分录如下。

借：经营费用 2 300

　　贷：库存现金 2 300

三、上缴上级支出

上缴上级支出是指事业单位按照财政部门和主管部门的规定上缴上级单位款项发生的现金流出。此类业务所涉及的款项属于非财政资金。通常是事业单位自身取得的事业预算收入、经营预算收入和其他预算收入取得的资金。事业单位应当按照财政部门和主管部门的规定，对于取得的有关业务活动预算收入或其他收入，按照规定标准或比例上缴上级单位。事业单位不可以使用其自身取得的财政拨款预算收入用作上缴上级支出。

为了核算上缴上级支出业务，事业单位应设置"上缴上级支出"科目。上缴上级支出的主要账务处理如下：按照规定将款项上缴上级单位的，按照实际上缴的金额，借记"上缴上级支出"科目，贷记"资金结存"科目。年末，将该科目本年发生额转入其他结余，借记"其他结余"科目，贷记"上缴上级支出"科目。

【例 18-8】某广播电视事业单位发生以下业务：按财政部门和主管部门的规定，对于取得的有关事业收入，按照相应的标准和比例上缴上级单位。经计算，上缴金额为 42 000 元，款项已通过银行支付。据以编制会计分录。

编制的预算会计分录如下。

借：上缴上级支出 42 000

　　贷：资金结存——货币资金 42 000

编制的财务会计分录如下。

借：上缴上级费用   42 000

  贷：银行存款   42 000

四、对附属单位补助支出

对附属单位补助支出是指事业单位用财政拨款预算收入之外的收入对附属单位补助发生的现金流出。此类业务涉及的款项是非财政资金，通常是事业单位自身从事业务活动所取得的事业预算收入、经营预算收入和其他预算收入，或者是事业单位从其他附属单位取得的附属单位上缴收入等。

为了核算对附属单位补助支出业务，事业单位应设置"对附属单位补助支出"科目。对附属单位补助支出的主要账务处理如下：发生对附属单位补助支出的，按照实际补助的金额，借记"对附属单位补助支出"科目，贷记"资金结存"科目。年末，将该科目本年发生额转入其他结余，借记"其他结余"科目，贷记"对附属单位补助支出"科目。

【例 18-9】某事业单位高等学校发生以下业务：用一部分事业收入和其他收入对附属中学拨付一次性补助款 70 000 元，以进一步提升附属初级中学的教学水平，款项已通过银行存款支付。据以编制会计分录。

编制的预算会计分录如下。

借：对附属单位补助支出   70 000

  贷：资金结存——货币资金   70 000

编制的财务会计分录如下。

借：对附属单位补助费用   70 000

  贷：银行存款   70 000

五、投资支出

投资支出是指事业单位以货币资金对外投资发生的现金流出。事业单位对外投资的款项属于非财政拨款资金，通常是事业单位自身从事业务活动中所取得的事业预算收入、经营预算收入和其他预算收入，或者是事业单位从其他附属单位取得的附属单位上缴收入等。

为了核算投资支出业务，事业单位应设置"投资支出"科目。投资支出的主要账务处理如下：以货币资金对外投资时，按照投资金额和所支付的相关税费金额的合计数，借记"投资支出"科目，贷记"资金结存"科目。出售、对外转让或到期收回本年度以货币资金取得的对外投资，如果按规定将投资收益纳入单位预算，按照实际收到的金额，借记"资金结存"科目，按照取得投资时"投资支出"科目的发生额，贷记"投资支出"科目，按照其差额，贷记或借记"投资预算收益"科目；如果按规定将投资收益上缴财政的，按照取得投资时"投资支出"科目的发生额，借记"资金结存"科目，贷记"投资支出"科目。

出售、对外转让或到期收回以前年度以货币资金取得的对外投资，如果按规定将投资收益纳入单位预算，按照实际收到的金额，借记"资金结存"科目，按照取得投资时"投资支出"科目的发生额，贷记"其他结余"科目，按照其差额贷记或借记"投资预算收益"科目；如果按规定将投资收益上缴财政，按照取得投资时"投资支出"科目的发生额，借记"资金结存"科目，贷记"其他结余"科目。

【例 18-10】教育事业单位20××年 2 月 1 日购入 6 个月期限的国债 500 000 元。据以编制会计分录。

编制的预算会计分录如下。

| 借：投资支出——短期投资——国债 | 500 000 | |
| 贷：资金结存——货币资金 | | 500 000 |

编制的财务会计分录如下。

| 借：短期投资 | 500 000 | |
| 贷：银行存款 | | 500 000 |

【例 18-11】按规定该事业单位将投资收益纳入单位预算，20××年 8 月 1 日国债到期，收回本息 520 000 元，据以编制会计分录。

编制的预算会计分录如下。

借：资金结存——货币资金	520 000	
贷：投资预算收益		20 000
投资支出——短期投资——国债		500 000

编制的财务会计分录如下。

借：银行存款	520 000	
贷：投资收益		20 000
短期投资		500 000

六、债务还本支出

债务还本支出是指事业单位偿还自身承担的、纳入预算管理的、从金融机构举借的债务本金的现金流出。

为了核算债务还本支出业务，事业单位应设置"债务还本支出"科目。债务还本支出的主要账务处理如下：偿还各项短期或长期借款时，按照偿还的借款本金，借记"债务还本支出"科目，贷记"资金结存"科目。年末，将"债务还本支出"科目本年发生额转入其他结余，借记"其他结余"科目，贷记"债务还本支出"科目。

【例 18-12】某教育事业单位借入的短期借款到期，偿还本金 600 000 元，利息 4 500 元。据以编制会计分录。

偿还借款时

编制的预算会计分录如下。

借：债务还本支出	600 000	
其他支出	4 500	
贷：资金结存——货币资金		604 500

编制的财务会计分录如下。

借：短期借款	600 000	
其他费用	4 500	
贷：银行存款		604 500

第四节 行政事业单位共有预算支出的核算

行政事业单位共有预算支出主要指的是其他支出。

一、其他支出的概念

其他支出是指单位除行政支出、事业支出、经营支出、上缴上级支出、对附属单位补助支出、投资支出、债务还本支出以外的各项现金流出，包括利息支出、对外捐赠现金支出、现金盘亏损失、接受捐赠（调入）和对外捐赠（调出）非现金资产发生的税费支出、资产置换过程中发生的相关税费支出、罚没支出等。

二、其他支出的核算

为了核算其他支出业务，行政事业单位应设置"其他支出"科目。该科目应当按照其他支出的类别和"财政拨款支出""非财政专项资金支出"与"其他资金支出"，《政府收支分类科目》中"支出功能分类科目"的项级科目和"部门预算支出经济分类科目"的款级科目等进行明细核算。有一般公共预算财政拨款、政府性基金预算财政拨款等两种或两种以上财政拨款的事业单位，还应当在"财政拨款支出"明细科目下按照财政拨款的种类进行明细核算。

（1）利息支出：支付银行借款利息时，按照实际支付的金额，借记"其他支出"科目，贷记"资金结存"科目。

（2）对外捐赠现金资产：对外捐赠现金资产时，按照捐赠金额，借记"其他支出"科目，贷记"资金结存——货币资金"科目。

（3）现金盘亏损失：每日现金账款核对中如发现现金短缺，按照短缺的现金金额，借记"其他支出"科目，贷记"资金结存——货币资金"科目。经核实，属于应当由有关人员赔偿的，按照收到的赔偿金额，借记"资金结存——货币资金"科目，贷记"其他支出"科目。

（4）接受捐赠（无偿调入）和对外捐赠（无偿调出）非现金资产发生的税费支出：接受捐赠（无偿调入）非现金资产发生的归属于捐入方（调入方）的相关税费、运输费等，以及对外捐赠（无偿调出）非现金资产发生的归属于捐出方（调出方）的相关税费、运输费等，按照实际支付金额，借记"其他支出"科目，贷记"资金结存"科目。

（5）资产置换过程中发生的相关税费支出：资产置换过程中发生的相关税费，按照实际支付的金额，借记"其他支出"科目，贷记"资金结存"科目。

（6）其他支出：发生罚没等其他支出时，按照实际支出金额，借记"其他支出"科目，贷记"资金结存"科目。

【例 18-13】 某事业单位因专业业务发展的需要从银行借入了一笔 5 年期的长期借款，按规定支付本期借款利息 8 000 元。

编制的预算会计分录如下。

借：其他支出——利息支出   8 000

    贷：资金结存——货币资金   8 000

编制的财务会计分录如下。

借：应付利息   8 000

    贷：银行存款   8 000

【例 18-14】 某事业单位为支持社会公益事业发展，向某慈善机构捐赠现款 200 000 元。

编制的预算会计分录如下。

借：其他支出——支出   200 000

    贷：资金结存——货币资金   200 000

编制的财务会计分录如下。

借：其他费用   200 000

    贷：银行存款   200 000

【例 18-15】某事业单位当日现金账款核对中发现现金短缺 50 元，无法查明原因，批准予以核销。据以编制会计分录。

编制的预算会计分录如下。

借：其他支出——现金盘亏损失   50

    贷：资金结存——货币资金   50

编制的财务会计分录如下。

借：待处理财产损溢   50

    贷：库存现金   50

借：资产处置费用   50

    贷：待处理财产损溢   50

复习思考题

第十九章 行政事业单位预算结余的核算

【学习目标】
1. 掌握资金结存的核算；
2. 掌握结转结余资金的核算；
3. 掌握其他的结余及非财政拨款结余分配的核算。

第一节 资金结存的核算

一、资金结存的概念

资金结存是行政事业单位纳入部门预算管理的资金的流入、流出、调整和滚存的结余数额。

为了核算资金结存业务，行政事业单位应设置"资金结存"科目。该科目年末借方余额，反映行政事业单位预算资金的累计滚存情况。该科目应当设置下列明细科目。

（1）"零余额账户用款额度"：该明细科目核算实行国库集中支付的行政事业单位根据财政部门的用款计划收到和支用的零余额账户用款额度。年末结账后，该明细科目应无余额。

（2）"货币资金"：该明细科目核算行政事业单位以库存现金、银行存款、其他货币资金形态存在的资金。该明细科目年末借方余额，反映行政事业单位尚未使用的货币资金。

（3）"财政应返还额度"：该明细科目核算实行国库集中支付的行政事业单位可以使用的以前年度财政直接支付资金额度和财政应返还的财政授权支付资金额度。该明细科目下可设置"财政直接支付""财政授权支付"两个明细科目进行明细核算。该明细科目年末借方余额，反映行政事业单位应收财政返还的资金额度。

二、资金结存的核算

"资金结存"核算的流入、流出、调整、滚存的"资金"仅限于货币资金（包括库存现金、银行存款、其他货币资金以及零余额账户用款额度）和财政应返还额度。因此，资金结存的明细科目反映的是资金的形式。与"资金结存"相关的业务活动包括资金流入行政事业单位和资金流出行政事业单位，以及不同形式的资金之间的转换。凡涉及财务会计科目"库存现金""银行存款""其他货币资金""零余额账户用款额度"及"财政应返还额度"的经济业务及事项都属于资金结存的核算范围。

（一）资金流入的会计核算

资金流入的经济业务及事项，一般借记"资金结存"科目，贷记相关的预算会计科目。同时按财务会计分录，借记"库存现金""银行存款""其他货币资金""零余额账户用款额度"及"财政应返还额度"等科目，贷记相关科目。

1. 取得预算收入

财政授权支付方式下，行政事业单位根据代理银行转来的"财政授权支付额度到账通知书"，按照该通知书中的授权支付额度，借记"资金结存"科目（零余额账户用款额度），贷记"财政拨款预算收入"科目。以国库集中支付以外的其他支付方式取得预算收入时，按照实际收到的金额，借记"资金结存"科目（货币资金），贷记"财政拨款预算收入""事业预算收入""经营预算收入"等科目。

【例 19-1】某行政事业单位本年度取得财政授权支付方式下的预算收入为 320 000 元，据以编制会计分录。

编制的预算会计分录如下。

借：资金结存——零余额账户用款额度　　　　　　　　　　　320 000
　　贷：财政拨款预算收入　　　　　　　　　　　　　　　　　　320 000

编制的财务会计分录如下。

借：零余额账户用款额度　　　　　　　　　　　　　　　　320 000
　　贷：财政拨款收入　　　　　　　　　　　　　　　　　　　320 000

2. 收到调入的财政拨款结转资金

收到从其他单位调入的财政拨款结转资金的，按照实际调入资金数额，借记"资金结存"科目（财政应返还额度、零余额账户用款额度、货币资金），贷记"财政拨款结转——归集调入"科目。

3. 购货退回、差错更正退回

因购货退回、发生差错更正等退回国库直接支付、授权支付款项，或者收回货币资金的，属于本年度支付的，借记"财政拨款预算收入"科目或"资金结存"科目（零余额账户用款额度、货币资金），贷记相关支出科目；属于以前年度支付的，借记"资金结存"科目（财政应返还额度、零余额账户用款额度、货币资金），贷记"财政拨款结转""财政拨款结余""非财政拨款结转""非财政拨款结余"科目。

（二）资金流出的会计核算

1. 发生预算支出

财政授权支付方式下，发生相关支出时，按照实际支付的金额，借记"行政支出""事业支出"等科目，贷记"资金结存"科目（零余额账户用款额度）。从零余额账户提取现金时，借记"资金结存"科目（货币资金），贷记"资金结存"科目（零余额账户用款额度）。退回现金时，做相反会计分录。使用以前年度财政直接支付额度发生支出时，按照实际支付金额，借记"行政支出""事业支出"等科目，贷记"资金结存"科目（财政应返还额度）。在国库集中支付以外的其他支付方式下，发生相关支出时，按照实际支付的金额，借记"事业支出""经营支出"等科目，贷记"资金结存"科目（货币资金）。

按照规定使用提取的专用基金支付相关项目时，按照实际支付金额，借记"专用结余"科目（从非财政拨款结余中提取的专用基金）或"事业支出"等科目（从预算收入中计提的专用基金），贷记"资金结存"科目（货币资金）。

【例 19-2】某事业单位本年度使用本年度财政支付授权额度购买固定资产支出 12 000 元。以前年度的财政支付额度发生的管理支出为 7 000 元，据以编制会计分录。

编制的预算会计分录如下。

借：事业支出　　　　　　　　　　　　　　　　　　　　　12 000
　　贷：资金结存——零余额账户用款额度　　　　　　　　　　12 000

借：事业支出　　　　　　　　　　　　　　　　　　　　　　7 000
　　贷：资金结存——财政应返还额度　　　　　　　　　　　　　7 000

编制的财务会计分录如下。

借：固定资产　　　　　　　　　　　　　　　　　　　　　12 000
　　贷：零余额账户用款额度　　　　　　　　　　　　　　　　12 000

借：单位管理费用   7 000

  贷：财政应返还额度   7 000

2. 上缴或缴回财政资金

按照规定上缴财政拨款结转结余资金或注销财政拨款结转结余资金额度的，按照实际上缴资金数额或注销的资金额度数额，借记"财政拨款结转——归集上缴"或"财政拨款结余——归集上缴"科目，贷记"资金结存"科目（财政应返还额度、零余额账户用款额度、货币资金）。按规定向原资金拨入单位缴回非财政拨款结转资金的，按照实际缴回的资金数额，借记"非财政拨款结转——缴回资金"科目，贷记"资金结存"科目（货币资金）。

【例 19-3】某事业单位按照规定上缴财政拨款结转资金 660 000 元，并按规定缴回非财政拨款结转资金 240 000 元，据以编制会计分录。

编制的预算会计分录如下。

借：财政拨款结转——归集上缴   660 000

  贷：资金结存——零余额账户厈款额度   660 000

借：非财政拨款结转——缴回资金   240 000

  贷：资金结存——货币资金   240 000

编制的财务会计分录如下。

借：累计盈余   660 000

  贷：零余额账户用款额度   660 000

借：累计盈余   240 000

  贷：银行存款   240 000

【例 19-4】某单位使用从非财政拨款结余中提取的专用基金购置 3 台计算机 15 900 元，据以编制会计分录。

编制的预算会计分录如下。

借：专用结余   15 900

  贷：资金结存——货币资金   15 900

编制的财务会计分录如下。

借：固定资产   15 900

  贷：银行存款   15 900

借：专用基金   15 900

  贷：累计盈余   15 900

3. 缴纳所得税

有企业所得税缴纳义务的事业单位缴纳所得税时，按照实际缴纳金额，借记"非财政拨款结余——累计结余"科目，贷记"资金结存"科目（货币资金）。

【例 19-5】某单位本年应缴纳的所得税为 135 000 元，据以编制会计分录。

编制的预算会计分录如下。

借：非财政拨款结余——累计结余   135 000

  贷：资金结存——货币资金   135 000

编制的财务会计分录如下。

借：其他应交税费——单位应交所得税   135 000

  贷：银行存款   135 000

（三）资金形式转换的会计核算

资金形式转换的事项仅涉及"资金结存"明细科目之间的结转。

1. 零余额账户用款额度注销

年末，单位依据代理银行提供的对账单做注销额度的相关账务处理，借记"资金结存"科目（财政应返还额度），贷记"资金结存"科目（零余额账户用款额度）。

2. 下年年初，零余额账户用款额度恢复或收到未下达零余额账户用款额度

下年年初，单位依据代理银行提供的额度恢复到账通知书做恢复额度的相关账务处理，借记"资金结存"科目（零余额账户用款额度），贷记"资金结存"科目（财政应返还额度）。收到财政部门批复的上年年末未下达零余额账户用款额度的，借记"资金结存"科目（零余额账户用款额度），贷记"资金结存"科目（财政应返还额度）。注意上年年末未下达的直接支付用款额度，因为不需要通过零余额账户支付，因此不再转入"零余额账户用款额度"账户。下年使用上年度未下达的财政直接支付用款额度时，直接借记支付项目的相关科目，贷记"财政应返还额度"科目。

【例19-6】某单位本年年末注销零余额账户用款额度65 000元，据以编制会计分录。

编制的预算会计分录如下。

借：资金结存——财政应返还额度　　　　　　　　　　　　　　65 000
　　贷：资金结存——零余额账户用款额度　　　　　　　　　　　　　65 000

编制的财务会计分录如下。

借：财政应返还额度——财政授权支付　　　　　　　　　　　　65 000
　　贷：零余额账户用款额度　　　　　　　　　　　　　　　　　　　65 000

第二节　结转结余资金的核算

一、财政拨款结转

（一）财政拨款结转的科目设置

财政拨款结转属于预算结余性质的会计科目，核算行政事业单位取得的同级财政拨款结转资金的调整、结转和滚存情况。本科目年末贷方余额，反映单位滚存的财政拨款结转资金数额。

财政拨款结转的科目设置如下。

1. 与会计差错更正、以前年度支出收回相关的明细科目

"年初余额调整"：本明细科目核算因发生会计差错更正、以前年度支出收回等，需要调整财政拨款结转的金额。年末结账后，本明细科目应无余额。

2. 与财政拨款调拨业务相关的明细科目

（1）"归集调入"：本明细科目核算按照规定从其他单位调入财政拨款结转资金时，实际调增的额度数额或调入的资金数额。年末结账后，本明细科目应无余额。

（2）"归集调出"：本明细科目核算按照规定向其他单位调出财政拨款结转资金时，实际调减的额度数额或调出的资金数额。年末结账后，本明细科目应无余额。

（3）"归集上缴"：本明细科目核算按照规定上缴财政拨款结转资金时，实际核销的额度数额或上缴的资金数额。年末结账后，本明细科目应无余额。

（4）"单位内部调剂"：本明细科目核算经财政部门批准对财政拨款结余资金改变用途，调整用于本单位其他未完成项目等的调整金额。年末结账后，本明细科目应无余额。

3. 与年末财政拨款结转业务相关的明细科目

（1）"本年收支结转"：本明细科目核算单位本年度财政拨款收支相抵后的余额。年末结账后，

本明细科目应无余额。

（2）"累计结转"：本明细科目核算单位滚存的财政拨款结转资金。本明细科目年末贷方余额，反映单位财政拨款滚存的结转资金数额。

（3）财政拨款结转科目还应当设置"基本支出结转""项目支出结转"两个明细科目，并在"基本支出结转"明细科目下按照"人员经费""日常公用经费"进行明细核算，在"项目支出结转"明细科目下按照具体项目进行明细核算；同时，本科目还应按照《政府收支分类科目》中"支出功能分类科目"的相关科目进行明细核算。有一般公共预算财政拨款、政府性基金预算财政拨款等两种或两种以上财政拨款的，还应当在本科目下按照财政拨款的种类进行明细核算。

（二）财政拨款结转的账务处理

1. 与会计差错更正、以前年度支出收回相关的账务处理

因发生会计差错更正，退回以前年度国库直接支付、授权支付款项或财政性货币资金，或者因发生会计差错更正，增加以前年度国库直接支付、授权支付支出或财政性货币资金支出，属于以前年度财政拨款结转资金的，借记或贷记"资金结存——财政应返还额度、零余额账户用款额度、货币资金"科目，贷记或借记"财政拨款结转"科目（年初余额调整）。

因购货退回、预付款项收回等发生以前年度支出又收回国库直接支付、授权支付款项或收回财政性货币资金，属于以前年度财政拨款结转资金的，借记"资金结存——财政应返还额度、零余额账户用款额度、货币资金"科目，贷记"财政拨款结转"科目（年初余额调整）。

2. 与财政拨款结转结余资金调整业务相关的账务处理

（1）按照规定从其他单位调入财政拨款结转资金的，按照实际调增的额度数额或调入的资金数额，借记"资金结存——财政应返还额度、零余额账户用款额度、货币资金"科目，贷记"财政拨款结转"科目（归集调入）。

（2）按照规定向其他单位调出财政拨款结转资金的，按照实际调减的额度数额或调出的资金数额，借记"财政拨款结转"科目（归集调出），贷记"资金结存——财政应返还额度、零余额账户用款额度、货币资金"科目。

（3）按照规定上缴财政拨款结转资金或注销财政拨款结转资金额度的，按照实际上缴资金数额或注销的资金额度数额，借记"财政拨款结转"科目（归集上缴），贷记"资金结存——财政应返还额度、零余额账户用款额度、货币资金"科目。

（4）经财政部门批准对财政拨款结余资金改变用途，调整用于本单位基本支出或其他未完成项目支出的，按照批准调剂的金额，借记"财政拨款结余——单位内部调剂"科目，贷记"财政拨款结转"科目（单位内部调剂）。

3. 与年末财政拨款结转和结余业务相关的账务处理

年末，将财政拨款预算收入本年发生额转入"财政拨款结转"科目，借记"财政拨款预算收入"科目，贷记"财政拨款结转"科目（本年收支结转）；将各项支出中财政拨款支出本年发生额转入"财政拨款结转"科目，借记"财政拨款结转"科目（本年收支结转），贷记各项支出（财政拨款支出）科目。

年末冲销有关明细科目余额。将本科目（本年收支结转、年初余额调整、归集调入、归集调出、归集上缴、单位内部调剂）余额转入"财政拨款结转"科目（累计结转）。结转后，"财政拨款结转"科目除"累计结转"明细科目外，其他明细科目应无余额。

年末完成上述结转后，应当对财政拨款结转各明细项目执行情况进行分析，按照有关规定将符合财政拨款结余性质的项目余额转入财政拨款结余，借记"财政拨款结转"科目（累计结转），贷记"财政拨款结余——结转转入"科目。

【例19-7】年末，某市质监局各收支科目余额如下（单位：元）。

财政拨款预算收入——基本支出 800 000（贷）

财政拨款预算收入——项目支出（国际会议）40 000（贷）

财政拨款预算收入——项目支出（信息化建设）60 000（贷）

行政支出——财政拨款支出——基本支出 765 000（借）

行政支出——财政拨款支出——项目支出（国际会议）32 800（借）

行政支出——财政拨款支出——项目支出（信息化建设）61 200（借）

该行政单位将"财政拨款预算收入"科目本年发生额、"行政支出——财政拨款支出"科目本年发生额分别进行结转。编制的预算会计分录如下。

借：财政拨款预算收入——基本支出 800 000

　　　　　　　　——项目支出（国际会议） 40 000

　　　　　　　　——项目支出（信息化建设） 60 000

　　贷：财政拨款结转（本年收支转账）——基本支出结转 800 000

　　　　　　　　——项目支出结转（国际会议） 40 000

　　　　　　　　——项目支出结转（信息化建设） 60 000

借：财政拨款结转（本年收支转账）——基本支出结转 765 000

　　　　　　　　——项目支出结转（国际会议） 32 800

　　　　　　　　——项目支出结转（信息化建设） 61 200

　　贷：行政支出——财政拨款支出——基本支出 765 000

　　　　　　　　——项目支出结转（国际会议） 32 800

　　　　　　　　——项目支出结转（信息化建设） 61 200

二、财政拨款结余

（一）财政拨款结余的概念

财政拨款结余核算单位取得的同级财政拨款项目支出结余资金的调整、结转和滚存情况。本科目年末贷方余额，反映单位滚存的财政拨款结余资金数额。

财政拨款结余的科目设置如下。

（1）与会计差错更正、以前年度支出收回相关的明细科目"年初余额调整"：本明细科目核算因发生会计差错更正、以前年度支出收回等，需要调整财政拨款结余的金额。年末结账后，本明细科目应无余额。

（2）与财政拨款结余资金调整业务相关的明细科目如下。

①"归集上缴"：本明细科目核算按照规定上缴财政拨款结余资金时，实际核销的额度数额或上缴的资金数额。年末结账后，本明细科目应无余额。

②"单位内部调剂"：本明细科目核算经财政部门批准对财政拨款结余资金改变用途，调整用于本单位其他未完成项目等的调整金额。年末结账后，本明细科目应无余额。

（3）与年末财政拨款结余业务相关的明细科目如下。

①"结转转入"：本明细科目核算单位按照规定转入财政拨款结余的财政拨款结转资金。年末结账后，本明细科目应无余额。

②"累计结余"：本明细科目核算单位滚存的财政拨款结余资金。本明细科目年末贷方余额，反映单位财政拨款滚存的结余资金数额。

（4）本科目还应当按照具体项目、《政府收支分类科目》中"支出功能分类科目"的相关科目等进行明细核算。有一般公共预算财政拨款、政府性基金预算财政拨款等两种或两种以上财政拨款的，还应当在本科目下按照财政拨款的种类进行明细核算。

（二）财政拨款结余的账务处理

1. 与会计差错更正、以前年度支出收回相关的账务处理

因发生会计差错更正退回以前年度国库直接支付、授权支付款项或财政性货币资金，或者因发生会计差错更正增加以前年度国库直接支付、授权支付支出或财政性货币资金支出，属于以前年度财政拨款结余资金的，借记或贷记"资金结存——财政应返还额度、零余额账户用款额度、货币资金"科目，贷记或借记"财政拨款结余"科目（年初余额调整）。

因购货退回、预付款项收回等发生以前年度支出又收回国库直接支付、授权支付款项或收回财政性货币资金，属于以前年度财政拨款结余资金的，借记"资金结存——财政应返还额度、零余额账户用款额度、货币资金"科目，贷记"财政拨款结余"科目（年初余额调整）。

2. 与财政拨款结余资金调整业务相关的账务处理

经财政部门批准对财政拨款结余资金改变用途，调整用于本单位基本支出或其他未完成项目支出的，按照批准调剂的金额，借记"财政拨款结余"科目（单位内部调剂），贷记"财政拨款结转——单位内部调剂"科目。

按照规定上缴财政拨款结余资金或注销财政拨款结余资金额度的，按照实际上缴资金数额或注销的资金额度数额，借记"财政拨款结余"科目（归集上缴），贷记"资金结存——财政应返还额度、零余额账户用款额度、货币资金"科目。

3. 与年末财政拨款结转和结余业务相关的账务处理

年末，对财政拨款结转各明细项目执行情况进行分析，按照有关规定将符合财政拨款结余性质的项目余额转入财政拨款结余，借记"财政拨款结转——累计结转"科目，贷记"财政拨款结余"科目（结转转入）。

年末冲销有关明细科目余额。将本科目（年初余额调整、归集上缴、单位内部调剂、结转转入）余额转入"财政拨款结余"科目（累计结余）。结转后，本科目除"累计结余"明细科目外，其他明细科目应无余额。

【例 19-8】某单位年初发生了 70 000 元的预付账款收回国库授权支付额度（款项属于以前年度结余资金），据以编制会计分录。

编制的预算会计分录如下。

借：资金结存——零余额账户用款额度   70 000

    贷：财政拨款结余——年初余额调整   70 000

编制的财务会计分录如下。

借：零余额账户用款额度   70 000

    贷：以前年度盈余调整   70 000

【例 19-9】某单位本年注销财政授权内拨款结余资金 450 000 元，据以编制会计分录。

编制的预算会计分录如下。

借：财政拨款结余——归集上缴   450 000

    贷：资金结存——零余额账户用款额度   450 000

编制的财务会计分录如下。

借：累计盈余   450 000

    贷：零余额账户用款额度   450 000

三、非财政拨款结转

（一）非财政拨款结转的概念

非财政拨款结转科目核算行政事业单位除财政拨款收支、经营收支以外各非同级财政拨款专项资金的调整、结转和滚存情况。本科目年末贷方余额，反映行政事业单位滚存的非同级财政拨款专项结转资金数额。

非财政拨款结转的科目设置如下。

（1）"年初余额调整"：本明细科目核算因发生会计差错更正、以前年度支出收回等，需要调整非财政拨款结转的资金。年末结账后，本明细科目应无余额。

（2）"缴回资金"：本明细科目核算按照规定缴回非财政拨款结转资金时实际缴回的资金数额，年末结账后，本明细科目应无余额。

（3）"项目间接费用或管理费"：本明细科目核算行政事业单位取得的科研项目收入中，按照规定计提项目间接费用或管理费的数额。年末结账后，本明细科目应无余额。

（4）"本年收支结转"：本明细科目核算行政事业单位本年度非同级财政拨款专项收支相抵后的余额。年末结账后，本明细科目应无余额。

（5）"累计结转"：本明细科目核算行政事业单位滚存的非同级财政拨款专项结转资金。本明细科目年末贷方余额，反映行政事业单位非同级财政拨款滚存的专项结转资金数额。

本科目还应当按照具体项目、《政府收支分类科目》中"支出功能分类科目"的相关科目等进行明细核算。

（二）非财政拨款结转的账务处理

（1）按照规定从科研项目预算收入中提取项目间接费用或管理费时，按照提取金额，借记"非财政拨款结转"科目（项目间接费用或管理费），贷记"非财政拨款结余——项目间接费用或管理费"科目。

（2）因会计差错更正收到或支出非同级财政拨款货币资金，属于非财政拨款结转资金的，按照收到或支出的金额，借记或贷记"资金结存——货币资金"科目，贷记或借记"非财政拨款结转"科目（年初余额调整）。因收回以前年度支出等收到非同级财政拨款货币资金，属于非财政拨款结转资金的，按照收到的金额，借记"资金结存——货币资金"科目，贷记"非财政拨款结转"科目（年初余额调整）。

（3）按照规定缴回非财政拨款结转资金的，按照实际缴回资金数额，借记"非财政拨款结转"科目（缴回资金），贷记"资金结存——货币资金"科目。

（4）年末，将事业预算收入、上级补助预算收入、附属单位上缴预算收入、非同级财政拨款预算收入、债务预算收入、其他预算收入本年发生额中的专项资金收入转入"非财政拨款结转"科目，借记"事业预算收入""上级补助预算收入""附属单位上缴预算收入""非同级财政拨款预算收入""债务预算收入""其他预算收入"科目下各专项资金收入明细科目，贷记"非财政拨款结转"科目（本年收支结转）；将行政支出、事业支出、其他支出本年发生额中的非财政拨款专项资金支出转入"非财政拨款结转"科目，借记"非财政拨款结转"科目（本年收支结转），贷记"行政支出""事业支出""其他支出"科目下各非财政拨款专项资金支出明细科目。

（5）年末，冲销有关明细科目余额。将本科目（年初余额调整、项目间接费用或管理费、缴回资金、本年收支结转）余额转入"非财政拨款结转"科目（累计结转）。结转后，本科目除"累计结转"明细科目外，其他明细科目应无余额。

（6）年末完成上述结转后，应当对非财政拨款专项结转资金各项目情况进行分析、将留归本单位使用的非财政拨款专项（项目已完成）剩余资金转入非财政拨款结余，借记"非财政拨款结转"科目（累计结转），贷记"非财政拨款结余——结转转入"科目。

【例 19-10】某研究院从单位的科研项目预算收入中提取项目管理费 360 000 元，据以编制会计分录。

编制的预算会计分录如下。

借：非财政拨款结转——管理费 360 000
　　贷：非财政拨款结余——管理费 360 000

编制的财务会计分录如下。

借：单位管理费用 360 000
　　贷：预提费用——管理费 360 000

【例 19-11】某单位按照规定缴回非财政拨款结转资金 420 000 元，据以编制会计分录。

编制的预算会计分录如下。

借：非财政拨款结转——缴回资金 420 000
　　贷：资金结存——货币资金 420 000

编制的财务会计分录如下。

借：累计盈余 420 000
　　贷：银行存款 420 000

四、非财政拨款结余

（一）非财政拨款结余的概念

非财政拨款结余核算单位历年滚存的非限定用途的非同级财政拨款结余资金，主要为非财政拨款结余扣除结余分配后滚存的金额。

非财政拨款结余的科目设置如下。

（1）"年初余额调整"：本明细科目核算因发生会计差错更正、以前年度支出收回等，需要调整非财政拨款结余的资金。年末结账后，本明细科目应无余额。

（2）"项目间接费用或管理费"：本明细科目核算单位取得的科研项目预算收入中，按照规定计提的项目间接费用或管理费数额。年末结账后，本明细科目应无余额。

（3）"结转转入"：本明细科目核算按照规定留归单位使用，由单位统筹调配，纳入单位非财政拨款结余的非同级财政拨款专项剩余资金。年末结账后，本明细科目应无余额。

（4）"累计结余"：本明细科目核算单位历年滚存的非同级财政拨款、非专项结余资金。本明细科目年末贷方余额，反映单位非同级财政拨款滚存的非专项结余资金数额。

本科目还应当按照《政府收支分类科目》中"支出功能分类科目"的相关科目进行明细核算。

（二）非财政拨款结余的账务处理

（1）按照规定从科研项目预算收入中提取项目管理费或间接费用时，借记"非财政拨款结转——项目间接费用或管理费"科目，贷记"非财政拨款结余"科目（项目间接费用或管理费）。

（2）有企业所得税缴纳义务的事业单位实际缴纳企业所得税时，按照缴纳金额，借记"非财政拨款结余"科目（累计结余），贷记"资金结存——货币资金"科目。

（3）因会计差错更正收到或支出非同级财政拨款货币资金，属于非财政拨款结余资金的，按照收到或支出的金额，借记或贷记"资金结存——货币资金"科目，贷记或借记"非财政拨款结余"科目（年初余额调整）。因收回以前年度支出等收到非同级财政拨款货币资金，属于非财政拨款结余资金的，按照收到的金额，借记"资金结存——货币资金"科目，贷记"非财政拨款结余"科目（年初余额调整）。

（4）年末，将留归本单位使用的非财政拨款专项（项目已完成）剩余资金转入"非财政拨款结余"科目，借记"非财政拨款结转——累计结转"科目，贷记"非财政拨款结余"科目（结转转入）。

（5）年末冲销有关明细科目余额。将"非财政拨款结余"科目（年初余额调整、项目间接费用或管理费、结转转入）余额结转入"非财政拨款结余"科目（累计结余）。结转后，"非财政拨款结余"科目除"累计结余"明细科目外，其他明细科目应无余额。

（6）年末，事业单位将"非财政拨款结余分配"科目余额转入非财政拨款结余。"非财政拨款结余分配"科目为借方余额的，借记"非财政拨款结余"科目（累计结余），贷记"非财政拨款结余分配"科目；"非财政拨款结余分配"科目为贷方余额的，借记"非财政拨款结余分配"科目，贷记"非财政拨款结余"科目（累计结余）。年末，行政单位将"其他结余"科目余额转入非财政拨款结余。"其他结余"科目为借方余额的，借记"非财政拨款结余"科目（累计结余），贷记"其他结余"科目；"其他结余"科目为贷方余额的，借记"其他结余"科目，贷记"非财政拨款结余"科目（累计结余）。

【例 19-12】某单位本年实际缴纳企业所得税为 134 000 元，据以编制会计分录。

编制的预算会计分录如下。

借：非财政拨款结余——累计结余　　　　　　　　　　　　134 000
　　贷：资金结存——货币资金　　　　　　　　　　　　　　　134 000

编制的财务会计分录如下。

借：其他应交税费——单位应交所得税　　　　　　　　　　134 000
　　贷：银行存款　　　　　　　　　　　　　　　　　　　　　134 000

【例 19-13】某单位年末非财政拨款结余下明细科目情况如下：年初余额调整贷方 700 000 元，项目管理费借方 200 000 元，据以编制会计分录。

编制的会计分录如下。

借：非财政拨款结余——年末余额调整　　　　　　　　　　700 000
　　贷：非财政拨款结余——累计结余　　　　　　　　　　　　700 000
借：非财政拨款结余——累计结余　　　　　　　　　　　　200 000
　　贷：非财政拨款结余——项目管理费　　　　　　　　　　　200 000

第三节 其他结余及非财政拨款结余分配的核算

一、专用结余

专用结余核算事业单位按照规定从非财政拨款结余中提取的具有专门用途的资金的变动和滚存情况。本科目年末贷方余额，反映事业单位从非同级财政拨款结余中提取的专用基金的累计滚存数额。本科目应当按照专用结余的类别进行明细核算。

根据有关规定从本年度非财政拨款结余或经营结余中提取基金的，按照提取金额，借记"非财政拨款结余分配"科目，贷记"专用结余"科目。

根据有关规定使用从非财政拨款结余或经营结余中提取的专用基金时，按照使用金额，借记"专用结余"科目，贷记"资金结存——货币资金"科目。

【例 19-14】某单位从本年度非财政拨款结余中提取专用基金 260 000 元，据以编制会计分录。

编制的预算会计分录如下。

借：非财政拨款结余分配　　　　　　　　　　　　　　　　260 000
　　贷：专用结余　　　　　　　　　　　　　　　　　　　　　　　260 000

编制的财务会计分录如下。

借：本年盈余分配　　　　　　　　　　　　　　　　　　　260 000
　　贷：专用基金　　　　　　　　　　　　　　　　　　　　　　　260 000

二、经营结余

经营结余是指事业单位本年度经营活动收支相抵后余额弥补以前年度经营亏损后的余额。

为了核算事业单位的经营结余业务，事业单位应设置"经营结余"科目。该科目可以按照经营活动类别进行明细核算。年末结账后，该科目一般无余额；如为借方余额，则反映事业单位累计发生的经营亏损。经营结余的主要账务处理如下。

（1）年末，将经营预算收入本年发生额转入该科目，借记"经营预算收入"科目，贷记"经营结余"科目；将经营支出本年发生额转入该科目，借记"经营结余"科目，贷记"经营支出"科目。

（2）年末，完成上述结转后，如该科目为贷方余额，将该科目贷方余额转入"非财政拨款结余分配"科目，借记"经营结余"科目，贷记"非财政拨款结余分配"科目；该科目如为借方余额，则为经营亏损，不予结转。

【例 19-15】某市政府文化部门所属事业单位甲博物馆年终结账。有关经营活动预算收入总账科目的贷方发生额为"经营预算收入"35 700 元；有关经营活动支出总账科目的借方发生额为"经营支出"20 400 元。将以上有关经营活动预算收支科目的发生额结转至"经营结余"科目，据以编制会计分录。

编制的会计分录如下。

借：经营预算收入　　　　　　　　　　　　　　　　　　　35 700
　　贷：经营结余　　　　　　　　　　　　　　　　　　　　　　　35 700
借：经营结余　　　　　　　　　　　　　　　　　　　　　20 400
　　贷：经营支出　　　　　　　　　　　　　　　　　　　　　　　20 400

将当年实现的经营结余 15 300（35 700-20 400）元全数转入"非财政拨款结余分配"科目，据以编制会计分录。

编制的会计分录如下。

借：经营结余　　　　　　　　　　　　　　　　　　　　　15 300
　　贷：非财政拨款结余分配　　　　　　　　　　　　　　　　　　15 300

三、其他结余

其他结余是指单位本年度除财政拨款收支、非同级财政专项资金收支和经营收支以外各项收支相抵后的余额。

为了核算单位的其他结余业务，单位应设置"其他结余"科目。其他结余的主要账务处理如下。

（1）年末，将事业预算收入、上级补助预算收入、附属单位上缴预算收入、非同级财政拨款预算收入、债务预算收入、其他预算收入本年发生额中的非专项资金收入以及投资预算收益本年发生额转入该科目，借记"事业预算收入""上级补助预算收入""附属单位上缴预算收入""非同级财政拨款预算收入""债务预算收入""其他预算收入"科目下各非专项资金收入明细科目和"投资预算收益"科目，贷记"其他结余"科目（"投资预算收益"科目本年发生额为借方净额时，借记"其他结余"科目，贷记"投资预算收益"科目）；将行政支出、事业支出、其他支出本年发生额中的非同级财政、非专项资金支出，以及上缴上级支出、对附属单位补助支出、投资支出、债务还本支出本年发生额转入该科目，借记"其他结余"科目，贷记"行政支出""事业支出""其他支出"科目下各非同级财政非专项资金支出明细科目和"上缴上级支出""对附属单位补助支出""投资支出""债务还本支出"科目。

（2）年末，完成上述结转后，行政单位将本科目余额转入"非财政拨款结余——累计结余"科目，事业单位将本科目余额转入"非财政拨款结余分配"科目，当本科目为贷方余额时，借记"其他结余"科目，贷记"非财政拨款结余——累计结余"或"非财政拨款结余分配"科目；当该科目为借方余额时，借记"非财政拨款结余——累计结余"或"非财政拨款结余分配"科目，贷记"其他结余"科目。

【例19-16】某广播电视事业单位某年年终结账前有关收支科目本期发生额中的非财政、非专项资金收支的金额如下：事业预算收入——基本支出（贷方）125 000元，上级补助预算收入——基本支出（贷方）16 000元，附属单位上缴预算收入——基本支出（贷方）12 000元，其他预算收入——基本支出（贷方）12 000元，事业支出——基本支出（借方）123 000元，上缴上级支出（借方）10 000元，对附属单位补助支出（借方）12 000元，其他支出——基本支出（借方）10 000元。据以编制会计分录。

编制的会计分录如下。

（1）结转收入时

借：事业预算收入——基本支出　　　　　　　　　　　　125 000
　　上级补助预算收入——基本支出　　　　　　　　　　16 000
　　附属单位上缴预算收入——基本支出　　　　　　　　12 000
　　其他预算收入——基本支出　　　　　　　　　　　　12 000
　　贷：其他结余　　　　　　　　　　　　　　　　　　165 000

（2）结转各项支出时

借：其他结余　　　　　　　　　　　　　　　　　　　　155 000
　　贷：事业支出——基本支出　　　　　　　　　　　　123 000
　　　　其他支出——基本支出　　　　　　　　　　　　10 000
　　　　上缴上级支出　　　　　　　　　　　　　　　　10 000
　　　　对附属单位补助支出　　　　　　　　　　　　　12 000

（3）将当年"其他结余"科目的贷方余额10 000元（165 000-155 000）全数转入"非财政拨款结余分配"科目时

借：其他结余——基本支出结余　　　　　　　　　　　　10 000
　　贷：非财政拨款结余分配　　　　　　　　　　　　　10 000

四、非财政拨款结余分配

为了核算事业单位的非财政拨款结余分配业务，事业单位应设置"非财政拨款结余分配"科目。非财政拨款结余分配的主要账务处理如下。（1）年末，将"其他结余"科目余额转入该科目，当"其他结余"科目为贷方余额时，借记"其他结余"科目，贷记"非财政拨款结余分配"科目；当"其他结余"科目为借方余额时，借记"非财攻拨款结余分配"科目，贷记"其他结余"科目。年末，将"经营结余"科目贷方余额转入该科目，借记"经营结余"科目，贷记"非财政拨款结余分配"科目。（2）根据有关规定提取专用基金的，按照提取的金额，借记"非财政拨款结余分配"科目，贷记"专用结余"科目。（3）年末，按照规定完成上述处理后，将该科目余额转入非财政拨款结余。当该科目为借方余额时，借记"非财政拨款结余——累计结余"科目，贷记"非财政拨款结余分配"科目；当本科目为贷方余额时，借记"非财政拨款结余分配"科目，贷记"非财政拨款结余——累计结余"科目。

【例 19-17】假定某事业单位年末按规定将"其他结余"和"经营结余"科目贷方余额结转后，"非财政补助结余分配"科目的余额为 67 000 元。按有关规定提取职工福利基金 10 000 元。据以编制会计分录。

编制的会计分录如下。

（1）按有关规定提取职工福利基金 10 000 元时

借：非财政拨款结余分配　　　　　　　　　　　　　　　10 000

　　贷：专用结余——职工福利基金　　　　　　　　　　　　10 000

（2）将"非财政拨款结余分配"科目余额转入非财政拨款结余时

借：非财政拨款结余分配　　　　　　　　　　　　　　　57 000

　　贷：非财政拨款结余——累计结余　　　　　　　　　　　57 000

复习思考题

【学习目标】

1. 掌握预算收入支出表的格式与编制方法；
2. 掌握预算结转结余变动表的格式与编制方法；
3. 掌握财政拨款预算收入支出表的格式与编制方法。

第一节 预算收入支出表

一、预算收入支出表的概念

预算收入支出表是反映单位在某一会计年度内各项预算收入、预算支出和预算收支差额情况的报表。预算收入支出表中的数据与经批准的单位收支预算数据进行比较，可以全面了解和评价单位收支预算执行情况。预算收入支出表的作用主要表现在以下几个方面。（1）反映某一会计期间各项预算收入的总额及其构成情况，如单位实现的预算收入总额以及财政拨款预算收入等 11 项预算收入的构成情况。（2）反映某一会计期间各项预算支出的总额及其构成情况，如各项支出总额及行政支出或事业支出和其他各项支出的构成情况。（3）反映某一会计期间各项预算收入总额与各项预算支出总额的配比结果，即本期业务活动预算收支差额情况。

按照规定，单位预算收入支出表应当按照年度编制。

二、预算收入支出表的格式

预算收入支出表采用单步式格式，即采用基本的计算公式：本年预算收入-本年预算支出=本年预算收支差额。预算收入支出表还就各项目再分为"本年数"和"上年数"两栏，分别列示。预算收入支出表的格式如表 20-1 所示。

表 20-1   预算收入支出表   会政预 01 表

编制单位：   年 12 月   单位：元

项目	本年数	上年数
一、本年预算收入		
（一）财政拨款预算收入		
其中：政府性基金收入		
（二）事业预算收入		
（三）上级补助预算收入		
（四）附属单位上缴预算收入		
（五）经营预算收入		
（六）债务预算收入		
（七）非同级财政拨款预算收入		
（八）投资预算收益		

续表

项目	本年数	上年数
（九）其他预算收入		
其中：利息预算收入		
捐赠预算收入		
租金预算收入		
二、本年预算支出		
（一）行政支出		
（二）事业支出		
（三）经营支出		
（四）上缴上级支出		
（五）对附属单位补助支出		
（六）投资支出		
（七）债务还本支出		
（八）其他支出		
其中：利息支出		
捐赠支出		
三、本年预算收支差额		

三、预算收入支出表的编制方法

（一）预算收入支出表"上年数"栏反映的内容和填列方法

预算收入支出表"本年数"栏反映各项目的本年实际发生数。该表"上年数"栏反映各项目上年度的实际发生数，应当根据上年度预算收入支出表中"本年数"栏内所列数字填列。如果本年度预算收入支出表规定的项目名称和内容同上年度不一致，应当对上年度预算收入支出表的项目名称和数字按照本年度的规定进行调整，将调整后的金额填入本年度预算收入支出表的"上年数"栏。

（二）预算收入支出表"本年数"栏各项目的内容和填列方法

（1）"本年预算收入"项目，反映单立本年预算收入总额。本项目应当根据本表中各收入项目金额的合计数填列。本表中各收入项目金额应当根据各收入科目的本年发生额填列。

（2）"本年预算支出"项目，反映单立本年预算支出总额。本项目应当根据本表中各支出金额的合计数填列。本表中各支出项目金额应当根据各支出科目的本年发生额填列。

（3）"本年预算收支差额"项目，反映单位本年各项预算收支相抵后的差额。本项目应当根据本表中"本期预算收入"项目金额减去"本期预算支出"项目金额后的金额填列；如相减后金额为负数，以"-"号填列。

第二节

预算结转结余变动表

一、预算结转结余变动表的概念

预算结转结余变动表是反映单位在某一会计年度内预算结转结余变动情况的报表。例如，通过该表可以提供某一会计年度年初预算结转结余、年初余额调整、本年变动金额和年末预算结转结余等信息。这一信息可以与资产负债表中净资产的相应信息形成对照。

二、预算结转结余变动表的格式

预算结转结余变动表采用的基本计算公式为：年初预算结转结余+年初余额调整+本年变动金额=年末预算结转结余。预算结转结余变动表还就各项目再分为"本年数"和"上年数"两栏分别列示。预算结转结余变动表的格式如表 20-2 所示。

表 20-2　　　　　　　　　　　　　　预算结转结余变动表　　　　　　　　　　　　会政预 02 表

编制单位：　　　　　　　　　　　　　　　年 12 月　　　　　　　　　　　　　　　单位：元

项目	本年数	上年数
一、年初预算结转结余		
（一）财政拨款结转结余		
（二）其他资金结转结余		
二、年初余额调整（减少以"-"号填列）		
（一）财政拨款结转结余		
（二）其他资金结转结余		
三、本年变动金额（减少以"-"号填列）		
（一）财政拨款结转结余		
1. 本年收支差额		
2. 归集调入		
3. 归集上缴或调出		
（二）其他资金结转结余		
1. 本年收支差额		
2. 缴回资金		
3. 使用专用结余		
4. 支付所得税		
四、年末预算结转结余		
（一）财政拨款结转结余		
1. 财政拨款结转		
2. 财政拨款结余		
（二）其他资金结转结余		
1. 非财政拨款结转		
2. 非财政拨款结余		
3. 专用结余		
4. 经营结余		

三、预算结转结余变动表的编制方法

（一）预算结转结余变动表"上年数"栏反映各项目的内容和填列方法

预算结转结余变动表"本年数"栏反映各项目的本年实际发生数。该表"上年数"栏反映各项目的上年实际发生数，应当根据上年度预算结转结余变动表中"本年数"栏内所列数字填列。如果本年度预算结转结余变动表规定的项目的名称和内容同上年度不一致，应当对上年度预算结转结余变动表项目的名称和数字按照本年度的规定进行调整，将调整后金额填入本年度预算结转结余变动表的"上年数"栏。

（二）预算结转结余变动表"本年数"栏各项目的内容和填列方法

1. 年初预算结转结余项目

（1）"年初预算结转结余"项目，反映单位本年预算结转结余的年初余额。本项目应当根据本项目下"财政拨款结转结余""其他资金结转结余"项目金额的合计数填列。

（2）"财政拨款结转结余"项目，反映单位本年财政拨款结转结余资金的年初余额。本项目应当根据"财政拨款结转""财政拨款结余"科目本年年初余额合计数填列。

（3）"其他资金结转结余"项目，反映单位本年其他资金结转结余的年初余额。本项目应当根据"非财政拨款结转""非财政拨款结余""专用结余""经营结余"科目本年年初余额的合计数填列。

2. 年初余额调整项目

（1）"年初余额调整"项目，反映单位本年预算结转结余年初余额调整的金额。本项目应当根据本项目下"财政拨款结转结余""其他资金结转结余"项目金额的合计数填列。

（2）"财政拨款结转结余"项目，反映单位本年财政拨款结转结余资金的年初余额调整金额。本项目应当根据"财政拨款结转""财政拨款结余"科目下"年初余额调整"明细科目的本年发生额的合计数填列；如调整减少年初财政拨款结转结余，以"-"号填列。

（3）"其他资金结转结余"项目，反映单位本年其他资金结转结余的年初余额调整金额。本项目应当根据"非财政拨款结转""非财政拨款结余"科目下"年初余额调整"明细科目的本年发生额的合计数填列；如调整减少年初其他资金结转结余，以"-"号填列。

3. 本年变动金额项目

（1）"本年变动金额"项目，反映单位本年预算结转结余变动的金额。本项目应当根据本项目下"财政拨款结转结余""其他资金结转结余"项目金额的合计数填列。

（2）"财政拨款结转结余"项目，反映单位本年财政拨款结转结余资金的变动。本项目应当根据本项目下"本年收支差额""归集调入""归集上缴或调出"项目金额的合计数填列。"本年收支差额"项目，反映单位本年财政拨款资金收支相抵后的差额。本项目应当根据"财政拨款结转"科目下"本年收支结转"明细科目本年转入的预算收入与预算支出的差额填列；差额为负数的，以"-"号填列。"归集调入"项目，反映单位本年按照规定从其他单位归集调入的财政拨款结转资金，本项目应当根据"财政拨款结转"科目下"归集调入"明细科目的本年发生额填列。"归集上缴或调出"项目，反映单位本年按照规定上缴的财政拨款结转结余资金及按照规定向其他单位调出的财政拨款结转资金。本项目应当根据"财政拨款结转""财政拨款结余"科目下"归集上缴"明细科目，以及"财政拨款结转"科目下"归集调出"明细科目本年发生额的合计数填列，差额为负数的，以"-"号填列。

（3）"其他资金结转结余"项目，反映单位本年其他资金结转结余的变动。本项目应当根据本项目下"本年收支差额""缴回资金""使用专用结余""支付所得税"项目金额的合计数填列。"本年收支差额"项目，反映单位本年除财政拨款外的其他资金收支相抵后的差额。本项目应当根据"非财政拨款结转"科目下"本年收支结转"明细科目、"其他结余"科目、"经营结余"科目本年转入的预算收入与预算支出的差额的合计数填列；如为负数，以"-"号填列。"缴回资金"项目，反映单位本年按照规定缴回的非财政拨款结转资金。本项目应当根据"非财政拨款结转"科目下"缴回资金"明细科目本年发生额的合计数填列，以"-"号填列。"使用专用结余"项目，反映本年事业单位根据规定使用从非财政拨款结余或经营结余中提取的专用基金的金额。本项目应当根据"专用结余"科目明细账中本年使用专用结余业务的发生额填列，以"-"号填列。"支付所得税"项目，反映有企业所得税缴纳义务的事业单位本年实际缴纳的企业所得税金额，本项目应当根据"非财政拨款结余"明细账中本年实际缴纳企业所得税业务的发生额填列，以"－"号填列。

4. 年末预算结转结余项目

（1）"年末预算结转结余"项目，反映单位本年预算结转结余的年末余额。本项目应当根据本项目下"财政拨款结转结余""其他资金结转结余"项目金额的合计数填列。

（2）"财政拨款结转结余"项目，反映单位本年财政拨款结转结余的年末余额。本项目应当根据本项目下"财政拨款结转""财政拨款结余"项目金额的合计数填列。本项目下"财政拨款结转""财政拨款结余"项目，应当分别根据"财政拨款结转""财政拨款结余"科目的本年年末余额填列。

（3）"其他资金结转结余"项目，反映单位本年其他资金结转结余的年末余额，本项目应当根据本项目下"非财政拨款结转""非财政拨款结余""专用结余""经营结余"项目金额的合计数填列。本项目下"非财政拨款结转""非财政拨款结余""专用结余""经营结余"项目，应当分别根据"非财政拨款结转""非财政拨款结余""专用结余""经营结余"科目的本年年末余额填列。

第三节　财政拨款预算收入支出表

一、财政拨款预算收入支出表的概念

财政拨款预算收入支出表是指反映单位在某一会计期间财政拨款预算收入、支出、结转及结余情况的报表。财政拨款预算收入支出表中的数据与预算结转结余变动表中的数据存在内在联系。财政拨款预算收入支出表中的数据是对预算结转结余变动表中的相关数据的详细展开。财政拨款预算收入支出表中的数据还与财政总预算会计中的相关支出数据存在内在联系。将财政拨款预算收入支出表中的数据与经批准的财政拨款预算收入支出预算数据进行比较，可以全面了解和评价单位财政拨款收支预算执行情况。

财政拨款预算收入支出表的作用主要表现在以下几个方面。

（1）可以详细提供某一会计期间财政拨款预算收入和财政拨款预算支出的信息。例如，可以详细提供某一会计期间一般公共预算财政拨款（基本支出、项目支出）收入与支出、政府性基金预算财政拨款（基本支出、项目支出）收入与支出等信息。

（2）可以详细提供某一会计期间各项资金增减变动原因的信息。例如，财政拨款预算收入支出表可以提供某一会计期间有关项目年初财政补助结转结余、本年归集调入或上缴结转结余、单位内部调剂、本年财政拨款预算收入、本年财政拨款支出、年末财政拨款结转结余等有关财政项目拨款资金增减变动的信息。

按照规定，事业单位的财政拨款预算收入支出表应当按照年度编制。

二、财政拨款预算收入支出表的格式

单位财政拨款预算收入支出表需要详细反映各项财政补助资金由年初数额变化为年末数额的有关内容，其中包括年初数额的调整、本年归集调入、本年归集上缴、本年财政拨款收入、本年财政拨款支出等内容。财政拨款预算收入支出表的格式如表20-3所示。

表 20-3　　　　　　　　　　　　财政拨款预算收入支出表　　　　　　　　　　　　会政预03表

编制单位：　　　　　　　　　　　　　　　年12月　　　　　　　　　　　　　　单位：元

项目	年初财政拨款结转结余		调整年初财政拨款结转结余	本年归集调入	本年归集上缴或调出	单位内部调剂		本年财政拨款收入	本年财政拨款支出	年末财政拨款结转结余	
	结转	结余				结转	结余			结转	结余
一、一般公共预算财政拨款											
（一）基本支出											
1. 人员经费											
2. 日常公用经费											
（二）项目支出											
1. ××项目											
2. ××项目											
……											
二、政府性基金预算财政拨款											
（一）基本支出											
1. 人员经费											
2. 日常公用经费											
（二）项目支出											
1. ××项目											
2. ××项目											
……											
总计											

三、财政拨款预算收入支出表的编制方法

（一）财政拨款预算收入支出表"项目"的设置

财政拨款预算收入支出表"项目"栏内各项目，应当根据单位取得的财政拨款种类分项设置，其中项目支出项目下，根据每个项目设置；单位取得除一般公共财政预算拨款和政府性基金预算拨款以外的其他财政拨款的，应当按照财政拨款种类增加相应的资金项目及其明细项目。

（二）财政拨款预算收入支出表各栏及其对应项目的内容和填列方法

（1）"年初财政拨款结转结余"栏中各项目，反映单位年初各项财政拨款结转结余的金额。各项目应当根据"财政拨款结转""财政拨款结余"及其明细科目的年初余额填列。本栏中各项目的数额应当与上年度财政拨款预算收入支出表中"年末财政拨款结转结余"栏中各项目的数额相等。

（2）"调整年初财政拨款结转结余"栏中各项目，反映单位对年初财政拨款结转结余的调整金额。各项目应当根据"财政拨款结转""财政拨款结余"科目下"年初余额调整"明细科目及其所属明细科目的本年发生额填列；如调整减少年初财政拨款结转结余，以"－"号填列。

（3）"本年归集调入"栏中各项目，反映单位本年按规定从其他单位调入的财政拨款结转资金金额。各项目应当根据"财政拨款结转"科目下"归集调入"明细科目及其所属明细科目的本年发生额填列。

（4）"本年归集上缴或调出"栏中各项目，反映单位本年按规定实际上缴的财政拨款结转结余资

金，及按照规定向其他单位调出的财政拨款结转资金金额。各项目应当根据"财政拨款结转""财政拨款结余"科目下"归集上缴"科目和"财政拨款结转"科目下"归集调出"明细科目，及其所属明细科目的本年发生额填列，以"−"号填列。

（5）"单位内部调剂"栏中各项目，反映单位本年财政拨款结转结余资金在单位内部不同项目之间的调剂金额。各项目应当根据"财政拨款结转"和"财政拨款结余"科目下"单位内部调剂"明细科目及其所属明细科目的本年发生额填列；对单位内部调剂减少的财政拨款结余金额，以"−"号填列。

（6）"本年财政拨款收入"栏中各项目，反映单位本年从同级财政部门取得的各类财政预算拨款金额。各项目应当根据"财政拨款预算收入"科目及其所属明细科目的本年发生额中的财政拨款支出数的合计数填列。

（7）"本年财政拨款支出"栏中各项目，反映单位本年发生的财政拨款支出金额。各项目应当根据"行政支出""事业支出"等科目及其所属明细科目本年发生额中的财政拨款支出数的合计数填列。

（8）"年末财政拨款结转结余"栏中各项目，反映单位年末财政拨款结转结余的金额。各项目应当根据"财政拨款结转""财政拨款结余"科目及其所属明细科目的年末余额填列。

复习思考题

参 考 文 献

［1］李海波，刘学华．新编政府会计．3版．上海：立信会计出版社，2018

［2］财政部．财政总会计制度．中华人民共和国财政部

［3］财政部．政府会计制度——行政事业单位会计科目和报表．北京：中国财政经济出版社，2017

［4］政府会计制度编审委员会．政府会计制度（详解与实务）．北京：人民邮电出版社，2018

［5］财政部．政府会计准则——基本准则．中华人民共和国财政部

［6］财政部．政府会计准则第1号——存货．中华人民共和国财政部

［7］财政部．政府会计准则第2号——投资．中华人民共和国财政部

［8］财政部．政府会计准则第3号——固定资产．中华人民共和国财政部

［9］财政部．政府会计准则第4号——无形资产．中华人民共和国财政部

［10］财政部．政府会计准则第5号——公共基础设施．中华人民共和国财政部

［11］财政部．政府会计准则第6号——政府储备设施．中华人民共和国财政部

［12］财政部．政府会计准则第7号——会计调整．中华人民共和国财政部

［13］财政部．政府会计准则第8号——负债．中华人民共和国财政部

［14］财政部．政府会计准则第9号——财务报表编制和列报．中华人民共和国财政部

［15］财政部．政府会计准则第10号——政府和社会资本合作．中华人民共和国财政部

［16］财政部．政府总会计制度．中华人民共和国财政部